宁夏高等学校一流学科建设（教育学学科）资助项目
项目编号：NXYLXK2021B10

# 宁南山区民间美术资源在小学美术教学中的应用研究

Research on the Application of Folk Art Resources in Primary School Art Teaching in Southern Ningxia

赵艳艳 著

中国财经出版传媒集团
经济科学出版社
Economic Science Press

图书在版编目（CIP）数据

宁南山区民间美术资源在小学美术教学中的应用研究/赵艳艳著. --北京：经济科学出版社，2023.2
ISBN 978 -7 -5218 -4582 -2

Ⅰ.①宁…　Ⅱ.①赵…　Ⅲ.①民间美术 -美术教育 -教学研究 -小学　Ⅳ.①G623.752

中国国家版本馆 CIP 数据核字（2023）第 036379 号

责任编辑：杨　洋
责任校对：徐　昕
责任印制：范　艳

### 宁南山区民间美术资源在小学美术教学中的应用研究
赵艳艳　著
经济科学出版社出版、发行　新华书店经销
社址：北京市海淀区阜成路甲 28 号　邮编：100142
总编部电话：010 - 88191217　发行部电话：010 - 88191522
网址：www.esp.com.cn
电子邮箱：esp@esp.com.cn
天猫网店：经济科学出版社旗舰店
网址：http://jjkxcbs.tmall.com
北京中科印刷有限公司印装
710×1000　16 开　15 印张　230000 字
2023 年 3 月第 1 版　2023 年 3 月第 1 次印刷
ISBN 978 -7 -5218 -4582 -2　定价：60.00 元
（图书出现印装问题，本社负责调换。电话：010 -88191545）
（版权所有　侵权必究　打击盗版　举报热线：010 -88191661
QQ：2242791300　营销中心电话：010 -88191537
电子邮箱：dbts@esp.com.cn）

# 序

宁南山区位于我国黄土高原西北部边缘，是古代丝绸之路的必经之地，也曾是西北地区重要的经济、交通和军事重镇，源远流长的历史文化在这片广袤的土地上留下了诸如彩陶、壁画、雕塑、年画、刺绣、窗花等品类浩繁、内容丰富的美术作品。然而，受制于地理环境、地形地势和气候条件影响，这里的经济发展曾长期处于落后状态。干旱缺水、复杂恶劣的大陆性季风气候和偏远贫荒的山地环境，给生活在这片土地上的人们平添了诸多磨难和困苦，但也塑造了他们朴实坚韧、倔强顽强、豪犷直爽的性格特点，潜移默化地影响着当地的文化艺术创作，为当地的艺术作品注入了其特有的神韵和灵魂。此外，由于地处中原农耕文化和北方游牧文化的交汇处，多民族混居形成的民族文化交融特征，让这里的民间美术作品既保留了中华传统文化的共性美感，又独具民族异域特色，成为我国传统美术作品的重要组成部分。

我自出生以来，一直在宁南这片热土生活至今，深受这片土地和文化的滋养浸润，并被其丰富多彩的艺术文化所吸引。自2009年以来，我也持续在本地从事小学美术课程的一线教学任务，既亲身经历了所有一线教育工作者都会经历的繁杂琐碎，也得到了参与一线教育、直达一线受众、直面一线问题的宝贵机会和平台。小学美术是义务教育中美术教育的起步阶段，是孩子今后学习、生活和成长过程中打好"美育"基础的关键，对他们审美观乃至价值观的培塑都有着重要而现实的意义。如何进一步丰富小学美术教育资源，创新小学美术教育教学方法，形成美术课程家校共商、家校共建的良好氛围，培养孩子发现美、感受美，进而在日常学习生活劳动中创造美的能力，是当前小学美术教育应有的职责要求，也是一线美术教育工作者值得思考的现实问题。

然而，自古就"贫瘠甲天下"的宁南山区，在当前小学美术教育教学实施过程中，多数还停留在传统的模仿、临摹、跟教等美育初级阶段。无论是教育资源的外部获取，教育方式方法创新，还是寓教于乐、寓教于美，以美助教、以美育人的教育理念落实上，都与其他发达地区存在不小差距。这一方面是受自然经济等客观条件的影响，另一方面小学一线教育工作者常年受应试教育和分数指标的双重压力，对美术教育无论在时间保障、资源投入还是教学方法上均未给予足够重视，加之多数家庭、学生，甚至老师本人对本地美术资源和传统艺术形式缺乏了解，导致宁南山区这些丰富多彩的文化艺术资源在本地小学美术教学实践中发挥的作用和优势并不十分明显，让人颇感遗憾惋惜。相较于其他传统文化，民间美术作品的受众更为广泛，它贴近生活、通俗易懂、构思巧妙、和谐喜庆的艺术特点对孩子们具有很强的吸引力和亲和力，能够更好地使孩子们耳濡目染地接受艺术熏陶。同时，宁南山区的美术作品又兼具本地特色和异域风格，因此在小学美术教育阶段，充分运用这些艺术宝藏和文化馈赠，将其与小学美术教学内容与特点有效结合，充分挖掘作品背后的历史故事、产生背景和文化内涵，既能开拓广大学生的视野兴趣，也能很好地培养他们多元审美、形象思维和动手实践能力。

我在一线教学岗位工作之余，通过对宁南山区美术作品在小学美术教学实践运用现状进行调查，分别从教学课程设置、教学方法及运用、教学实践开展和教学环境构建四个方面，对本地民间美术资源在小学教学中的开发利用，提出了自己的思考和见解。此外，还从构建学校、家庭、社会有机统一的教学氛围，尝试"走出去、引进来、美育人"方法路子两个角度，为丰富创新一线小学美术教育工作提供了具体参考和建议，以帮助学生更好地走近本地艺术，熟识本地历史，了解故土乡情的文化点滴，书写爱祖国爱家乡爱生活的有爱童年，用缤纷画笔，绘就孩子们色彩斑斓的纯真梦想。

赵艳艳<br>
2022 年仲秋于宁夏固原

# 前言

宁南山区是我国西北的重要宝地，其民间美术资源更是此地域特有的文化符号。作为小学美术教师，不仅是知识的传授者，而且还是宁南山区民间文化的学习者、传播者和继承者。在进行小学美术教学过程中，首先，教师需要了解民间传统美术资源的类型；其次，要认识宁南山区特有的民间美术资源；最后，需构建民间传统美术资源与小学美术教学之间的衔接，促进民间美术资源的深层次传播，提升小学美术教学的综合效益。在实际的论述过程中，笔者注重从以下几章论述此部分内容：

第一章主要介绍的是宁南山区民间美术资源概况，是为后期民间美术资源与小学美术教学提供强有力的教学素材支持。在本章的论述中，笔者着重从两个方面进行切入。在第一节中，重点介绍宁南山区民间美术资源的类型。在第二节中，将宁南山区民间美术资源的发展，尤其是从传承和发展两个角度进行针对性论述。通过第一节和第二节的论述，笔者旨在让小学美术教师对民间美术资源、宁南山区民间美术资源以及宁南山区民间美术资源的发展三个方面进行了解。

第二章在介绍完第一章宁南山区民间美术资源的主要内容后，主要介绍的是宁南山区民间美术资源与小学美术教学之间的衔接点，着重从宁南山区民间美术资源在小学美术教学中开发与利用的教学意义、教学目标、教学原则三个角度切入，并详细从教师及学生两个主体，基础性、发展性以及现实性三个目标落实，针对性、主体性、全员性、经济性、探究性五个原则入手，构建宁南山区民间美术资源在小学美术教学中的开发与利用的必要性，促进资源与教学之间的密切融合。

第三章在了解民间美术资源，尤其是宁南山区民间美术资源概况，以及宁南山区民间美术资源融入小学美术教学的开发与利用的相关讯息后，笔者认为有必要对现阶段的宁南山区民间美术资源在小学美术教学中的应用状况做一个调查，了解现阶段学生、教师对民间美术资源的认识。与此同时，在此章内容的论述中，着重采用问卷调查的形式，发现现阶段在宁南山区民间美术资源在小学美术教学中的运用状况问题，并提出相应的解决方案。这也为后续第四章、第五章、第六章、第七章相应具体策略的实施提供强有力的思路方向。

第四章主要论述的是宁南山区民间美术资源融入小学美术教学的课程设置，以本章的整体思路为方向，设定科学的宁南山区民间美术课程的性质与价值、基本性理念、总体性目标及阶段性目标、全方位评价等，实现对具体课程的设置。在本章的第二节，其主要介绍的是具体的课程实施，分别从组织机构以及课程体系两个角度切入，实现对小学民间美术资源的有效落实。在本章的第三节，其主要是对具体的课程内容进行相应的评价，分别从主体性评价、方向性评价以及课程性评价三个角度切入。总之，本章主要从课程设置、实施以及评价三个角度为小学民间美术资源课程的落实提供强有力的支撑。

第五章主要是介绍的宁南山区民间美术资源融入小学美术教学的方法及运用，并从教学方法和手段两个角度进行针对性论述。在第二节的论述中，着重从具体方法运用的注意点切入，并将与教学方法相关的因素进行衔接，让小学美术教师的教学更具有方向性。在本章的第三节，着重从案例展示的角度进行落实，并将小学人教版美术教学课程与宁南山区民间美术资源进行深度融合，进行相应案例的展示，更为全面地展示小学美术教学方法，为小学美术教师的教学工作提供借鉴。

第六章主要论述的内容是宁南山区民间美术资源与小学美术教学实践的开展，其主要分为三部分内容，一是走出去：教师组织学生到宁南山区学习美术；二是引进来：将宁南民间美术请进校园，并着重从民间艺人进校园和建民间手工作坊两个角度进行介绍；三是美育人：主要是介绍培养学生民间美术能力与素养，并注重从具体的教学实践进行针对性落实。

第七章主要的论述内容是宁南山区民间美术资源的教学环境构建，并分别从学校，即加强宁南山区民间美术教学校园文化建设；社会，即构建有利于宁南山区民间美术教学社会环境，尤其是利用社会力量促进宁南山区民间美术资源的保护入手；家庭，即让家长成为民间技艺的传授者，为学生营造良好的家庭环境，促进宁南山区民间美术技艺的传承。

# 目录
CONTENTS

**第一章　宁南山区民间美术资源概况** ………………………… **001**

　　第一节　宁南山区民间美术资源的类型…………………… 001

　　第二节　宁南山区民间美术资源的发展…………………… 053

**第二章　宁南山区民间美术资源在小学美术教学中的开发与利用** …… **067**

　　第一节　宁南山区民间美术资源在小学美术教学中开发
　　　　　　与利用的教学意义…………………………………… 067

　　第二节　宁南山区民间美术资源在小学美术教学中开发
　　　　　　与利用的教学目标…………………………………… 072

　　第三节　宁南山区民间美术资源在小学美术教学中开发
　　　　　　与利用的教学原则…………………………………… 077

**第三章　宁南山区民间美术资源在小学美术教学中的
　　　　　运用现状调查** ………………………………………… **081**

　　第一节　调查设计与实施……………………………………… 081

　　第二节　调查结果分析………………………………………… 083

　　第三节　存在问题与解决方案………………………………… 086

## 第四章　宁南山区民间美术资源融入小学美术教学的课程设置 …… **095**

### 第一节　宁南山区民间美术资源融入小学美术教学的
课程设置方案 …………………………………………… **095**
### 第二节　宁南山区民间美术资源融入小学美术教学的
课程设置实施 …………………………………………… **115**
### 第三节　宁南山区民间美术资源融入小学美术教学的
课程设置评价 …………………………………………… **128**

## 第五章　宁南山区民间美术资源融入小学美术教学的方法及运用 …… **138**

### 第一节　方法：宁南山区民间美术融入小学美术教学
常见方法 ………………………………………………… **138**
### 第二节　规则：宁南山区民间美术融入小学美术教学的
注意点 …………………………………………………… **163**
### 第三节　运用：宁南山区民间美术融入小学美术教学
案例展示 ………………………………………………… **166**

## 第六章　宁南山区民间美术资源与小学美术教学实践的开展 ……… **197**

### 第一节　走出去：组织学生到宁南民间学习美术 ………………… **197**
### 第二节　引进来：将宁南民间美术请进校园之中 ………………… **201**
### 第三节　美育人：培养学生民间美术能力与素养 ………………… **206**

## 第七章　宁南山区民间美术资源的教学环境构建 ………………… **212**

### 第一节　学校：加强宁南山区民间美术教学校园文化建设 …… **212**
### 第二节　社会：构建利于宁南山区民间美术教学社会环境 …… **216**
### 第三节　家庭：鼓励家长教授学生宁南山区民间美术技艺 …… **222**

## 参考文献 …………………………………………………………… **227**

# 第一章

# 宁南山区民间美术资源概况

本章首先以民间美术资源作为大的突破口，介绍此部分内容，旨在整体呈现民间美术资源的概况。与此同时，以宁南山区特有的民间美术资源为切入点，介绍此地域特有的民间美术资源，让读者可以从整体和部分两个角度了解此地区的民间美术资源。在此之后，笔者主要从宁南山区的美术资源发展进行论述，以此为现阶段小学美术教学的有效开展提供新的思路。

## 第一节 宁南山区民间美术资源的类型

### 一、民间美术资源

#### （一）民间美术的定义

民间美术特指是以中国人民创造为主体，以丰富民间活动和美化环境为目，以应用和装饰为主的特殊美术形式。民间美术具有较强的民族特性和时代特点[1]。从民族特性而言，每一民族均具有本民族特有的美术形式。从时

---

[1] 洪铭，孙超，张丽春作. 视觉传达、美术及艺术创作［M］. 北京：华龄出版社，2020：154.

代特征而言，在不同的时期，民间美术在内容和形式方面具有各自的时代特征。在新石器时代，彩陶艺术成为此时期的主角。在战国及秦汉时期，陶俑、石雕、画像、石砖成为当时重要的艺术形式。在不同的时期，不同地域的雕塑艺术展现不同的地域特征。在魏晋后期，壁画、雕塑、年画、版画成为此时代的重点。与此同时，服装缝制、印染、刺绣、农民画和剪纸成为民间最为流行的艺术形式。总之，在不同的时期，不同民间艺术形式产生、发展、繁荣，在丰富人们精神文化生活的同时，促进中华民族传统文化的完善和发展。

### （二）民间美术的来源

民间美术主要来源于三个方面，分别为民俗生活、民间艺术创作者和当地文化。首先，民俗生活。民间美术与民俗生活密切相关，比如常见的生子祝寿、节日庆典等民俗活动。在不同的节日上，人们举行不同的民俗活动，比如戏具、春联、剪纸、年画、彩船、花灯等，其皆是民间美术的外化形式。其次，民间艺术创作者。民间艺术创作者取材于各种接近生活的物品，比如泥土、竹、布、木等。与此同时，民间艺术创作者的技艺高超，可以运用各种奇思异想，将各种工具进行巧妙地融合，通过艺术品的形式表达人民对美好生活期盼的思想。最后，当地文化。一方水土养一方人。不同的文化孕育着不同的思维方式和信仰，而民间作品是体现不同文化信仰的重要体现方式。

### （三）民间美术的特点

#### 1. 民间美术的随意性

民间美术的审美意象是追求情感上的真。因此，不注重形象上的真，而重视主观的真实，创作的随意性就是基于这个道理。民间美术随意性的造型特点源于民间艺人娴熟的技艺所创造的"熟能生巧"之作和因陋就简条件下的"弄巧成拙"。这类创作表现出"即兴发挥"，造型上显现"随意、稚拙"的特点。在创作过程中民间艺人表现出异乎寻常的洒脱，他们的精力集中在创作主题的渲染上，忽略细节的处理，表现出一些违背生活常识的不合理情节，让理念服从于意念、情理服从于情感。在造型中并不完全依赖对自然的观察和简单的直观反映，而是靠记忆力，借助意象进行创作，这样一来造型的随意性也就顺理成章了。在审美创造活动中自己既是审美主体，又是客观的观察者；既可以自由地面对审美客体，又在冷静地注视自己。"爱啥就画啥"是一种"得意忘象"的审美境界，强调审美创造的自我意识；而在艺术表达的时候则是积极主动的，客观现实物象都被纳入作者的审美范畴中，各种造型有所依据，又不是客观现实的影子，这种主观认识又必定符合民众的内心要求和审美感受。

2. 民间美术的自娱性

民间美术在"自给自足"的农业经济的环境中发生发展，也造成它带有"自娱"的特点。显然，作为时令节日活动，是全民的活动，也是民间美术的活动。因此，在这些活动中，民间美术的"自娱性"既是个人的，也是整个民间所共有的。也就是说，如果作者的创作没有得到共同生活在同一个地区的乡亲们的认可和理解，不能起到大家"自娱"的作用，那么作者也不可能产生"审美"的"自娱"作用。

从审美的角度而言，民间美术的审美快感，既是作者本人的创作过程中自我意识的实现，也是同一个地区人们的审美意识共鸣之后才能完成，后一个方面更为重要，它决定着作者在创作过程中获得的审美快感能否得到巩固和升华，以及作品能否成为真正具有审美价值的关键。

3. 民间美术的抽象性

劳动者是最先从认识自然和改造自然的过程中获得了抽象创作的原动力，原始美术和民间美术成为抽象艺术的先导。民间艺人在形象的塑造上，多因时、因地、因材制宜，不假虚饰，以抽象性的手法表现出物象自然、质朴的本来面貌。抛开现实形象的细节，用极简单的线条概括抽象现实形象：在织锦刺绣和桃花这类民间美术种类中，除少数具象图案外，大部分都是点、线、面组成的几何形图案。这种抽象造型能力可以追溯到新石器时代，在彩陶的表面有圆点、三角、旋涡、波折、齿纹、鱼纹、蛙等多种纹样，抛开现实本身的各种细节和不规则因素，用极简单的线条概括抽象现实的形象。把各种动物、植物、抽象为几何图案，不但要仔细观察。抓住对象的主要特征，集中概括，夸张变形，而且还要饱含浓厚的文化内涵和古老的造型意识。

4. 民间美术的民俗性

民间美术的一个重要表现形式就是民俗民风，通过民俗民风体现出民间美术的艺术性和普遍性。民俗民风是伴随着人类生存而产生的一种日常生活中的风俗习惯，民俗活动也体现了丰富的民间美术活动。如民间保留至今的剪窗花，就是民俗中体现民间美术的典范。窗花可以说是民间美化自己生活环境的一个相当重要的装饰物。在陕北莽莽黄土高原上，民间窗花有一种是要根据窑洞窗格的框架结构，分门别类剪刻出形象，在拼贴时再重新组合到一起，形成一个完整的构图，婚嫁中应用的剪贴窗花也遵循这种约定俗成的形式，内容丰富又耐人寻味。

另外，中国自古以来一直是以农耕经济为主导的农业社会，适应农耕生产需要的时令节气活动自然与民间美术活动具有紧密的联系，使得民间美术在一些特定的节日活动中的表现样式和审美意义都带有极大的趋同性。例如，"九九"重阳节时插在重阳糕上的剪纸重阳旗，端午前后，儿童衣襟前佩挂的"五毒"小香包，穿着绣有"五毒"图案的肚兜、背心，都是带有普遍共识的审美意义的民间艺术品。民间美术能够和民俗节令活动紧密联系，也反映了民间美术在内容主题上以喜庆吉祥为主的特点。民间美术不论是作为观赏品，例如，年画、灯画等，还是与实用功能相结合的手工艺品的俯视图案，都含有强烈的喜庆、祈福的吉祥意义，反映了中国普通劳动者对和平、幸福生活的强烈向往。

5. 民间美术的地域性

民间美术的地方特色是在长期的生活劳动实践中逐步形成的。但在一个地方风格的影响下，具体的作品也有"入乡随俗"的某种变化。从表面上说，每一件民间美术品都是个人的创作，但究其实质，创作形式和艺术表达的意境是以广大民间群众的共识为基础的，而且，更重要的是，只有生活在同一个地区的人们的审美要求下，民间美术作品才能得到大家的认可，才能真正引发作者本人的审美愉悦感受。民居是人类文明的重要成果，也是人类繁衍生息的居所。中国的民居具有明显的地方性和民族性。营建样式都是根据本乡本土的地理条件在数千年的历史经验积累中逐步形成的，所以同一个地理区域内的营建样式基本相近、风格基本统一。但在具体的各幢建筑物中，也总可以看到主人对自己住宅的精心修饰，诸如屋脊两端的不同处理形式、大门左右的对联、门楣的门笺、卧室的布置和"堂屋"的安排以及墙面的、灶头上的各种彩画等，都是不尽相同的，体现出民间审美情趣的丰富和微妙变化。

黄河中上游陕西西安半坡在考古中出土的 6000 年前仰韶文化彩陶上的双鱼人面图案和陶盆上的所谓"渔网"符号，今天依然流行在这里的农村。同样，黄河中上游青海出土的 5000 年前马家窑文化彩陶盆上五个手拉手的所谓"舞蹈娃娃"彩绘的符号，今天在当地的民艺巫俗剪纸中，依然被作为招魂辟邪的生命之神"五道娃娃"（东、西、南、北、中五方神），活跃在农村社会生活之中。

## 二、宁南山区民间美术资源的类型

宁夏南部山区主要包括固原市的四县一区（西吉县、彭阳县、隆德县、泾源县和原州区）和中卫市的海原县和同心县。从中华人民共和国成立以来，国家一方面重视此地区的生态保护，比如在建设西北防护林工程中先后在六盘山以及外围进行黄河中游防护林、针阔混交水涵养林基地、全国生态环境重点县、"两杏一果"生态经济林等生态工程的建设，大大促进本地区生态的改进。以固原地区为例，自新中国成立以来，固原地区的森林覆盖率得到显著增长。与此同时，国家另一方面重视此地区的教育，尤其是在宁夏教学点全部用上数字资源，并在设备配备、资源配送以及教学使用方面，做到"三到位"原则，进一步缩小宁南山区孩子在教育方面与城市，尤其是大城市之间的差距。还有，宁南山区在统筹城乡义务教育一体化方面的发展，实现全国统筹县域城乡义务教育一体化改革，推动宁南山区教育的进一步发展。正是在此两种背景下，宁夏南部山区美术资源开发得到有效发展，并再一次为小学美术教学的顺利开展提供了良好的教学资源。基于上述内容，笔者着重从宁南山区美术教学资源重点开发的角度进行此部分内容的介绍。值得注意的是，宁南山区民间美术既有传统民间美术的重合部分，又有其特殊成分，继而笔者在论述中，对于宁南山区的共有成分以及特殊成分两方面进行论述。

## （一）剪纸

剪纸是宁南山区民间美术最重要的组成部分之一。从整个剪纸历史发展史而言，我国剪纸甚至可以追溯到新石器时代的彩陶纹饰，是一种拥有悠久历史文化底蕴的民间美术样式。其题材内容更是包罗万象、博大精深，而且各个地域之间的剪纸也具有各自的特色。从整体来看，剪纸分窗花和挂笺两种形式。窗花是一种张贴在窗户，或是玻璃上的剪纸样式，是中国古老的传统民间艺术之一。窗花还是农耕文化的特色艺术，展现着农村生活的地理环境、生产特征以及风俗习惯等。其样式比较自由，题材相对广泛，主要运用在春节期间，以 20 世纪 80 年代的北方地区最为流行。窗花的特征主要体现在以下五点：首先，在线条方面，具有线线相断（阴刻）和线线相连（阳刻）的特性。在具体的线条勾画上，民间艺人需要遵循圆—圆如秋月，尖—尖如麦芒，方—方如青砖，缺—缺如锯齿，线—线如胡须的规律。再次，在构图方面，剪纸艺人常常采用多种组合的方法，采用连续、组合、平衡、均齐、对称等方式，将三维空间中的景物"移植"到二维空间上，产生"隔物换景"和"层层叠高"的视觉效果。再次，在样式方面，不同地域通常采用不同的纹样。如山东的窗花以直条式为主，西北的窗花以"十"字划分四部分为主要纹样形式，湖南的窗花有固定的组合形式，主要是以双喜团花为中心，四角再贴以蝴蝶角花，团花两旁有一对盘花、花篮和喜烛。再其次，在形象方面，窗花的形象优美、简洁、夸张。民间艺人需要考虑工具和材料的局限，在进行窗花的加工过程中既要抓住物象的特征，又要让窗花中的线条连接自然。为了达到这种效果，民间艺人必须要抓住表现对象的突出特点，并将这个特点放大以及采用夸张化的处理方式，使得欣赏者可以在第一眼抓住对象的特征。最后，在色彩方面，窗花作品需要突出简中求繁的特性，尽量少出现邻近色、类似色和同类色，并保证各个色点之间的协调。除此之外，在刀法方面，窗花讲究"稳、准、狠"，以雕刻"罗汉须"的菊花为例，民间艺人需要将一瓣一瓣的花从里向外剪，这需要"稳、准、狠"的刀工。另外，窗花多为阳刻，多用细线造型，达到镂空玲珑的视觉效果。挂笺又称为"挂钱""门笺"，在古代称为"斋牒""门彩"，是一种中国传统的剪纸艺术样式之一。挂笺的特点如下：第一，从形态而言，挂笺像是锦旗。第二，从轮廓而言，外形轮廓较宽，包含有单色和多色。第三，从图案而言，挂笺中的图案分为几何纹和花纹。第四，从内容而言，民间艺人可以将相应的吉语融入挂笺中，制作成具有成套体系的模式。

宁南山区的剪纸除具有中国传统剪纸的共性外，还具有自身的特点，本书将从宁南山区剪纸的"相关性"、宁南山区剪纸的特征、宁南山区剪纸的内容三方面展开论述。

1. 宁南山区剪纸的"相关性"

首先，与刺绣的相关性。宁南山区女性可以将剪纸作为刺绣的底样。以贴绣为例，民间艺人用布制作成所需的纹路和形状，并将这种布贴在刺绣的物品上，依据布的轮廓进行相应物品的制作。由此可见，宁南山区民间艺人将手与眼进行有效配合，实现刺绣与剪纸的完美融合，凸显出此区域民间艺人的聪明才智。

其次，与砖雕的相关性。从造型、技法、构图和题材方面，剪纸与砖雕具有较强的相关性。在造型方面，两者均从虚实结合两个角度进行造型的设计，尤其是在线条的凸显上更为明显。在技法方面，两者均是以"刻"为主。从广义而言，刻纸的手法与砖雕的手法具有一脉相承性。尤其是在不便于剪裁的区域，民间艺人可以运用"刻"的方式，一方面表现线条的简明扼要，另一方面凸显剪纸画面的粗犷豪放风格，还能营造出或逼真，或是夸张的视觉感。在构图方面，剪纸和砖雕两者均采用稳定的构图方式，注重形式美，尤其是在图案绘制方面，多采用组合和连续的方式。在题材的选择上，宁南山区剪纸多选择动物和植物纹样，如松柏、梅花、牡丹、喜鹊、仙鹤等。总而言之，此地区的剪纸与砖雕存在必然的内在联系，两者相互促进，在一定程度上推动了宁南山区剪纸的发展。

最后，与宁南山区乡土生活的相关性。剪纸根植于宁南山区传统的民俗中，可以凸显地域民俗特色。众所周知，宁南山区，特别是 20 世纪 80 年代前后隆德地区的农民，他们经常运用剪纸烘托氛围，表达对美好生活的祝愿。隆德民间剪纸有着自己鲜明的特色，它构图单纯、造型洗练，既质朴大方又古拙优雅。题材多来自乡土生活中的家禽家畜、花草虫鱼、飞鸟走兽、故事传说、戏曲人物、生活场景等。民间艺人们用现实主义与浪漫主义相结合的表现方式，通过谐音、隐喻、假借、夸张变形等艺术手法，以其纯朴的感情、丰赡的心智、灵巧的双手，用一张纸、一把剪，创作出一幅幅栩栩如生的画面。以虎西山《宁南山区民间剪纸》一书收录的《喜上眉梢》为例（见图 1-1），这幅作品以中间的"囍"字作为主题，彰显喜庆的氛围，加之喜字的雕刻朴实纯粹，有拙的意味。在"囍"字的两边，分别有一只喜鹊，与"双喜"呼应，产生出灵动之感。在"囍"字和喜鹊之间又穿插枝条，一方面丰富画面的关系，另一方面让整个画面更加美观，凸显出"和和美美""喜上眉梢"的寓意。

图 1-1 剪纸《喜上眉梢》

资料来源：虎西山. 西海固民间剪纸 [M]. 西安：阳光出版社，2015.

## 2. 宁南山区剪纸的特征

通过辨别宁南山区剪纸特征，小学美术教师一方面可以让学生了解剪纸产生的各种原因，另一方面使他们掌握宁南山区剪纸的地域特征，培养学生的地域自信心，为后续的剪纸教学提供强有力的知识支撑。关于宁南山区剪纸的特征，笔者着重从以下方面进行简述。

首先，地域特性。从整体而言，宁南山区地处于我国南北中轴的北段，黄土高原与内蒙古高原的过渡区域，呈现典型的黄土高原地貌。在这种地貌的影响下，形成了宁南山区人民开朗、忠厚、率真、朴实的性格。这种性格可以在剪纸艺术中表现出来。此地区的剪纸作品具有淳朴自然、不矫揉造作的特性。

其次，粗犷性。剪纸的粗犷性主要是通过作品的线条体现出来的。宁南山区剪纸作品的线条整体上呈现出粗大的特征，充满了张力和趣味性，具有强烈的视觉冲击力。剪纸的这种浑然天成，虽是人工所为，却没有雕琢之感[1]，这在人物作品中体现得尤为明显，如虎西山《宁南山区民间剪纸》一书收录了隆德县民间艺人张凤英的《人物作品》，画面人物造型概括，用线粗犷，人物的神态刻画栩栩如生，充满了视觉的张力（见图1-2）。

**图1-2 张凤英人物剪纸**

资料来源：虎西山. 西海固民间剪纸［M］. 西安：阳光出版社，2015.

---

[1] 虎西山. 宁夏师范学院学人文库 西海固民间剪纸［M］. 西安：阳光出版社，2015：10.

最后，审美特性。民间艺人通过剪纸的方式将对美的感受和理解通过创作的方式展现，展示个人的审美思想。在宁南山区剪纸中，纯粹的红色和绿色成为剪纸中主要运用的颜色。此两种色彩符合当地人的审美心理需求，每当年节，这些被贴在纸窗及其他地方上的剪纸作品，便和西北高原单调的色彩形成了鲜明的对比，从而营造出喜庆红火的氛围，在一个较为深刻的层面上，再现了宁南山区人生活观念、伦理意识、功利追求和审美理想[①]。

3. 宁南山区剪纸的内容

宁南山区剪纸内容的主要分为植物类剪纸、动物类剪纸、人物类剪纸及蔬菜类剪纸四类，其中人物类剪纸成就最高。

（1）植物类剪纸。

在宁南山区剪纸中，民间艺人最常用的是植物，一是因为植物与人民的生活相关，二是因为植物有美好的寓意。葫芦与"福禄"谐音，代表着人们对长命百岁、健康长寿的期盼。荷花是花中仙子，是高尚纯洁的象征。马兰花平凡朴素，象征着强大的生命力。牡丹代表着富贵吉祥，表达人们对美好生活的期盼。在实际的剪纸中，民间艺人多采用阳刻和阴刻相融的方式，通过两者的对比，凸显出阴刻的阴柔之美（见图1-3）。

图1-3 韩风兰墙花

资料来源：虎西山. 西海固民间剪纸［M］. 西安：阳光出版社，2015.

---

① 虎西山. 宁夏师范学院学人文库 西海固民间剪纸［M］. 西安：阳光出版社，2015：11.

（2）动物类剪纸。

宁南山区剪纸中出现的动物均与当地人民的生活息息相关，如生活中常见的禽畜，即马、牛、羊、鸭、鸡等，如代表美好寓意的牲畜，即喜鹊、燕子、鹤、鹿、兔子等，又如神话故事中出现的凤凰和仙鹤等。值得注意的是，宁南山区剪纸中经常出现老鼠。出现此种动物的原因是，老鼠这种在20世纪90年代的宁南山区农村中经常出现，偷吃农民的粮食、蔬菜等，所以就有"老鼠偷果""老鼠偷菜"等与老鼠有关的作品出现（见图1-4）。

**图1-4　老鼠偷菜**

资料来源：虎西山．西海固民间剪纸［M］．西安：阳光出版社，2015.

宁南山区动物剪纸作品中出现频率最多的剪纸作品是喜鹊，喜鹊经常刻在梅花之上，传达出一定的寓意。以宁夏剪纸艺人潘爱珠创作的"窗花"为例（见图1-5）。此幅作品描述的是落在枝头上的两只喜鹊。枝头上的梅花和喜鹊连为一体，姿态各异。喜鹊象征着令人欣喜的事情；梅花花瓣分成五朵象征着福、禄、寿、喜、财五项内容。因为"梅"与"眉"谐音，所以站在梅花树上的喜鹊这幅图画象征着喜上眉梢。整个画面充满生机，兴趣盎然。此幅作品的寓意兼顾深刻性与巧妙性，更是多种寓意的叠加，更为突出"喜上加喜""喜上眉梢"的美好寓意。

**图 1-5　窗花喜鹊**

资料来源：虎西山. 西海固民间剪纸［M］. 西安：阳光出版社，2015.

(3) 人物类剪纸。

宁南山区的人物剪纸多反映的是生活，包括民俗生活、习俗生活、日常生活。在宁南山区的剪纸中，人物剪纸所占比例并不大，但是这些为数不多的人物剪纸都十分精美，这类作品中，有一部分如牧牛、耕地、收获等，直指生活内容，除了表现手法的夸张以外，几乎不附加任何寓意，如此直白的表述，反映出了这一地区人们对于劳动的态度。如隆德县张凤英的人物剪纸作品（见图1-6），画面中一农民头戴一草帽，一手执一鞭子高高举起，正在驱赶一头老牛，人物及牛刻画得憨态可掬、栩栩如生。在宁南山区民间剪纸

**图 1-6　张凤英剪纸——人物放牛**

资料来源：虎西山. 西海固民间剪纸［M］. 西安：阳光出版社，2015.

艺人看来，劳动是与生俱来应有的责任和义务，并不需要褒奖，劳动甚至还是一种品质，没有劳动，便不能生存①。类似的剪纸作品还有表现推土场面（见图1-7）等。

**图1-7 张凤英剪纸——人物推土**

资料来源：虎西山．西海固民间剪纸［M］．西安：阳光出版社，2015．

宁南山区的人物剪纸除了以上这类作品外，还有一类人物作品与纯粹的人物劳动场面有所不同，表现的是宁南山区人们对于道德情怀的关照，实际上流露的是一种朴素的人生观念。这部分剪纸，直白、憨厚、率真，虽然大都属于传统题材，但明显带有宁南山区普通老百姓的情感需要。如作品"莲花童子"（见图1-8），这一类题材本身其实和宁南山区没有直接关联，但宁南山区剪纸中却存在这一类作品，就是要表达多子多福的愿望②。

**图1-8 莲花童子**

资料来源：虎西山．西海固民间剪纸［M］．西安：阳光出版社，2015．

---

①② 虎西山．宁夏师范学院学人文库 西海固民间剪纸［M］．北京：阳光出版社，2015：6．

(4) 蔬菜类剪纸。

蔬菜类剪纸是宁夏山区民间剪纸的一大特色，蔬菜类剪纸中最多的是白菜（见图1-9和图1-10）。白菜之所以会成为宁夏山区民间剪纸较为关注的题材之一，一方面是因为包菜的造型容易被民间剪纸的形式所接受，另一方面是因为白菜与宁南山区人们之间带有宿命色彩的联系。在宁南山区，特别是固原地区，在自然灾害较为严重的年份，白菜常常代替粮食成为主要的食物来源，正是在这个层面上，和其他地方的民间剪纸不十分重视蔬菜不同，宁南山区民间剪纸有意把白菜作为自己的表现对象。

**图1-9 王收兰剪纸——白菜**

资料来源：虎西山．西海固民间剪纸［M］．西安：阳光出版社，2015．

**图1-10 虎西山剪纸——藏白菜**

资料来源：虎西山．西海固民间剪纸［M］．西安：阳光出版社，2015．

## （二）刺绣

刺绣是中国民间传统手工艺品，是宁南山区民间美术最重要的形式之一。主要用于艺术品装饰、舞台、台上用品、台布以及服装等艺术和生活装饰等方面。刺绣分成羽毛刺绣和丝线刺绣两种。简而言之，民间艺人以针为载体，在运用纱线、丝线，或是其他纤维在丝织品上制作成的各种色彩，或是图案的总称。[1] 常见的刺绣方法有挑花、撒线、戳纱、刮绒、铺绒、盘金、影金、平金、纳锦、锁丝、满地绣、网绣、乱针绣、错针绣。我国的刺绣最主要的形式有粤绣、蜀绣、湘绣及苏绣，而在西北地区，最具影响力的刺绣是陇绣。陇绣又被称为庆阳刺绣，遍布于人们生活的各个角落，从香包、肚兜、烟袋，到枕头、鞋袜、服饰。陇绣涉及的题材特别广，主要包括花鸟鱼虫、风景人物等。刺绣可以展现人们对美好生活的向往，以性别为依据，对于男孩而言，大部分陇绣的内容为"状元进宅""望子成龙""马上封侯"等字样，还编有鱼、鸡、鹿、桃、石榴等动植物，其表达出父母对儿子的祝福，如希望儿子大富大贵等良好祝愿。对于女孩而言，大部分女孩绣的内容为"胖娃坐莲""莲生太子""凤凰朝阳"等，其中刺绣的内容大都为百鸟、凤凰、牡丹、荷花等。这些景物寓意着永葆平安、子孙绵延。

宁南山区的民间刺绣艺术成就也很高，涌现出了诸如田慧君等一批民间刺绣艺人。在此，笔者着重从刺绣的题材内容、图案纹样、构图、针法、色彩几个方面对宁南山区民间刺绣艺术进行简要论述，以期凸显出其独有的地区特色。

1. 题材内容

（1）受地域文化影响的题材内容。

受宁南山区地域文化的影响，刺绣内容以本区域最为常见的植物花卉、动物为表现对象。在植物花卉方面，民间艺人以花枝叶进行缠绕，藤蔓相互穿插、重组，以达到形成有连续律动的节奏感。在动植物的匹配上，民间艺

---

[1] 上海元远教育．culture 陪孩子中国文化启蒙［M］．上海：同济大学出版社，2020：41．

人精致化处理植物形象,概括化绘制动物形象,甚至让动物形象隐藏于花卉之中,让动植物可以达到和谐统一的效果。民间艺人运用动植物题材的目的是表达对未来生活的美好期盼,如从祝寿、幸福、吉祥等入手,勾勒出喜庆气氛。

(2) 受中国传统文化影响的题材内容。

在刺绣内容的设置中,受中国传统文化的影响,民间艺人转变传统的以植物花卉、动物为主的刺绣内容,并着重汲取中国传统文化中的内容。如女孩鞋面上刺绣六个桃子,一是期盼"六六大顺"之意,二是希望女孩未来有"面如桃花"之美。又如,在宁夏南部山区的农村家庭中非常流行刺绣虎头鞋,寓意男孩"虎背熊腰""虎头虎脑"之意。再如,将中国传统典故"松鹤延年"等融入刺绣中(见图1-11),在丰富刺绣内容的同时,一改刺绣以花卉为主的单一内容局面。

图1-11 田慧君作品——松鹤延年

资料来源:图片由田慧君女士提供。

(3) 极具综合性的题材内容。

本部分中的"极具综合性的题材内容"主要是指刺绣的艺术性、生活性。大部分民间刺绣具有较强的生活性,如以实用性为主的刺绣,包括袖筒、服饰、耳套、枕头、绣花手帕等。与此同时，在制作上述民间工艺品的过程中，设计者除了考虑实用性外，还需注意艺术作品内容的精美性、艺术性，让使用者获得美的享受和启迪。

2. 图案纹样

（1）植物花卉纹样的连贯性。

植物花卉纹样的连贯性，一则是受到自然的影响，即大自然中的各种植物，比如牡丹、菊花、石榴等存在枝蔓、花与叶相互缠绕的状况，并呈现出连贯性的视觉感；二则是受到宁南山区地域文化的影响，即在设计中落实一棵藤蔓穿插始终的原则，让植物从开始绘画到结束绘画均按照一根藤蔓的方式绘制。

（2）动画纹样的简单概括性。

动画纹样的简单概括性好比是儿童的简笔画，此种动物绘画形式具有如下特点：第一，不突出动物，增强画面生机。第二，借用中国传统文化中的象征寓意动物符号。

（3）几何纹样的融合协同性。

几何纹样的融合性和协调性主要是几何纹样之间的相对关系，设计者既要保证不同纹样大小的协调性，又要确定纹样之间的前后呼应性，让整个纹样的设计更具有和谐性。以文字纹样为例，在进行文字纹样的设计过程中，设计者既要考虑字形结构，又需要文字与文字之间的前后对应性，还要把握字体在线条、大小的、层次方面的特性，设计出具有节奏感和韵律感的文字，实现文字几何纹样的融合协同性。

3. 刺绣构图

（1）布满和匀称。

以动物类的刺绣作品为例，布满和匀称呈现的艺术效果是，在此类刺绣作品中，设计者既要将花纹布满整个花布，又需保证动物在枝叶花卉中的合理穿插，形成零而不乱，错落有致的效果。在实际布满花纹中，设计者需要遵循进行选择性的设计，在强调突出重点的同时，更好地平衡主要设计要点和次要设计要点的关系。

(2) 对称性。

大部分刺绣采用的是左右对称的构图形式，以刺绣中的花卉、花篮和花瓶最为常见。这种对称性的设置形式优势在于提升设计的整体感，营造出庄重、平稳、安宁的氛围，适应人的视觉习惯。在实际的对称性设计中，设计者可以对刺绣中的内容进行微调，即在保证整体对称的状况下，作出一些不同的内容。这种设计的方式既可以改变单一对称的呆板性，又能凸显出画面的层次感，是一种灵动的对称设计理念。

(3) 具备花鸟画、人物画构图特点。

在一些刺绣中，设计者充分运用花鸟构图的特点。以花鸟刺绣为例，在刺绣中，设计者既要把握各个动植物及人物之间的错落有致，又需保证在相应的位置设置留白之处，让整个构图更具有意蕴之美（见图1-12）。

图1-12 田慧君作品——赶鹅

资料来源：图片由田慧君女士提供。

4. 刺绣常见针法

(1) 褡绣。

褡绣也称戳花绣、墩绣、垛绣、植绒绣等，在北方比较常见。其艺术质朴自然，豪放洒脱。具有花型饱满，立体感强的特点。褡绣的方法简单，没有复杂的针法，便于操作，所以是宁南山区乡村最为流传的刺绣样式。褪绣制作时会在背面形成细密的小线圈，小线圈可以剪去，绒绒的，像织毯一样，细密结实；也可不剪，保持本来绣制的线圈模样，自然形成一种肌理效果，另有一番趣味。褪绣成品厚重饱满，立体感强，是居家妇女常用的一种装饰，深得民众的喜爱。

（2）平针绣。

平针绣是最古老、最基本的针法之一，使用范围极为广泛，具有绣面平整、线迹精细的特点。平针绣包括齐针、套针、旋针、戗针、掺针等，根据纹样的不同选择可运用不同的针法，每一种针法均有其不同的运针特点，表现的效果也不尽相同，各具美感。平针绣的针脚根据纹样结构排列匀称，线迹平行，有的针法相互重叠，色彩递进自然、圆润，手感平滑；有的针法不重叠交错，纹样间的线条靠突出的布纹底面来表现，对比鲜明、效果独特[1]。

### （三）隆德杨氏彩塑（泥塑）

彩塑是中国民间手工艺品之一，以胶泥（其是由黏土、水、河沙以及纤维物构成）为材料，以木质骨架为外形塑造载体，通过一系列打磨、填缝、着色形成的民间手工艺品。彩塑是绘塑结合的雕塑工艺，兴起于佛教雕塑之后。[2] 民间彩塑多用于玩具和观赏，具体呈现出色彩泼辣明快，对比强烈的特点。以南北方为分界线，北方彩绘的用笔粗犷豪放，色彩艳丽；南方彩绘具有色彩祥和、色调淡雅、风格写实的特性。彩塑的着色以单色为主，主要包括黑、白、紫、黄、绿、桃红、大红等。彩塑具有"三分塑，七分彩"之说。简而言之，就整个彩绘创作效果而言，三分在造型上，七分在色彩上，这也充分说明彩绘在雕塑中的重要性。

宁南山区彩塑最具影响力的是隆德杨氏泥塑（见图1-13）。杨氏泥塑历经整整六代，是六盘山，乃至整个陕、甘、宁地区泥塑艺术的代表，并以

---

[1] 吕超峰. 现代西海固地区民间刺绣的针法及应用[J]. 戏剧之家，2018（21）：123-124.
[2] 宋宇. 质感表现超写实油画步骤详解[M]. 天津：天津杨柳青社，2015：42.

顽强的生命延续至今，成为全国较为出名的泥塑代表。在此，笔者从杨氏泥塑的制作工艺等方面对其进行简要分析。①

**图1-13 隆德杨氏泥塑传承人杨佳年在做泥塑**

资料来源：图片由杨佳年先生提供。

1. 杨氏泥塑的制作工艺

杨氏泥塑的制作工艺较为复杂。杨氏泥塑的制作过程是非常复杂的，工序很多，但总体而言可分为选料、造像、彩绘三大阶段。

（1）选料。

在选料的过程中，民间手工艺人可以结合不同的季节，选择不同的土壤。以春冬两季为例，民间手工艺人可以选择黏性强、胶性大的红胶土。在夏秋季节时，手工艺人可以选择土质疏松、胶性不大的黑土，或是纯黄土。除了选择相应的土壤外，民间手工艺人需要选择合适的砂粒。在具体的砂粒选择中，设计者需要根据相应造型大小，进行针对性选择。在砂粒中，米粒

---

① 吕超峰.中小学民间美术简明教程［M］.北京：阳光出版社，2019：101.

砂是最为常见的泥塑主料。设计者可以以泥的粗细为依据进行米粒砂大小和用量的选择。在常见的米粒砂选择中,民间艺人大多选择黄米大小的米粒砂。在石质方面,民间艺人多以青色砂石为主要选择,需选择土量大,用水洗的细面砂。在棉质料的选择上,民间手工者可结合实际,选择如下材料,即纸浆、蒲毛、棉花、麦衣、草节、线头和麻料。在泥的水土配比上,设计者可以结合实际的泥塑生产需要,灵活选择纯棉泥、中细泥、中粗泥、大粗泥四种,并将此四种泥运用在泥塑生产的工序上。

(2)造像。

造像一共分为八个步骤,分别是扎骨架、上粗泥、上中泥、上细泥、补绵泥、收光、压划、补饰。

①扎骨架。在骨架的扎制过程中,民间艺人需要遵循三个步骤。第一,确定骨架选材。在骨架选材过程中,民间艺人需要以造型的姿态、特征、规格、大小为依据,针对性选择骨架的选材,如木材,或是钢材。第二,填充肌肉。在肌肉的填充过程中,设计者可以选择谷草,或是稻草,进行填充,并用绳子捆结实。第三,设计者将造像固定在底座上,并运用混凝土浇筑,并进行上粗泥的操作。

②上粗泥。在上粗泥的过程中,民间艺人先要在造型上均匀涂一层泥,切忌涂泥太厚。在此之后,在人物头部的上粗泥过程中,民间艺人不能用太厚的粗泥。除此之外,民间艺人需要填充运用上粗泥的方式,填充造型中的空缺部分,实现完善造型的关键性一步。

③上中泥。泥塑的中间环节为上中泥。上中泥的目的是显现造型的衣纹和形态。在进行泥塑过程中,民间艺人只需保证粗泥做得相对精准,但不要过细地刻画。

④上细泥。上细泥是泥塑的关键性环节,是泥塑成型和出彩的关键性步骤。这个过程是需要进行细致刻画。具体言之,民间艺人首先需要在干好的中泥表面上洒水。其次,民间艺人需要运用酿制好的细沙泥,对中泥的表面进行细致刻画。

⑤补棉泥。补棉泥工序的作用是对特殊位置进行针对性用泥。补棉泥的对象是各种模型,如各种饰品、小工艺品,即凸显泥塑的细节之处,对于整

个泥塑而言，起到锦上添花的作用。

⑥收光。收光是处理泥塑表面的最后一道工序。在具体的操作上，民间手工艺者需要注意选择泥表面出现手感比较硬，但是并未真正干时，进行具体操作。而后，设计者需要运用自治的压光工具，按照先背后前、先薄后厚的顺序，将凹面进行反复地抹和压，直到形成平展和光滑的表面位置。在上述工作完成中，民间艺人可以用棕毛，或是羊毛，去蘸取少许水，并向泥塑的表皮进行清扫，在清洗的过程中需要格外小心，避免出现泥塑表皮被洗掉的危险。

⑦压划。在进行压划的过程中，设计者可以从局部的细节处理入手。如民间艺人可以从局部进行图案（如花、鸟、鱼、虫、自然景观等）的绘制，或是纹理的绘制（如粗细的线、曲线），让整个艺术作品更具有层次感和艺术性。

⑧补饰。补饰的原因：在进行泥塑的过程中，民间艺人无法同时从整体和局部角度进行绘制，需要在完成整体的绘制后，进行局部泥塑的绘制，尤其是，对局部进行精细化绘制，达到画龙点睛的艺术效果。常见的局部绘制图样与压划的绘制图像大体相同，比如花草、云朵，或是运用连续式纹样。

（3）彩绘。

对泥塑进行彩绘，一方面可以增强泥塑的观赏性，另一方面能够让泥塑绘制惟妙惟肖，充分激活民间艺人在泥塑方面的想象力和创造力。彩绘泥塑是整个加工工序的最后一步，具体分为以下七个步骤。

①糊纸。糊纸一共分为两个步骤。首先，刷胶矾。在此，笔者对胶矾作简要解释：胶矾是在胶钝化后，加入少量的明矾，形成的液体。在完成泥坯的补缝和修正后，民间艺人需要将胶矾刷到泥塑上，合理控制刷胶矾的厚度。其次，糊纸。在完成刷硅胶后，民间艺人开始糊纸，选择桑皮纸，并结合实际的泥塑作品，合理设置纸张的大小，并将这些纸张制成各种大小的方块状。在实际的糊纸过程中，民间艺人需要保证纸张与纸张之间衔接的平整性和无间隙，利于后续工作。

②出白。出白又称为粉底。现阶段常用的出白原料是立德粉。具体的操作过程是，第一，在立德粉中加入少量的滑石粉、钝化的股交液和水，制作出相应比例的粉剂。第二，民间艺人将粉剂涂在已经糊好的纸面上，并遵循

先里后外、先上后下的原则，完成涂白的操作。

③起稿。起稿的工作内容是绘制图案。民间艺人可以灵活选择铅笔，或是炭条进行图案的绘制。常见的图案有仙桃、凤凰、飞龙、松鹤、牡丹、菊花、祥云、梅花等。民间艺人可以结合实际的需要，以需求者的性格、年龄、地位及性别，灵活选择图案的类型。

④沥粉。沥粉又称为起粉，主要的作用是在勾画好的图案上进行线条的绘制，让整个图案更具有立体效果。在实际的沥粉过程中，民间艺人可以自行制作沥粉器，并结合图案的实际绘制以及泥塑的整个造型，调整沥粉的数量和线条。

⑤敷彩。造像敷彩一共分为上五彩、中五彩、下五彩等级别。在上述级别中，中五彩又被分为上中五彩和下中五彩，这种划分方法使得中五彩的色彩变化幅度最大，更具有伸缩性。以上级别便是泥塑彩绘的级别。

⑥装金。装金的目的是提高泥塑的亮度。在泥塑粉彩装金过程中，方法有很多。笔者简要介绍两种。第一种，以金地为依据，装金分为蛋清金地、藤黄脚金地、油金地、漆金地。第二种，以技法划分，装金分为擢金、描金、贴金、扫金、泥金。总而言之，在装金的过程中，民间艺人需要根据泥塑的实际，灵活选择装金的方式。

⑦抛光。抛光又称为罩光。常见的抛光方式有两种，分别是传统的抛光方法、油漆抛光法。传统的抛光方法主要是用于对传统人物造像中的肉质部分抛光。具体的操作方法是，首先，熬制蜡块。民间艺人将黄蜡放入特定的锅中，并加入少量的清油和钝化的淡骨胶水，熬制蜡块糊。其次，涂刷泥塑。民间艺人将蜡块糊涂抹到泥塑上。最后，打磨泥塑。在泥塑上的蜡块糊干后，民间艺人可以运用玉石、骨头之类的圆棒，打磨带有蜡块糊的泥塑，让泥塑呈现光如玻璃的视觉效果。油漆抛光法既可以运用在局部抛光上，即：肉质部位的抛光，又可使用在整体性的抛光保护上，在对泥塑进行保护的同时，呈现出良好的视觉效果。此外，在整个泥塑抛光的过程中，民间艺人需要处理泥塑的色彩，灵活选择多种着色方式，如粉底、沥粉、钒染、涂色、点饰图案、装金、罩光等过程，在保证泥塑作品不掉色和防潮外，还能凸显不同的视觉美感，即：色彩艳丽之美、古朴典雅之美等。

## 2. 杨氏泥塑的制作特色

（1）主题内容的选择。

杨氏泥塑的题材内容根据泥塑的功能大致分为以下几类：一是历史记事类。这类作品记录了某一段历史时期的社会真实生活、历史事件。其中具有代表性的泥塑作品有《雷锋》《老少三代学大寨》杨志荣《开山造平原》等。二是民间叙事传说类。例如，泥彩塑作品《孙悟空大战红孩儿》《张飞》《武松打虎》等。三是纳福招财类（见图1-14）。这类泥塑寄寓了人们对富裕生活的向往，以及对功名利禄的追求。有天官赐福、吉庆有余、刘海戏金蟾、连年有余、招财进宝、文武财神、富贵牡丹、马上封侯、五福临门等造型。用象征如意吉祥的图案，以写意的民俗符号传达出群众祈盼富裕生活的美好愿望。四是驱邪攘灾类。这类泥塑显示出民众对平安和顺生活的向往。具有代表性的泥塑作品有钟旭、吉祥象如意、坐狮、关公等纹饰和造型。以上四种分类具有相对性，如连年有余的整体造型寄寓了人们对富裕生活的美好追求与向往，但彩塑造型表面的纹饰又传达出祁子延寿的愿望[1]。

**图1-14 杨氏泥塑纳福招财类**

资料来源：图片由杨佳年先生提供。

---

[1] 陈彦平. 宁夏杨氏泥塑艺术发展现状的调查报告[J]. 大众文艺，2013（12）：82-83.

(2) 风格形式。

杨氏泥塑整体的风格特征为"七分彩，三分塑"。笔者从色彩风格和造型风格两方面论述。在色彩风格上，杨氏泥塑多从文物壁画以及宗教造像中获得颜色设计的灵感。在造型风格上，杨氏泥塑注重写实，侧重从故事论述和生活论述两个角度进行泥塑造型的设计。

(3) 视觉表现。

在视觉表现方面，笔者将其划分成造型和造像两部分。在造型方面，杨氏泥塑追求精简概括、自然传神、比例精湛。为了达到这种效果，民间艺人多采用夸张和写意的表现手法。在造像方面，民间艺人根据不同的造像，设置不同的艺术视觉表现。在进行武像造型的塑造上，注重凸显万夫莫敌、粗犷壮硕之态；在塑造文像时，多从端庄秀丽的面容、恬静的体态、自然飘逸的衣纹入手；在制作佛像时，民间艺人主要从丰润圆满的面相、慈悲祥和的神态以及软有质感的衣纹等入手；在制作菩萨时，民间艺人主要从慈祥吻合的神态、飘动自然的衣带等入手；在制作老者时，主要立足于饱经世故的面容、髯发等；在进行器皿的制作时，民间艺人多从装饰的花纹特征入手，还注重泥塑的表现手法，比如运用浮雕和圆雕相结合的方式，注重在装饰纹的设置中，注重错落有致，布局合理。

3. 杨氏泥塑的审美特色

杨氏泥塑的审美特色可概括为四个方面，分别为造型美、雕琢美、装饰美和结合美。

造型美是指主要是彩塑的外形。在隆德县民俗文化馆和隆德县博物馆，陈列有许多的杨氏泥塑作品，这些泥塑作品多取材于老百姓喜闻乐见的物象，多表现社会积极的一面，给人以喜庆、亲切、祥和的感觉，其造型有些相对写实，真实地表现了事物的特征，所塑形象比例准确，似乎受过专业的训练，颜色也接近于事物生活中的真实色彩。更有一些作品反映了当下人们的生活。当然，更具有艺术价值的则是那些夸张变形的泥塑作品，这些作品极富表现力和视觉冲击力，可谓是形神兼备，既准确地传达出了事物的特征，又给人一种陌生感，一种不同于其他泥塑作品的审美趣味。

在雕琢美方面,仔细地去体味这些泥塑作品,还能清晰地看到泥塑的雕琢痕迹,手法娴熟,在一些细微处,尤显杨氏泥塑精湛的技艺。亲切、活泼的杨氏泥塑作品准确地反映了当地的民风民俗,给人们带来了精神上的享受。

在装饰美方面,杨氏泥塑具有强烈的装饰意味和装饰风格,并凸显"随类赋彩"的原理,旨在凸显出艺术作品的独有风格。与此同时,在实际的彩塑设计过程中,设计者遵循古代五行、五色的哲学观念色彩原则,在彩塑色彩的搭配上注重各个色彩之间的平衡性,强化色彩的独有效果。

在结合美方面,杨氏泥塑主要体现在形态和色彩两方面,既有"七分彩,三分塑"之说,又有"塑其容,绘其质"之准,正是集结了独有的彩绘与雕塑的优势,凸显出彩绘的独有的融合之美。

### (四) 固原砖雕

宁南山区的砖雕最具代表性的是固原地区砖雕(见图1-15),固原砖雕在2014年11月11日列入第四批国家级非物质文化遗产名录。固原砖雕具有雕工精细、造型生动、构图严谨、立意新颖的特性。固原砖雕作为建筑中某一部分的装饰品出现,其位置为门楼和券门之上、庭院及侧墙的影壁、正房外的正墙、砖木解耦股房屋的厅堂等。[①] 此外,固原地区的砖雕以精巧细腻见长,以半雕、圆雕为主要雕刻方式,以浮雕为辅助雕刻方式,并吸收了中国画皴的激发。在雕刻形式上,固原雕刻可以分为面塑、透雕、木雕、石雕、灰泥浮雕五类。

1. 艺术风格

固原砖雕的造型以植物纹样为主,以编结纹样、集合纹样为辅。在艺术风格上,固原砖雕一方面保持了本地域的文化特色,另一方面吸收了我国传统文化,尤其是在固原砖雕的图案素材方面较为明显,在综合上述两种风格的基础上形成了具有宁南山区特有地域文化的砖雕艺术。

---

① 彭岚嘉. 西北文化资源大典[M]. 北京:民族出版社,2018:748.

**图 1-15 固原砖雕**

资料来源：图片由卜文俊先生提供。

### 2. 创作手法

固原砖雕的创作手法分为"刻活"和"捏活"两类。刻活是在已烧成的青砖上，用相应的雕刻工具，如凿、刀等，雕刻出图案的一种技法。捏活是用手和磨具在加工配置的泥巴上绘制各种图案，如花卉鸟兽图案、龙凤狮图案，并将其进行烧制，形成工艺品的一种技法。在具体的内容创作上，民间艺人多采用浪漫主义与现实主义相结合的创作手法，凸显情景交融的创作思维。

### 3. 创作工序

固原砖雕制作分五大工序，分别是选土、过筛、和泥、制坯、烧制。笔者在此进行简要论述。首先，制泥。民间艺人先用红土油胶泥，之后泥与马毛、飞麻、棉花等按比例混合，制作成泥坯。其次，制架。民间艺人将存放十日后的泥坯进行打磨，制成可以捏制的骨架。再次，成型。民间艺人用小竹板将捏制的骨架雕刻成型。最后，烧制。民间艺人将晒干后成型的半成品进行软火烧制，制成成品，即黏土砖，并进行如下加工：第一，综合运用斜刀、平刀、镏凿等技法，加工黏土砖。第二，依次进行打磨、格方、落样、雕刻、安装，完成砖雕的制作。

### 4. 代表作品

（1）固原市二十里铺拱北牌坊门楼。

此门楼的砖雕图案主要是由冬梅、秋菊、夏莲、春牡丹、兰、竹等构成。值得一提的是其中的大幅砖雕。每一砖雕主造型均配有其他纹样的砖雕作为边框,在增强砖雕整体性的同时,还能形成各自独立的砖雕区域。

(2) 固原市城隍庙前的影壁。

此影壁分为三部分。上部分:以仿木结构为脊,砖雕斗拱。中部分:壁照砖雕为主图案,其为麒麟造型,以葡萄、松柏为近景,海水托日为愿景构成的中部砖雕内容。下部分:须弥座。

(3) 隆德魏氏砖雕。

隆德魏氏砖雕位于隆德县凤岭乡于河村,魏氏砖雕第四代传人卜文俊在继承魏氏砖雕传统技艺的同时,又广泛吸收其他砖雕流派技艺之长,利用传统与现代相结合的手法,创作了大量砖雕艺术作品(见图1-16),深受人们喜爱,其作品"狮子滚绣球""丹凤朝阳""砖雕"多次获奖[1]。

**图1-16 隆德魏氏砖雕**

资料来源:图片由卜文俊先生提供。

---

[1] 钟培源,郭涛. 一砖一风物——记隆德县凤岭乡于河村魏氏砖雕[J]. 宁夏画报,2019(9):48-49.

## (五) 皮影

皮影俗称"牛皮灯影子",是活跃于宁夏南部山区,特别是隆德县各村镇的一种特殊演出形式(见图1-17)。它是用牛皮纸剪成的各种人物形象投影到屏幕上来表演的。皮影戏班一般由5~7人组成,其中文武乐队3~4人。"耍线子"的师傅兼多角色唱板,以声腔变化之妙表现生、旦、净、丑各色人物。剧种以秦腔为主,重唱功,尤其以表演神仙鬼怪剧见长。在实际的表演过程中,艺人主要负责两方面工作:第一,操纵戏曲人物。第二,哼唱曲调故事。与此同时,其他人员可以运用打击乐及弦乐进行配音。皮影以其独特的风格招徕众多民间观众。

**图1-17 皮影艺人在展示皮影**

资料来源:作者自拍。

1. 宁南山区皮影的造型形式分类与制作

（1）宁南山区皮影的造型形式分类。

①人物。人物主要分为现实人物和神话人物。现实人物是由桩桩—皮影身子、头梢—皮影头构成。简而言之，皮影是将头梢插在桩桩的颈套中，组成的各色影人。

第一，以戏曲规则设定人物。皮影常常以戏曲的规则设定人物。整体而言，皮影人物分为生旦净丑四大皮影人物。从人物的年龄及扮演的角色进行细分，划分成如下的角色：生角的皮影人物进一步划分为须生、红生、小生、武生、娃娃生；旦角的皮影人物分为青衣、花旦、武旦、刀马旦、老旦、贴旦、闺旦等角色；净角的皮影人物分为正净、副净、武净、红净；丑角的皮影人物分为文丑、武丑（见图1-18）。

图1-18 皮影人物

资料来源：图片由民间艺人提供。

第二，以现实人物的构成设定人物。首先，头梢。头梢是由脸谱和头饰构成，多采用侧面刻镂五分脸的形式。头饰的作用是区分人物阶级和官位的重要标志。脸谱的作用是区分人物的性格，即善恶忠奸、刚柔美丑等。脸谱刻制分为阴刻和阳刻两种。阴刻是去线留皮；阳刻是去皮留线。其次，桩桩。桩桩是皮影的身子，主要由手、臂、腿、胸、腹等构成。桩桩的服饰与戏曲服饰基本相同。此外，桩桩是区分人物贫富贵贱的重要标志，其判断的依据是以桩桩中的颜色、服饰和图案为依据。再次，角子。角子的作用是烘托主要人物的上场和下场，以及在双方交战时进行摇旗呐喊。角色大部分是四人一组，或是两人一组，有马子角、鸾驾、堂子角、贼角子、番角子、官角子、黄马褂、内侍官等角色。这些角色的面部各异，着装和头帽基本相同。最后，解马子。解马子是武旦扮相，其形象为头戴绿帽子，或是草圈帽，身着素服，一只手握鞭子，另一只手拿扇子。解马子的桩桩和头梢是相互连接的，可以在马上进行灵活的翻越，也可以展示不同的武术动作。

第三，神话人物。神话人物在出场过程中，需要配有象征性饰物，如仙袂（神仙的衣袖）、葫芦等。此外，神话人物的头梢是特定的，其桩桩也是特定的。常见的配有象征性饰品的神仙人物有福禄寿三星、风雨雷三神、王灵官、赵灵官和天官。

②动物。动物在皮影中是十分重要的一部分。在宁南山区皮影中，动物皮影主要划分成现实动物和神话动物。在现实动物皮影中最为主要的是龙、虎、骊马等。在实际的皮影演奏过程中，民间艺人首先是将龙和骊马悬挂在称的右侧，将虎悬挂在称的左侧，寓意是消灾辟邪。在神话动物中，民间艺人在设定皮影的过程中，让皮影的上半身可以自由活动，使皮影的下半身与动物雕刻在一起。在神话动物中，有些动物需要配有相应的神座，如虎、狮、鹿、牛、麒麟、象等。

③场景。场景的作用是营造剧中环境，揭示剧本内涵。宁南山区皮影中的场景划分成小场景和大场景。小场景大多以两块，或是整块牛皮雕刻而成，呈现出小巧玲珑的视觉观感，其内主要包括室内陈设、生活工具、劳动工具、宝塔莲台、坐堂地狱、亭台绣阁、驹马轿车、花草树木等内容（见图1-19）。大场景主要是由四块、六块、八块牛皮雕刻而成，呈现出

气势宏大、雄伟的视觉感，其涉及的主要内容包括花园庭院、茅庵草舍、将相府邸、军营帅帐、金銮宝殿。大场景主要分为上下两部分。上半部分呈现的是画面的完整部分，下半部分留有空白，并结合实际需要雕刻出墙、帘、柱等设施。

图 1–19  皮影场景

资料来源：作者自拍。

2. 宁南山区皮影的风格、特点以及造型的艺术特点

（1）宁南山区皮影的风格及特点。

①宁南山区皮影的风格。皮影的风格好似一个人的气质，是与他人最为不同的地方，这也变相说明皮影风格的重要性。

风格一：一元化组织制与特色性的器乐。在演奏皮影戏时，一人负责纵览全局性的作用，如主唱、道白、挑纤。特色性的器乐是指：宁南山区情道皮影所运用的器乐相对较老，常用的乐器包括简板、鱼鼓、水梆、唢呐、笛呐、四弦等。这些古老的器乐有利于展示古朴浑厚的风格，凸显宁南山区音乐的深刻性内涵。

风格二：内容丰富。宁南山区皮影的内容丰富主要体现在以下两方面：第一，运用抒情性很强的两木板路，即弹板和飞板。第二，采用四大调式，即伤音飞板、花音飞板、上音弹板、花音弹板。

风格三：道具简单、唱腔优美。道具简单是指，在皮影戏的演奏中，民间艺人只需以下的道具：纸亮子、绳索、清油灯。唱腔优美是指，民间艺人在演唱过程中经常采用"嘛簧帮腔"，让整个演出氛围高潮不断，故事情节扣人心弦。

②宁南山区皮影的特点。

特点一：多元融合性特点。因为该地区深处山区，所以宁南山区皮影保留了相对完整的皮影特色。此外，此地区是一个小型的多民族聚集地，为各种民族文化的风俗习惯以及思维方式的融入提供了良好的契机，增强了宁南山区皮影的多元融合性。

特点二：多样性功能特点。多样性功能主要是指社会性功能，包括抒情说教和文化娱乐。在抒情说教上，民间艺人多将各种优秀的传统文化，如惩恶扬善、勤劳节俭、精忠报国、尊老爱幼、忠贞自由等，融入皮影内容中，有利于人民优良品格的塑造。在文化娱乐上，其主要是进行文化娱乐的重要方式，是丰富当地人民精神生活的重要方式。

特点三：群众性广泛特点。宁南山区皮影群众性广的原因有以下三点：首先，表演内容贴近当地人民的生活。宁南山区皮影中的人物造型、情节处理以及唱腔演奏等十分贴近当地人民的生活方式和思维习惯，促进皮影艺术的有效传播。其次，表演形式简单。民间艺人运用的装备相对简单，即两个箱子即可。与此同时，在实际的表演过程中，只要保证有一个宽敞豁亮、收音聚光的农家窑洞即可。最后，传播方式传统。此种形式皮影戏的传承形式为传统的师徒制模式。

（2）影人的造型艺术性。

①影人的造型语言。

第一，影人造型汲取戏曲造型的灵感。皮影具有戏曲化的特征。如民间艺人在雕刻皮影过程中常常先绘制出生旦净末丑角色的脸谱，并将上述脸谱拓落在皮子上雕刻。值得注意的是，皮影脸谱与戏曲脸谱具有不同之处。首先，戏曲脸谱是正面脸，而皮影人的头梢是五分脸。其次，在皮影表现手法上，皮影中的生旦角色采用阳刻的方式，即去皮留线，增强镂空处与阳刻线之间的黑白效果的对比性，通常采用以空代色的方式，表现脸谱中纯白嫩白的视觉效果。

第二，影人造型的装饰性。装饰在皮影雕刻中发挥着重要的作用，有利于增强皮影的观赏性和形象性。宁南山区皮影在装饰中经常运用图案化和平面化的方式。在图案化方面，民间艺人可以在不同的部位配有相应的图案花纹，如皮影的道具、配景等，营造出皮影的简练而不空洞，华丽而不拖沓的艺术效果。在平面化方面，民间艺人综合运用光影效果和二维空间，让皮影造型装饰可以淋漓尽致地展现（见图1-20）。

**图1-20 皮影造型桌椅**

资料来源：作者自拍。

第三，影人造型的绘画美。皮影艺术的绘画美主要体现在完美的绘画审美情节上。民间艺人通过个人的视觉以及综合运用形象、颜色、光和线条，凸显出皮影戏的主体，通过动态化的表演，让构图中的人物形象更为活灵活现地展现，并在借助灯光的作用，形成一种视觉上的虚幻，折射出一种独有的颜色视觉，勾勒出独有的审美情节，凸显出皮影独有的绘画之美。

首先，形象。皮影艺术的形象主要集中在形神具备的刻画上。形神刻画的关键要点是眉眼的刻画。在生角和旦角的净脸形象中，民间艺人经常运用以空代色的方式，刻画出俊美的眉眼，挑起的眉毛、细秀的眼睛、微抿的小嘴，刻画出似真人而非真人的艺术效果。在末角和丑角的形象塑造中，民间艺人通常运用阴线刻画的方式，运用以色衬空的方式，注重以刻画眼睛的轮廓线入手，塑造出人物想要顷刻间宣泄的情感。值得注意的是，在丑角的刻画过程中，民间艺人除了对眉眼进行刻画外，更需要对其他部位进行刻画，如嘴。在嘴的刻画中，民间艺人让嘴保持张开，并配合眉眼进行针对性地雕刻，达到传神的目的（见图1-21）。

**图1-21 皮影造型人物**

资料来源：图片由民间艺人提供。

其次，颜色。颜色可以丰富皮影造型中独有的美。红、绿是皮影造型中的主色调。红色是一种暖色调，绿色是一种冷色调，可以在视觉上引起冷暖对比强烈的效果。在设计整体性皮影的造型中，民间艺人一方面要保证颜色之间不相互调配，另一方面运用平图的方法，采用多层着色的方式，让所涂颜色更加透明、厚重、柔和均匀。民间艺人通过运用光照的方式，可以让皮影中的形体更为清晰，色彩更为统一，让皮影更为古雅和华丽。

再次，光。光产生了影，有利于凸显皮影的体量感，增强皮影的虚拟空间感。民间艺人通过将颜色，如红绿黑与光线进行完美调和，构建出不同性质的色彩基调，增强皮影氛围的感染力。

最后，线条。线条有利于增强皮影展示的丰富性，在皮影雕刻的装饰中发挥着重要的作用。常见的线条多种多样，包括粗线、细线、直线、曲线、弧线等。在实际的图案绘制过程中，民间艺人可以结合不同物品，设置不同的花纹。民间艺人可以运用排弧线，设计"海水朝阳"图案中的水纹；头饰中的动物毛发；人脸部的弧形皱纹。又如，民间艺人可以运用藤文线，进行各种物品的装饰，比如堂座中的装饰、服饰以及袖口中的装饰、器物装饰等。总而言之，线条装饰主要起到增强规律美的作用。

在具体地运用线条进行装饰创作的过程中，民间艺人需要着重从以下两步切入。

第一步，以皮影人物的结构或是塑形为依据，选择比较完整的线条，进行结构区域的划分。第二步，以区域内的形状为依据，并选择合适的线条，进行相应的绘制。

除上述内容外，在进行线条设置构成中，民间艺人可以遵循装饰程式化规律，如运用重复、对齐、对称的原理进行线条的配置，一方面保证图案之间的呼应和协调，另一方面在保证整个人物结构变化的同时，促进各个线条之间的自然衔接，起到互相映衬的效果。

②影人的造型特点。

影人造型由两部分构成，分别是脸谱和头饰，头饰在前文中已介绍，下文着重介绍脸谱。

在脸谱方面，笔者着重从以下三方面论述。首先，脸谱中五官的比例。

五官比例一方面决定着皮影人物的性格、气质和感情，另一方面也决定着不同角色的设定。其次，面部的刻画。为了凸显现多种特质、心情和感情，民间艺人可以从额头的宽窄、眼睛的大小、嘴唇的薄厚、耳朵的尖垂等刻画。最后，皮影的脸型。为了凸显人物的性格和人品，民间艺人可以灵活刻画不同的脸型，如瓜子脸、四方脸、瓜子脸、刀条脸。

在面部刻画方面，民间艺人根据不同角色，设置不同的雕刻形式。以生角、旦角为例，此种角色的雕刻形式为阳刻，即采用去皮留线的方式，保证线条简练的同时，让人物的面部干净，凸显人物的俊秀、年轻。以丑角、净角为例，此角色采用阴刻的方式，即去线留皮的形式，多从眼角、嘴角等方面塑造多种面部表情，凸显人物的性格。值得注意的是，为了凸显丑角的诙谐、滑稽的造型，民间艺人常常采用阴刻的方式，在丑角的面部刻出麻子，让丑角的嘴角上扬，张口露齿。

## （六）社火脸谱

宁南山区的社火最早可以追溯到周秦时期的"傩戏"及后来的"百戏"，承载着丰厚的文化积淀，具有悠久的历史。而社火脸谱是社火活动的衍生物，通过脸谱刻画设定人物角色并赋予其以驱疫逐鬼、惩恶扬善的宗教色彩及教化功能。其在造型设色及制作工艺等方面都有固定的程式，自成体系，并因其神奇粗犷，绚烂雄奇而成为珍贵的民族文化瑰宝及民间美术的重要组成部分[1]。宁南山区社火以隆德县最盛，每年正月，都有社火表演，且一直延续至今。

1. 宁南山区民间社火脸谱的特点

（1）具有深厚的历史文化渊源。

地处宁南山区的六盘山具有深厚的历史文化渊源主要体现在以下方面：第一，六盘山曾是我国伏羲、炎帝、黄帝活动过的地方，还是周朝和秦朝的发祥地。第二，从出土文物来看，彩陶图案中出现集体舞蹈的场景，这在一定程度上可以说明该地区是社火的源头。由此可见，社火脸谱的产生具有深

---

[1] 李文斌. 西海固民间社火脸谱的文化探究[J]. 大众文艺，2015（23）：33.

厚的文化渊源。

（2）社火表演呈现的内容丰富。

社火脸谱随着社会表演发展而来，并随着的社会表演的内容和形式的变化而变化。在宁南山区，社火表演的内容多种多样，如秧歌、拉犟驴、马社火、划旱船等。多样性的社火表演在一定程度上丰富了社火脸谱的内容。宁南山区人民通过社火脸谱的形式，呈现出不同时代的民族英雄和社会人物，丰富了人们的精神世界，是宁南山区珍贵的历史文化资料和活化石。

（3）社火表演具有较强的地域性。

宁南山区的自然环境相对恶劣，这也造就了宁南山区人民坚韧不拔、不卑不亢的优良品格，而此种品格在宁南山区社火脸谱中得到充分的体现。宁南山区人民在进行脸谱的绘画中注重呈现一种质朴、原生态的粗犷中的美感，在表现宁南山区人民与生俱来的对自然的虔诚之情的同时，表达出宁南山区人民对于未来美好生活的期盼。

2. 宁南山区社火脸谱艺术的图示结构[①]

社火脸谱艺术设计有其固有的规律，主要的作用是突出角色的身份和性格，让欣赏者可以通过脸谱直接观看到脸谱的角色的内心。社火脸谱艺术设计的核心是脸型设计和眉眼设计。

（1）脸型设计。

脸型的作用是最为直观地展现脸谱所示的角色特点，如角色的性格、社会地位等。宁南山区脸谱以脸型为依据划分成碎花脸、对脸以及定脸。在上述脸型中，定脸是脸谱中的核心谱型。定脸的作用是直观展现某些特定角色，在脸谱的额头附近。定脸的图形是固定的，不能随意改变。如闻太师、三教爷有固定定脸图形的，是不可随意改变的。对脸的作用是表现侠义和忠勇正直的人物。对脸的绘制是以鼻子为中轴线，绘制相应的色彩和纹饰，保证绘制的抽象图案、花纹和色块绘制的对称性。碎花脸的作用是表示人物的诡异险诈和凶猛。如王彦龙、蚩尤等运用的是碎花脸的绘制方式。破脸绘制

---

[①] 李明. 西海固民间社火脸谱的谱式设计及审美内涵［J］. 大众文艺，2015（23）：84-85.

的主要特点是纹饰的不对称性及图案纹路的细碎、复杂性。碎脸主要是表现人物的勇敢、凶猛，多在脸部绘制较多的皱纹。

（2）眉眼刻画。

①眉的刻画。眉主要是凸显人的性格和精神气质。不同的眉代表了不同的性格，常见的眉可以划分成疙瘩眉、横须眉及星斗眉。疙瘩眉主要是表现武将的勇猛刚直，采用粗犷的笔墨。横须眉主要表现有心计者以及军事的足智多谋，多运用细长的纹路。星斗眉主要是凸显僧道之人的超凡脱俗，多绘制圆形状眉。

②眼的刻画。眼的作用是凸显人物的性格和身份。不同的眼型勾画出不同人物的性格。常见的眼型分成三角眼、平眼和圆眼。三角眼的特点是眼眶周围有棱角，多为深谋远虑的君王形象，如蚩尤、殷纣王、秦英等。平眼多为性格豪爽、直率之人，如陆逊、吕洞宾、关羽。圆眼为刚直勇烈之人，如戏曲中的武花脸。值得注意的是，其他的眼型多为此三种眼型变化而来。

3. 宁南山区社火脸谱中的造型手法及色彩应用

（1）造型手法。

宁南山区社火脸谱的造型突出概括性和夸张性，多采用具有抽象性、象征性的手法，对人物的性格和容貌特征进行绘制。具体言之，在人物性格的描述过程中，民间艺人多采用约定俗成的审美符号，勾画出脸谱人物的性格特征，一方面是对人物的口眼眉鼻进行勾画，另一方面是刻画出人物的特有标志图案，如疤痕、皱纹、肤色等。

在绘制包拯时，民间艺人着重在包拯的额头左右侧，绘制出日月两个字，凸显其具有"日断阳，夜断阴"的能力，以日月的方式凸显出人民对于公平的期许。又如，在绘制四大天王的造型时，民间艺人以"顺""雨""调""风"为标志性字样，凸显出人们渴望五谷丰登的美好期许。

4. 宁南山区社火脸谱传承人：隆德县苏维童

在隆德，人们习惯称画脸谱为"打脸"，因为有了"打花脸""鬼脸子"，宁夏隆德的年味往往比其他地方更浓厚。"胸中有丘壑，下笔如有神"，苏维童画脸谱时如行云流水般顺畅，不需要刻意去记脸谱的形状特征，都能画得出神入化。隆德社火脸谱所绘形象数量繁多，而且大都较稳定地保存着直观的艺术形式，在表现人物容貌和性格特征等方面都十分具体和细致。它以夸张的手法运用各种不同图案色彩来突出人物的忠奸、善恶、美丑和性格特征。与人们口中的"知人知面不知心"相反的是，社火脸谱"知人知面便知心"。

### （七）木版年画

年画是一种用于彰显祝福的特殊题材绘画形式之一。年画起源于古代的"门神画"，主要运用于民间，尤其是在节庆时节得到更为广泛的运用。[①] 传统的民间年画以木版水印为特征，并依据年画的大小和画幅的多少，分为不同的名称。按照纸张大小，依次的名称是：整张大的是"宫尖"；一纸三开的是"三才"。此外，可以按照时间对年画进行分类，六月之前的年画叫"青版"；七、八月之后的是"秋版"。宁南山区木版年画采用木版雕刻，水墨套色印刷，形成了构图饱满、造型大方、线条简练、色彩艳丽、富有装饰性的艺术特点，是中国西北地区主要的年画产地之一。虽然随着时代的变迁，家家户户已很少张贴年画，但年画仍以其独特魅力展示着传承历史与穿越时代的意义。

#### 1. 宁南山区年画的类型

宁南山区年画常见的分类有以下几种：以题材为依据，可以划分成如下四类。第一类，吉祥物。民间年画的吉祥物以凤凰、松鹤、麋鹿、老虎、狮子等瑞兽为主，以聚宝盆、摇钱树、牡丹、莲花等为主要植物。通过这些吉祥物的方式，人们可以进行隐喻，或是比喻性地祝福，凸显迎福纳祥的主题。以"鹤"为例，年画中的鹤象征着延年益寿的美好寓意。第二类，世俗生活。民间艺术家通过观察生活，将生活中的元素，融入年画中的年画形式。此种年画包含的世俗生活有声息劳作、事实趣闻、节令风俗。第三类，娃娃美人。在年画中，娃娃美人所占的题材比例很大，其具有很强的象征意

---

① 郭延生编著. 杨家将传说调查报告上 [M]. 北京：群言出版社，2018：75.

义，表达出人们对于夫妻和美、早生贵子的美好祝愿。第四类，故事传说。大部分年画中的故事传说来自经典名著，比如《三国演义》《水浒传》《红楼梦》《西游记》，其中渗透着很多中华民族的优秀文化。

以种类为依据，分为以下六大类。第一类，门神类。这是最早的年画形式，也是最主要年画类别。门神年画主要展示的是人类对美好生活的期盼。第二类，吉庆类。吉庆类的年画主要包括"加官进爵""富贵满堂""天官赐福""连年有余"（见图1-22），表达人们对于美好生活的向往。第三类，风情类。此类年画内容主要与现实生活息息相关，充满着浓郁的生活气息。第四类，戏出类，即以戏曲故事为主要内容的年画。戏出类年画主要是以文学插图、组画、连环画的方式呈现。大部分年画中设计的主要戏曲曲目包括《宝莲灯》《西厢记》《杨家将》《盗仙草》《群英会》等。第五类，符像类，其主要是由文字和图案构成，彰显人们的纳祥纳福心理。第六类，杂画类。主要的杂画包括花鸟字图案、布画、糊墙纸、桌围画、拂尘纸、窗画、灯画。此种杂画的特点是以炭笔擦绘，故名为擦炭画。

**图1-22 李雁作品——连年有余**

资料来源：作者自拍。

## 2. 宁南山区年画的特征

年画根植于农业生产中，经历着上千年的历史变迁，承载着民间信仰文化的传承和发展，且与正统文化具有和而不同的文化意蕴。年画的特征主要体现在以下方面：

首先，凸显吉祥主题。民间年画在表现手法、艺术形式、题材内容等多个方面体现出纳福吉祥的寓意，成为最受广大人民欢迎的画种。

其次，彰显年画造型的独特性。年画是集结中国古老文化智慧的画种，其独特性主要体现在如下几点：第一，具有农村特有的集体审美意识。第二，彰显民间艺术家独特的造型意识和思维方式。第三，隐性化地展示年画背后的文化故事。

再次，具有较强的想象力。年画凸显出设计者的主观思想，尤其是展现设计者的想象力，刻画出设计者的"从意到形，形随心变"的创作理念。年画的内容也体现出设计者"人具有灵性""主观与客观、现实与理想相融合的理念"。年画的形象十分凸显人的本性，展现出率真、稚拙等形象。

最后，年画制作的传承性，其主要体现在传承的加工方式以及传承的主要形式上。在传承加工方式上，年画制作主要是基于不同地域的加工方式。在传承形式上，以办学、家传以及招徒为外化形式，以物化传播、口传心授及言传身授为落实形式。

### （八）隆德农民画

农民画虽然属于近现代民间艺术中较为崭新的艺术类别，发展历程不是很长，但在六盘山下的隆德这一民间文化丰厚的土壤中，在诸多其他民间艺术的滋养和感染下，农民画得到充分的发展。近年来，受到当地政府和有关文化部门的鼎力支持，农民画在当地民间掀起一股欣欣向荣的热潮，呈现出蓬勃生机和活力，参与农民画创作的人愈加众多，表现的题材和反映的主题更加广泛深刻，艺术效果和艺术表现力更加突出。

## 1. 题材内容

隆德农民画取材极其广泛，凡生活所及，画笔皆可到，既有"送粪"

"除草""打垛""割麦""碾场""放牧"等农村生活的描绘,又有"醋坊""压面""元宵观灯""戏剧人物""马社火"等各行各业的图景,也有吉祥题材作品,如"年年有余"等。从中我们既能看到编糖、锄地之类的原始耕作方式,也可看到电视机、摩托车、洗衣机等现代生活的标志。隆德农民画淳朴、清新,充满浓郁的生活气息,具有极高的民俗价值和艺术价值。由农村妇女王玉秀创作的农民画"马社火"在1981年"全国首届农民画展"中获一等奖,被中国美术馆收藏,并在挪威、瑞典、瑞士等国家展出。张雪梅的"放牧"、靳守诚的"瓜甜"等画作也在全国画展中获奖。农民画创作者靳守恭荣获文化和旅游部授予的"农民画开拓者"称号。

2. 艺术特色

隆德农民画有着独特的造型语言和艺术表现形式,基本反映出农民画在一般造型规律上的同一性特质。在画面的空间处理上,隆德县的农民画可谓独具特色,民间画家抛弃了西方古典绘画艺术极度科学性的严格束缚,同时也有别于中国传统文人画的留白的空间处理方式,而主要采用二维空间处理时空的方法,倾向于平面化、装饰化、图案化的风格。这就说明,农民画作者已把普遍意义上的视觉观念转换成一种带有特殊文化含义的视觉符号,并形成自己独特的艺术语言,这种艺术表现语言是远离自然形态的,更加非物质化的,成为极其主观的象征艺术。

隆德农民画主要是以全景式的构图形式为主,最直观的感觉就是画面"满""密""全",画面留白很少,通过对各种形象的巧妙安排,从画家内心出发,把生活美与理想美巧妙地结合起来,大胆地打破时空限制与现实世界的束缚,采取自由组合方式进行构图,既营造出一种充实、丰满的气象,又使欣赏者通过画面产生广泛的联想(见图1-23)。具体来讲,隆德农民画大都注重平面化的装饰性效果,构图上不刻意追求画面立体纵深的透视关系,消除和淡化画面的形象体积和层次表现,常常采用平列式构图的形式来经营处理画面纷繁复杂的事物形象。物象之间的纵深感和立体感以及层次感被削弱,选用多角度、多视点的俯瞰式视觉方式来安排画面构成。这说明农民画家在表达自己情感时，完全是按自己的"内视心象"去描绘事物之间的结构关系，在画面经营上打破时空界限，采用幻想式、浪漫式手法进行大胆、自由、灵活、多样的空间处理方式来组织画面构成，达到了描绘的现实世界既真实又虚幻，既杂乱又有序，呈现出在画面处理方式上的独具匠心和优美独特的视觉感受。

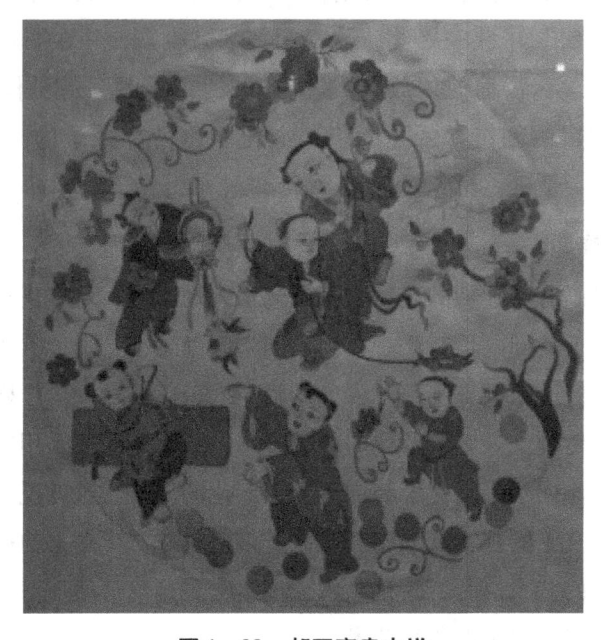

图1-23 郝双富贵吉祥

资料来源：作者自拍。

另外，在构图上，隆德农民画通常采用表现宏大场面的"全景式"和表现现实生活中某一典型人物或事件来具体刻画的"特写式"两种构图形式，都体现出饱满丰盈的视觉效果，同时又不乏极富装饰感的艺术韵味。"全景式"构图形式反映出场面宏大，物象纷繁复杂，结构元素众多等特点。民间画家依据特有的画面经营和组织能力巧妙安排出主次分明、秩序井然的画面效果，生动地再现了日常生活中的大场面，既反映出当地的风土人情，又给人以无尽的遐想和强烈的视觉震撼。再一个就是特写式构图，这种构图选取的场景不大，往往对生活中具有典型事件或典型人物着重刻画和细致描绘，因此这种构图形式能达到人物传神，神态细腻，配景精巧生动的艺术效果，具有较强的艺术感染力和生动传神的艺术效果①。

## （九）西吉木雕

木雕是雕塑中的一种，是最为常见的一种民间工艺。木雕是从木工中分离出来的工种，属于精细工。木雕可以细化成浮雕、根雕和圆雕。② 常见的木雕选材为红木、龙眼、沉香、银杏、柏木等。常见的木雕技法有圆雕、浮雕、镂雕等。为了对木雕进行保护，民间艺人会对木雕的表面使用色彩。

地处宁南山区的西吉县，活跃着众多的木雕艺人，西吉木雕艺术已有很久远的历史，据西吉县文化馆的工作人员介绍，木雕起源于北宋年间，形成于明、清时期。西吉木雕用于摆设的工艺品较少，大多是作为建筑物构建的装饰品，镶嵌在主房的前厅或正堂，以及主房外的正墙、侧墙、庭院的障壁、卷门和门楼上等。以其独特的雕刻技巧，优美的艺术造型，透视着民族特色与精湛技艺，古老文化与民族传统。西吉木雕在西北民间美术中占有重要地位，木雕艺术不仅继承了我国传统雕刻艺术，而且还吸收了地域文化特色，形成了自己独具特色的艺术风格（见图1-24)③。

西吉木雕是一种兼具欣赏性和实用性的雕刻形式，既可以让欣赏者感受到木雕的独有之美，又能以此种形式继承中华民族的特有文化。在此，笔者主要对几种常见的西吉木雕进行简要赏析。

第一，圆雕主要是运用在仿真实动物的雕刻上，从三维的角度对相应的动物进行雕刻。对于观赏者而言，观赏者可以从不同的角度欣赏木雕艺术。第二，浮雕这项技艺主要是运用在雕刻凹凸起伏的形象上，是一种介于绘画和圆雕的艺术表现形式。第三，根雕。根雕的创作对象为树根，如竹根、树瘤等（见图1-25）。民间艺术设计者根据头脑中的立意，对实际的对象进

---

① 高旭. 宁夏隆德农民画的艺术特色 [J]. 民族艺林，2019（4）：139-144.
② [加] 王其钧. 中国园林图解词典 [M]. 北京：机械工业出版社，2021：313.
③ 冯巢. 浅析西吉回族木雕装饰图案的艺术审美特征 [J]. 大众文艺，2015（16）：113-114.

**图 1-24 谢强军木雕作品**

资料来源：作品由谢强军提供。

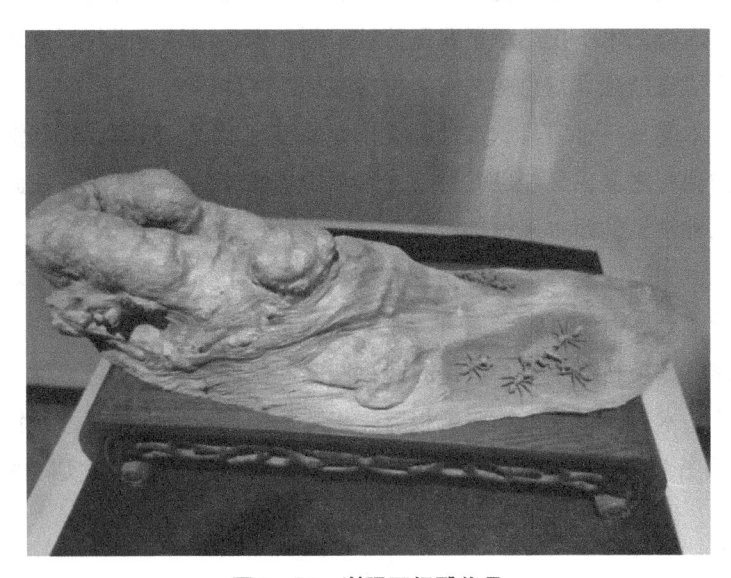

**图 1-25 谢强军根雕作品**

资料来源：作品由谢强军提供。

行针对性加工，雕刻出相应的艺术形象，如器物、动物和人物等。根雕是一种综合性艺术，既可以凸显自然美，又能凸显创造美，突出强调"七分天成，三分人工"。第四，龙眼木雕。龙眼木雕的取材是桂圆树的树干，也包括树根。选取根部的原因在于虬根疤节，姿态万端。龙眼木雕的内容主要是以人物、鸟兽花果为主，其经过打蜡以及磨光后，呈现出精美、古朴、大方和稳重的特质。第五，金漆木雕。金漆木雕主要取材于樟木。民间艺人通过雕刻和上漆贴金的方式进行加工。金漆木雕的创作特点是工艺秀美、金碧辉煌，其表现形式为立体通雕、通花透雕、浮雕。金漆木雕呈现出的特点为立体感强、刻工细腻、层次丰富及脉络通畅。

（十）隆德花灯

花灯又被称为灯笼，是我国汉族传统的民俗工艺品。古代花灯的作用有：照明、娱乐、美育、祈福。花灯主要出现在我国的重大节日，如春节、元宵节等。花灯涉及的题材主要包括花鸟鱼兽、亭台楼阁等。在色彩设计方面，花灯的色彩较为艳丽。隆德花灯历史悠久，是中国花灯艺术在西北地区的一支重要流派。

隆德花灯的种类繁多，主要包括龙灯、纱灯、花篮灯、棱角灯、树地灯、礼花灯、蘑菇灯等，其形状也多种多样，包括多角形、圆柱形、正方形和圆形（见图1-26）。其中龙灯又被称为舞龙，是现阶段较为出名、普及率较广的民间灯饰和舞蹈之一。龙灯的架构形式为前半部分是龙首，龙灯的中间部分有相应的节数。在每节的下半部分有一根棍子支撑，并在每节中放有相应的蜡烛。当蜡烛点着时，则该部分被称为龙灯；该部分未点着时，则被称为布龙。

（十一）补花

补花，又被称为布贴，是一种古老的民间美术品种，其主要是用于对破损衣物的缝补，并经过一系列发展，此种方式的样式日益多样。补花属于刺绣的一种，主要取材于做衣服剩下的边角碎料进行相应图案的拼图。布贴的

图1-26 隆德花灯

简要过程：首先，拼图案。设计者结合底布的颜色，运用标胶碎料进行艺术加工。其次，贴糯糊。设计者需要用糯糊将整个面贴牢固。再次，粗加工。在粗加工过程中，设计者需要考虑沿着图案的纹样，进行针对性的边锁秀。最后，细加工。设计者需要对已完成的半成品进行细化研究。

补花这种民间工艺，在宁南山区普遍存在，但相对于剪纸、皮影等，艺术影响力不是很大，其艺术价值主要体现在布贴的图案上。其一，布贴的图案多种多样，且存在色彩丰富、色块巨大、对比明显的特点。其二，这些图案造型具有明快、粗犷、浑厚、古朴的意蕴。其三，布贴存在上下、左右对称的状况，具有较强的装饰意味。其四，布贴常用的图案有蝴蝶、凤凰、花果、卷云、鲤鱼跳龙门、牡丹、莲花等，这些景物均具有美好的寓意，如一凤凰象征着凤成祥的寓意；一鱼表示的是鱼献宝；一梅花表示梅开五福等。此外，有些图案运用谐音的方式，获得良好欢迎。比如"万代福贵"，可以运用谐音的方式表示出来，比如引入一个万字的简化图案。一个万字图案、一个烟袋，还有一个铜钱。

（十二）编织

编织更多的是一门工艺，民间美术的元素并不是太多，有些学者也将其纳入了民间美术的范围内，加上这种工艺在宁南山区普遍存在，所以笔者在此也对其进行简要罗列。宁南山区编织的种类很多,根据材料的不同,可大致分为竹编、柳编、麦秆编等。

1. 竹编

竹编是我国的传统美术之一,还是国家非物质文化遗产之一。竹编的类型主要有粗丝竹编工艺品和细丝工艺品。竹编所用竹丝断面为矩形,在粗细上具有严格的要求,在厚度方面仅有一两根头发丝厚,在宽度方面仅有四、五根头发丝宽,根根竹丝经过加工需要达到厚薄均匀,粗细一致。

宁南山区的竹编工艺品主要有背篓、席子等(见图1-27)。竹编的制作过程分制作竹丝和制作竹编两大部分。制作竹丝需要遵循严格的工序,其中较为重要的工序包括破竹、烤色、去节、分层、定色、刮平、划丝、抽匀等过程。制作竹编大致划分为起底、编织和锁扣三道工序。在编织的过程中,

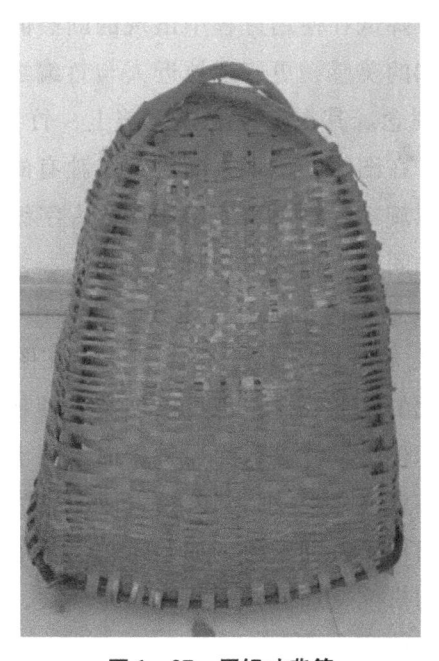

图1-27 周银才背篓

资料来源:作品由周银才提供。

民间艺人主要运用经纬编织法,并在此基础上结合实际的加工需要,引入其他编织形式,如削、插、疏编、扎、穿等,制作出多种形式的图案。与此同时,在进行此项项目的过程中,民间艺人可以对相应的图案进行涂色,产生强烈的对比色彩。值得注意的是,在竹丝和竹编的制作过程中,民间手艺人仅仅凭借一双手和一把刀,进行相应竹编工艺品的制作,这其中渗透着工匠精神和文化传承。

竹编的价值主要体现在两大方面:一是文化价值,二是审美价值。

第一,文化价值。竹编体现的是人与自然和谐相处的文化理念。民间艺人将心中的艺术作品以现实的方式进行展现,并在此过程中,通过鬼斧神工的技艺,展现出具有灵性的手工艺品,凸显人在适应自然、改造自然,并与自然和谐相处的理念。

第二,审美价值。首先,在造型之美上,大多数竹编的造型以圆形为主,一方面是为了降低在使用过程中出现的断裂问题,另一方面可以体现出竹编温润柔和的美感,更好地拉近人与竹编之间的距离,体现人与自然和谐相处的理念。其次,在纹样之美上,竹编以经纬交织为主,并穿插相应的组合,在图案的呈现方面给人以独有的美感。常见的编制组合分为绞丝编、螺旋编、六角编、十字编、人字编等。在进行相应图案的编制过程中,民间艺人通常根据竹篾的类型、使用的位置,以及在点线面、疏密及宽窄方面的构成感等入手,凸显出重复、连续、对比、均衡等多有的形式美感(见图1-28)。再次,在图案之美上,民间艺人可以采用千变万化的几何纹样,也可以创造多种其他图案纹样,如人物纹样、动物纹样和植物纹样等,凸显竹编内容的丰富性,给欣赏者以美的享受。最后,在色泽之美上,部分竹编以原色为主。随着时代的发展,在竹编色彩上出现了多种颜色,如紫米色、蓝色、红色、黑色和橙色。因为各种颜色的搭配,加上竹子特有的光泽度,所以经过染色的竹子会出现温和与明亮兼容之美。

**图1-28 周银才竹编席子**

资料来源：作品由周银才提供。

2. 柳编

柳编是我国的一种较为传统的手工艺品，作为民间最为常用的实用品，柳编材料的特点为色泽高雅、粗细匀称、柔软易弯，用于编制造型美观、朴实自然、结实耐用的工艺品。柳编制品在我国的民间广为流传，其原因在于柳编的原材料随处可得，如柳枝、荆条、桑条、紫穗槐条等。民间的多种工艺品均来自柳编，如篮子、花篮、簸箕、框等（见图1-29）。

柳编工艺主要分为如下三种，分别是盛物类编制工艺、编制组装工艺及经纬编制工艺：

第一，盛物类编制工艺。在盛物类编制工艺中，此项工艺主要分为三个部分，分别是底、帮和沿。盛物类编制工艺的底部多为圆形、椭圆形和长方形，其常用的底部加工工艺为工艺绞桩，主要分为麻花桩、"丰"字桩、"米"字桩等。盛物类编制工艺的帮部多为经纬编，主要包括双蔑转编、单蔑转编和旋编。盛物类编制工艺的边沿多采用辫、缠、窝桩等方式。

**图 1-29　周银才柳编篮子**

资料来源：作品由周银才提供。

第二，编制组装工艺。编制组装工艺主要是运用在家具上，常用的材料以粗柳条为主，结合实际适当加入相应的细柳条，并以竹篾和藤作为辅料。在实际的加工过程中，此种工艺通常采用入手方法：首先，圈拉、烘烤定型。其次，螺钉连接、木钉涂胶暗接、绑扎组装。

第三，经纬编制工艺。经纬编织工艺主要运用在农具的制作上，以线绳为经，以柳条为纬，综合采用包沿、拿形和经纬挑压的方式。在实际的编制过程中，民间艺人通常在制作的农具上涂以猪血，保证其经久耐用。

3. 麦秆编

麦秆编是以麦秆为原料制作的工艺品和日用品。在日常用途方面，麦秆编多用在盘垫、坐垫和草帽的制作上。在观赏方面，麦秆编用于编织草帽（见图 1-30）、绣球、葫芦和动物（十二生肖工艺品）。另外，麦秆编还用于昆虫笼子和鸟笼的编制。

图 1-30　周银才麦秆编坐垫

资料来源：作品由周银才提供。

在制作麦秆编的过程中，民间艺人需要选择色泽光亮清白、挺直粗细均匀、外皮较薄且坚韧，草芯饱满且弹性，拉力大且不易发脆的麦秆。在具体的麦秆处理过程中，民间艺人需要经过选料、拔莛、分类、浸泡、掐辫、整理、绛制、碾压、磺熏、漂白和印染等过程。

## 第二节　宁南山区民间美术资源的发展

### 一、剪纸的发展

宁南山区政府部门以及民间艺人通过多方面的努力实现了对该区域剪纸艺术的有效保护和传承，在此，笔者对宁南山区剪纸的发展作简要论述。

## (一) 政府履行职能，发展剪纸艺术

### 1. 成立专门的非遗保护中心

为了更好地保护和发展剪纸艺术，当地政府成立专门的非遗保护中心，主抓各种剪纸艺术发展工作，有效促进剪纸艺术的继承和发展。

### 2. 定期举办剪纸文化展

通过定期举办剪纸文化展，当地政府既宣传了剪纸艺术，又让更多的民间剪纸艺人融入剪纸创作中，真正为宁南山区剪纸的传承和发展提供了一剂强心剂。

### 3. 多措并举，促进剪纸艺术发展

首先，明确政府职责范围。当地政府需要明确文化宣传中各个部门的职能范围，并在剪纸中发挥主导性的作用，调动人民参与剪纸艺术创作的积极性。其次，建立民俗美术馆。通过建立民俗美术馆，政府可以保护当地历史上的优质剪纸真迹，还可以通过派遣优秀剪纸艺人学习的方式，促进当地剪纸艺人技能的提升，提高他们的收益，促进剪纸艺术的传承和发展。最后，构建官方性的剪纸网站。政府可以构建多种方式的网站，如宁南山区剪纸公众号、新浪微博、抖音以及快手直播间等，促进剪纸在网络上的有效宣传，吸引更多对剪纸充满兴趣的青年人，不断壮大剪纸队伍，促进宁夏剪纸艺术的发展。

## (二) 多管齐下，增强剪纸艺术的应用性

为了促进剪纸艺术的传承和发展，民间艺人需要从生活实际入手，构建贴近人们生活需要和精神需要的艺术产品。在具体实施方面，民间艺人可以从如下角度入手。

### 1. 成立经营性质工作室

民间艺人通过成立经营性质工作室的形式，将剪纸工艺品进行销售，一方面有利于提高收入，另一方面发挥剪纸工艺品的作用，还能促进剪纸工艺

品的传承和创新，达到一石二鸟的目的。

2. 多角度利用电商平台

民间艺人通过运用互联网电商平台，既可以实现更大范围和层面的艺术品推广，又能够实现剪纸工艺品的有效宣传，还有利于促进剪纸工艺品融入日常的电子产品中，如将剪纸工艺品运用在手机界面的设置上，将电商平台的效益发挥到最大化，真正让剪纸艺术与人们的生活紧紧黏合到一起，促进剪纸艺术的传承和发展。

3. 将剪纸艺术引入课堂，促进此项技艺的有效传承

学校可以将剪纸艺术引入课堂，甚至是设置专门的课程，邀请专业的民间剪纸艺人作为课堂教师，进行专业性授课，让学生真正了解本地区剪纸的辉煌历史，成为愿意学习、掌握相应剪纸技巧的人才，促进此项技艺的传承。与此同时，学校可以定期组织不同层级的竞赛，并邀请民间艺人作为评委，参与到具体的竞赛中，旨在提高学生的剪纸水平、美术素养和审美能力。

4. 剪纸应用的成熟案例：2021年冬奥会的中国元素—剪纸

剪纸艺术在我国的冬奥会上大放异彩。首先，火炬上出现剪纸雪花。火炬"飞扬"从下而上图案逐渐由寓意吉祥的祥云纹样过渡到剪纸风格的雪花图案。其次，服装商的剪纸元素。志愿者的马甲和裤子上的"窗花元素"。最后，北京冬奥会纪念章和官方宣传海报上出现了剪纸元素。

## 二、刺绣的发展

### （一）宁南山区刺绣发展已取得的成就

为了更好地对宁南山区刺绣进行传承和发展，政府分别在隆德、泾源等设立了非物质文化遗产保护中心，并在每一中心配有相应的保护小组，从事专门的非物质文化遗产工作，促进宁南山区刺绣的传承和发展。宁南山区刺绣发展已取得的成就主要包括如下内容。

1. 开展宁南山区刺绣评比活动

上文中的非物质文化遗产保护中心的负责人员为了提高宁南山区刺绣的知名度，促进刺绣艺人之间的学习、交流和提高，积极地开展多种宁南山区刺绣比赛，真正在扩大民间刺绣影响力和传播力的同时，实现宁南山区整体刺绣工艺水平的提高。

2. 创立宁南山区刺绣文化品牌

为了适应市场的需要，将宁南山区刺绣的经济价值和审美价值发挥到极致，民间艺人需要紧跟时代潮流，巧妙运用各种先进技术，设计相应的以宁南山区刺绣为核心的文创产品。如民间艺人可以运用信息技术，从消费者的需求入手，设计相应的图案，并将此图案以刺绣的方式进行绘制，继而设定相应的工艺品。更为重要的是，民间艺人可以注册具有宁夏特色的文化标识，创立具有当地特色的宁南山区刺绣文化品牌，实现经济效益和文化效益的双丰收。

## （二）宁南山区刺绣未来发展的新展望

在宁南山区刺绣未来发展展望过程中，笔者从宁南山区的地域特征入手，从整个经济发展的趋势切入，对宁南山区刺绣未来的发展进行针对性论述。

1. 设计迎合大众审美需求的刺绣手工艺品

为了促进刺绣的传承、创新和发展，民间艺人可以将刺绣与大众审美，尤其是与人民的生活紧密结合。比如，民间艺人可以将刺绣运用在家具的设计中，在凸显文化内涵的同时，获得相应的经济收益。又如，民间艺人可以将刺绣运用在旅游纪念品上，既可以提升工艺品的心意，又能凸显中国的文化，制作出大众喜闻乐见的刺绣手工艺品，让宁南山区刺绣焕发新的生命。

2. 将宁南山区刺绣融入课堂中

宁夏各地政府可以将刺绣融入课堂中，充分发挥本地的地缘优势，让学生在了解刺绣文化的同时，掌握刺绣技巧，促进他们综合刺绣技巧的提升。

具体言之，政府可以根据不同学段的学生采用不同的授课方式。在中小学阶段，学校可以在美术课堂中引入刺绣欣赏课，让学生掌握一些基础性的刺绣常识，具备基本的刺绣赏析能力。在大学阶段，学校可以将宁南山区刺绣融入相应的专业课中，并设立相应的刺绣双创平台，让学生真正参与到平台的构建中，让他们真正将个人的思想和灵感以刺绣的方式呈现，提高他们的综合实践技能，促进宁南山区刺绣的传承和发展。

3. 构建具有宁夏地域特色的刺绣文化产业

从当前时代发展而言，电脑刺绣成为最为主要的刺绣形式，在一定程度上抢占了刺绣市场的先机，其也严重影响刺绣的健康发展。针对这种状况，宁夏地区的民间艺人可以结合本地的地域特色，设定出具有粗犷、平庸和稚拙的纯手工民间刺绣，制作出具有灵动性的民间刺绣工艺品，并不断扩大规模，形成具有宁夏地域特色的刺绣文化产业。与此同时，为了设计出具有本地特色的刺绣，民间艺人可以将宁夏独有的神话故事，以及汉族的传统文化融入其中，设计出具有创新性和文化性的刺绣工艺品，提高宁南山区刺绣在整个刺绣文化产业的影响力。

4. 实行多元化的宁南山区刺绣保护措施

为了对宁南山区刺绣进行更好地保护，宁南山区各地政府需要采用多元化、层次化的措施。具体言之，宁夏政府可以从如下角度切入。

（1）增强人们的群体文化自觉性。

政府可以通过线上和线下相结合的宣传方式，在线上构建相应的宁南山区刺绣宣传网站，在线下搭建相应的宁南山区刺绣宣传场地，让人们真正认识到宁南山区刺绣的重要性，为宁南山区刺绣的有效传播奠定相应群众基础。

（2）设定法律法规。

为了加强对宁南山区刺绣的有效保护，宁夏当地政府可以通过当地人大代表委员会，设定具有本地特色的刺绣保护法律，真正以法律的形式，为促进宁南山区刺绣的高效发展保驾护航。

（3）采用活态保护和固态保护相结合的方式。

固态保护是对原生态的刺绣工艺品进行保护。从实际出发，当地政府可以通过建立展示台、博物馆及资料库等方式进行固态化的刺绣保护。活态保护是充分对刺绣工艺品进行开发。具体言之，当地政府可以通过支持当地民间艺人开展公司或是工厂的方式，实现对当地刺绣工艺文化的有效经济开发，实现动态化保护。

（4）延续传统的刺绣师徒制。

为了促进原生态刺绣的继承和发展，宁夏各地方政府可以鼓励民间艺人采用师徒制的传承方式，即以口传心授的形式，让更多人掌握相应原生态的传统刺绣形式，使他们通过接受更为专业的指导，掌握更为精湛的民间刺绣技艺，促进民间刺绣的传承。

## 三、泥塑的发展

### （一）泥塑现阶段保护

#### 1. 博物馆式保护

从现阶段而言，泥塑是一项传统的民间雕塑艺术，为了实现对泥塑艺术的保护和传承，宁夏地区政府采用构建博物馆的方式，并注重在具有浓厚民间艺术特色区域建立博物馆。与此同时，政府以及民间机构相互联合，除了进行当地民间泥塑工艺品的搜集外，更应收集全国的优秀的泥塑作品，在丰富民间泥塑种类的基础上，为开拓民间泥塑艺人的视野提供良好的平台，最大限度地发挥博物馆的积极作用。

#### 2. 命名式保护

为了对宁南山区民间泥塑工艺品进行有效保护，宁夏地区政府采用命名式的保护方式，即借鉴联合国教科文组织的"口头非物质文化遗产名录"和"世界文化遗产名录"的方式，如命名的宁夏隆德杨氏泥塑等。通过这种命名的方式，宁夏地区政府一方面可以提高民间艺人的地位，另一方面可以促进民间工艺保护机制在申报、监督、管理、命名及审查方面的完善，最大限度地实现民间工艺雕塑作品的传承和发展。

### 3. 立法式保护

通过制定民间工艺非物质文化遗产法律法规，当地政府可以真正从法律的角度规范人们的行为，修正人们的错误意识，使他们真正重视宁南山区民间泥塑工艺，实现民间工艺遗产的显性保护。举例言之，在 1990 年 2 月，宁夏政府颁布《宁夏回族自治区民间美术、民间美术艺人、传承人保护办法》等。在 2006 年，宁夏回族自治区政府颁布《宁夏回族自治区民间传统文化保护条例》，并在此条例中，制定了《隆德县杨栖鹤家族泥塑艺术保护办法》，有效地保护了当地的泥塑工艺。在 2021 年，宁夏回族自治区政府通过了《宁夏回族自治区非物质文化遗产保护条例》，实现对现有宁夏地区的民间手工艺品进行有效保护。

### 4. 民间艺人保护

民间艺人兼具民间技艺传播者和传承者的角色。民间艺人应真正将个人的技艺与民众的生活建立联系，构建出大众喜闻乐见的民间工艺品，在实践民间工艺有效传播的同时，促进此项技艺的继承和发展。如隆德县文化馆的杨氏家族泥塑传承人杨贤雄等。这些传承人凭借高超的技艺，最大限度地提升了泥塑的影响力，有力推动宁南山区民间泥塑的发展。

## （二）泥塑的未来发展

### 1. 明确民间泥塑保护主体

在上文中提到，民间泥塑艺人是推动此项技艺传承和创新的关键性因素。为了实现民间泥塑的发展，政府有必要从明确民间泥塑保护主体入手。具体言之，政府可以定期举办自治区非物质文化遗产项目代表性传承人评审认定工作，旨在加强宁南山区非物质文化遗产传承人队伍建设，实现活态传承。与此同时，政府有必要为民间泥塑艺术提供相应的政策条件，让这些艺人通过多种方式，如创立民间工作室等形式，让他们在满足个人追求美好生活愿望的基础上，促进泥塑工艺的传承和发展。总之，在明确民间泥塑保护主体的过程中，政府可以通过评定的方式选择出具有高超技艺以及高尚品德的民间泥塑艺人，并实施相应的政策，真正让民间泥塑艺人在满足未来美好生活追求的基础上，实现对宁南山区民间泥塑这项技艺的有效传承和发展。

2. 加强调研，落实分层保护

（1）加强调研。

调查研究具有双重属性，既是保护的基础，也是保护的重要方式。具体言之，宁南山区各级政府及相应文化工作人员在主观上重视调查研究的同时，又需落实切实可行的措施，一方面增强调查研究的全面性、系统性和深入性，另一方面着重对重要的工艺进行重点记录，如记录民间泥塑的文化背景、生产经营方式、传承方式、整体的加工工艺等，还需要真正参与到民间泥塑工艺的保护中。

（2）落实分类分层原则。

在进行民间泥塑工艺品的保护过程中，宁南山区各级政府需要真正落实分类、分层的原则。在分类方面，政府需要从历史、政治、经济等多个角度入手，进行国家级以及省级的保护。在分层保护方面，宁南山区各级政府首先需要明确泥塑的发展现状，并思考具体的保护方式。针对有些县级泥塑存在的具有明显的衰退迹象，而整体上仍具有较高保护价值的泥塑，政府可以直接进行保护。针对有些泥塑生产技艺方式已经消失的情况，政府可以收集相应的资料，并对这些与泥塑相关的资料进行重点保护。针对一些存在生产技艺的泥塑，政府可以对民间泥塑艺人进行针对性保护，即注重泥塑技艺的有效传承。

总而言之，在进行民间泥塑保护过程中，政府以及相关部门需要深入调查，在从整体把握泥塑发展状况的基础上，落实分类分层的原则，对现有的民间泥塑进行有效保护，促进民间泥塑的有效传承和发展。

3. 开展多种形式的民间泥塑传承活动

（1）建立泥塑传承基地。

为了促进泥塑的传承和发展，宁南山区各级政府可以构建泥塑传承基地，一方面开展工业化的生产方式，即引入对应的现代化泥塑设备，另一方面引入具有高超技艺的泥塑艺人，即开展纯手工式的制造形式，实现泥塑生产方式的多样化。

(2)开展泥塑进校园活动。

宁南山区各级政府可以开展泥塑进校园活动,与大中小学校进行协作,构建具有阶层性的泥塑课程,让学生真正在学习中了解泥塑在宁南山区的发展历程,掌握相应的泥塑技巧,使他们真正感受到民间手工艺的精妙之处,从学校培养出具有基础泥塑技能的学生,实现对泥塑技能的有效传承。

(3)成立宁南山区泥塑研究所。

政府可以借助多种力量,如与民间泥塑工作室合作,建立宁南山区泥塑研究所,定期组织各种泥塑制作交流活动,并拓展民间泥塑手工艺人的眼界。更为重要的是,政府可以制定相应的政策,鼓励研究所将研制的泥塑制成品投入市场,构建的创作和研发体系,并将这种体系进行最大范围内的推广,在让从事泥塑活动主体获得经济效益的同时,促进泥塑工艺的有效传承和发展。

**四、砖雕的发展**

在本书的论述中,笔者将宁南山区砖雕的发展作为此次论述的重点,旨在为促进砖雕的有效发展提供可借鉴性的建议。选择宁南山区砖雕的原因如下:固原砖雕技艺传承于宁南山区的隆德县凤岭响于河村。在2014年,固原县砖雕的主要形态被列入国家级非物质文化遗产代表性项目名录。在2018年,魏氏砖雕第四代传承人卜文俊被确认为国家级传承代表。在2018年,固原砖雕选入第一批国家传统工艺振兴项目。在2019年6月,固原砖雕被选入国家级非遗项目优秀实践案例。同年10月,固原砖雕被选入第一批"宁夏优品"。在实际的保护砖雕措施落实上,笔者着重从如下方面进行介绍。

(一)成立公司

在2011年,在政府的帮助下,魏氏砖雕第四代传承人卜文俊和魏凤萍转变传统的家庭手工作坊传承模式,成立隆德县魏氏砖雕有限公司,开展集产业化、市场化和公司化的砖雕新出路,进行多种仿古建筑材料的生产,如青砖瓦、房屋脊兽、合成砖雕、手工砖雕等,并在此基础上开发出300余种新产品。

### (二) 开展培训

在开展企业的经营外,魏氏砖雕继承人积极履行社会责任,面向社会开展多种形式的砖雕技能培训,真正带动此县周边的村民、妇女以及残疾人就业,让村民真正获得务农之外的"文化钱",构建出一条"非遗生产性保护,产业化发展"的道路。

### (三) 建立基地

为了落实抢救、保护、展示和弘扬非物质文化遗产—砖雕的理念,国家投资建设"固原砖雕传承保护基地",旨在实现民间砖雕工艺与经济发展的新融合。基地主要的功能是陈列展示、研究保护、研学体验、设计开发及生产加工,旨在促进砖雕技艺的传承、发展。此基地包括如下基地:宁夏师范学院美术学院学生创新创业试验区、隆德县中小学研学履行基地、隆德县青少年非遗文化实践基地、"巧手女人"砖雕艺术能人培训基地、固原市第一批文化产业示范基地、自治区级技能大师工作室、宁夏中小学生研学履行基地。

## 五、皮影的发展

### (一) 宁南山区皮影的保护

1. 政府层面的保护

宁南山区可以专门成立"保护中心",并新建了"宁南山区皮影博物馆",构建了"宁南山区皮影展"和"保护试点工作成果展"两个展厅,推动宁南山区皮影的有效传播。

2. 社会性质的保护

为了保护和传承这一古老而又神奇的民间艺术,宁南山区进行社会性质的保护,即在2002年8月20日至23日,举办了首届"中国·宁南山区皮影艺术节"。此外,同年,中国民俗学会将宁南山区命名为"皮影之乡"。

3. 组织性质的保护

宁南山区支持四个研究协作群体的建立,通过构建协作研究框架,成立宁南山区皮影研究会所的方式,与陇东学院、河北师大、西北师大、兰州大学等建立友好互助协作关系,成立四个宁南山区皮影保护组织。

(二)宁南山区皮影的发展

1. 开发皮影工艺品、影音产品

宁南山区将皮影落实在产业的开发上,注重将皮影当作工艺作品开发的重要着力点,设计收藏、展览、装饰等展览品及礼品。与此同时,宁南山区注重开展以宁南山区皮影为中心的影音产品。

2. 落实发展战略

在宁南山区皮影发展中,宁南山区落实"八个一"工程。第一,制定一个发展规划。第二,成立一个研究机构。第三,建立一个产业协会。第四,成立一个演出公司。第五,培养一批专业人才。第六,扶持一户龙头企业。第七,开发一批新特产品。第八,开通一个皮影网站。通过出台一系列产业扶持政策,宁南山区旨在构建一个由"人才+组织+生产"相结合的皮影产业链,促进宁南山区皮影的良性发展和传承。

## 六、宁南山区社火脸谱的发展

本书中的社火脸谱的发展主要是以隆德县高台马社火为例,并注重介绍在政府以及其他民间组织保护下,民间社火以及社火脸谱的发展现状,并提出借鉴性的策略,旨在促进社火脸谱的良性发展。在此部分的论述中,笔者着重从如图1-31所示的内容,介绍社火脸谱发展的整体脉络。

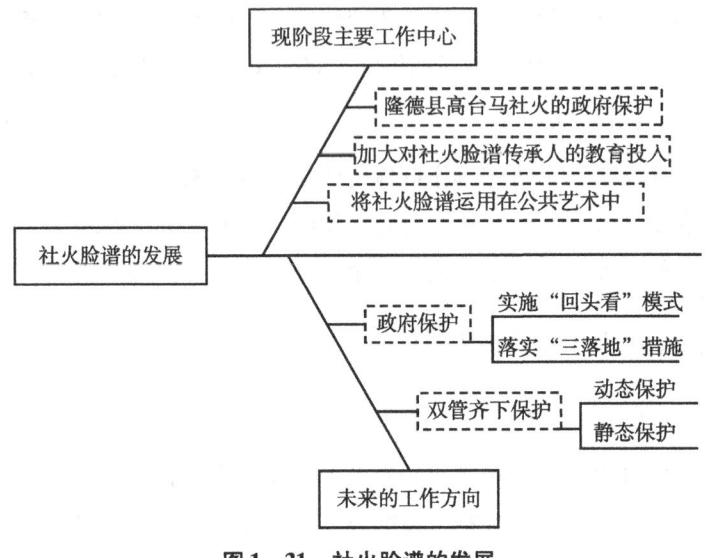

图 1-31　社火脸谱的发展

## （一）现阶段主要工作中心

**1. 隆德县高台马社火的政府保护**

在 2006 年，隆德县高台社火被自治区人民政府批准为区级非物质文化遗产代表项目，实现对此项技艺的有效保护。在 2008 年，国务院批准隆德高台马社火为国家非物质遗产代表保护项目。在 2010 年，文化和旅游部和自治区文化厅将隆德县高台社火的保护工作纳入"十二五"时期的保护规划中。

**2. 加大对社火脸谱传承人的教育投入**

政府需要加大对社火脸谱传承人的资金投入，将主要的资金放在社会传承人的培养上，从不同年龄阶段的学生入手，设置对应的社火脸谱课程，在学生中发现具有社火脸谱传承人的好苗子。在此之后，政府与学校、民间艺人合作，建立社火脸谱传承人班级，定期让本班级学生参与不同地区的社火脸谱大赛，提高他们的专业能力。除此之外，政府可以与企业合作，建立社火脸谱培训基地，培养大量的适应社会需要的社火脸谱人才，促进社火脸谱的有效传播。总而言之，政府在资金投入方面，通过支持学校开设课程，与企业建立实训基地的方式，最大限度地发现、培养社火脸谱人才，促进社火脸谱的继承和传播。

3. 将社火脸谱运用在公共艺术中

政府以及民间艺人将社火脸谱运用在公共艺术中，既是对此种民间艺术的继承和传播，又有利于对社火脸谱文化进行"再创新"。基于上述目的，在将社火脸谱运用在公共艺术的过程中，政府以及相关民间艺人可以从如下方面切入：于大的城市景观而言，政府、企业以及相关民间艺人可以将社火脸谱运用在大型的城市景观设计中，如公共汽车、城市建筑等。在小的场景方面，政府、企业以及相关民间艺人可以打造具有地域性的小型城市名片，如将社火脸谱设计到旅游产品、邮票、蜡烛上，促进社火脸谱的有效传播。通过将社火脸谱与公共艺术有效融合，政府、企业以及民间艺人可以实现社火脸谱的继承、传播和创新。

## （二）未来的工作方向

### 1. 政府保护

（1）实施"回头看"模式。

政府可以组织社火脸谱方面的老艺人、当地专家、专业理论专家，调查当前阶段流行的社火脸谱，并进行客观、全面地复查和评估工作。在完成上述活动后，政府在充分采纳上述三项主体意见的基础上，灵活选择活态传承，或是固态保存的方式，促进宁南山区社火脸谱的有效传播。

（2）落实"三落地"措施。

三落地措施是对社火脸谱的检查、验收以及监督。为了促进此三项措施的有效落实，政府需要做好两方面工作：首先，成立机构。政府可以组织社火脸谱传承人、专家以及领导组成相应的组织，构建具有长期性、专业性的保障机制，实现对社火脸谱的检查、验收和监督。其次，落实工作。在实际的工作过程中，该机构中的各个部门成员需要身体力行，真正参与到实际的社火脸谱实践中，及时发现其中的问题，并给予针对性的策略。在相关社火脸谱活动得到有效改正后，政府相关成员可以录制社火脸谱视频，进行相应的存档。通过构建机构以及落实指导两种方式，政府实现最大限度地社火脸谱保护。

2. 双管齐下保护

（1）动态保护。

政府需要发挥在社火脸谱中动态保护的主导性作用，可以从传承人以及学校两个角度切入。在传承人的保护方面，政府可以设定评级机构，对本县社火脸谱传承人进行针对性登记和测评，选出优秀的社火脸谱保护人，让这些人成为社火脸谱传承的主力军。在此之后，政府可以组建社火脸谱培训班，让这些社火脸谱传承人成为班级中的负责人，通过传统的师徒传承方式，促进此项技艺的有效传播。在学校方面，政府可以搭建大中小学相衔接的社火脸谱授课模式，让不同阶段的学生掌握对应的社火脸谱知识，真正通过学校教学的方式，实现此种技艺的高效传播。

（2）静态保护。

为了实现对社火脸谱的静态保护，政府可以从社火脸谱数据库的构建入手，一方面进行全方位的社火脸谱调查，另一方面通过多种方式收集、整理社火脸谱数据，并将其整理到数据库中。为了增强社火脸谱数据库的多元性，政府以及相关负责人可以运用多种数据记录方式，如录像、拍照、笔录等，实现对社火脸谱的有效保护。

# 第二章

# 宁南山区民间美术资源在小学美术教学中的开发与利用

## 第一节 宁南山区民间美术资源在小学美术教学中开发与利用的教学意义

一、宁南山区民间美术资源在小学美术教学中开发与利用对学生的意义

(一) 培养学生民族自豪感,培养民间美术资源的传播者和继承人

小学美术教师在将宁南美术资源应用在美术教学的过程中,一方面是做到实现美术资源与小学美术授课之间的融合,另一方面要注重从美术资源的视角培养学生的民族自豪感和自信心,让学生了解各种民间工艺不仅是彰显着此地区人民的智慧,而且还展现着我国无数民间艺人的智慧结晶,使他们在美术课程的学习过程中,通过欣赏和制作各种民间手工艺品,更好地了解我国民间艺人的智慧,使他们真正以这些手工艺品为荣,促进学生民族自豪感和自信心的形成。除此之外,小学美术教师让学生树立民族自豪感后,更

应注重从时空搭建的角度,让学生了解各个民间美术资源形成的整个过程,认识到民间美术资源的可贵性,了解民间美术资源与当地文化、经济之间的深刻联系,使他们有望成为民间美术技艺的传承者和继承人,推动宁南山区民间美术资源的扎根、长叶、结果。

### (二) 以渗透传统文化为接力点,提高学生的美术鉴赏能力

小学美术教师在运用民间美术资源开展教学中可以有意识地利用此种资源内部的传统文化,开展美术鉴赏教学,注重借助宁南山区特有的地域文化以及我国的传统文化进行针对性渗透,让学生结合身边的年画、春联等,加深对民间美术资源鉴赏能力的提升,并将这种鉴赏意识运用在美术作品的赏析中,促进他们美术综合审美能力的提升。举例言之,在剪纸教学过程中,小学美术教师可以渗透如下中国传统文化,如桃象征着长寿;喜鹊落在梅花上象征着喜上眉梢等,让学生在欣赏剪纸视觉之美的同时,加深对美术资源内部的传统文化的认知,提高学生的美术鉴赏水平。

### (三) 借助民间美术资源手工,提高学生的实践能力和创新能力

就实践能力而言,小学美术教师通过借助民间美术资源可以让学生充分运用身边的各种物品,结合美术课程的知识,将各种物品设计成个人心中所想的工艺品,不断在实践中利用物品的特性,学会观察、分析和操作,实现锻炼学生综合实践能力的目的。

就创新能力而言,在开展民间美术资源手工课程过程中,教师需要真正尊重学生的首创精神,尤其是转变个人原有的美术教学思维,构建更为开放的小学美术手工课堂,最大限度地激发学生的想象力,并结合学生的想象,引导他们通过手工艺品的方式将心中的想象转化成现实,提高他们的创新能力。与此同时,小学美术教师更需要引导将美术应用在生活中,让美术作品有效解决各种生活问题,让学生的思维更为灵活,为他们创新能力的提升构建各种契机。

总而言之,通过借助民间美术资源开展授课课程,小学美术教师可以让学生在具体的操作过程中,充分打开想象力,并通过贴合实际的操作,

让个人的想象力转变成现实，最终达到提高学生实践能力和创造能力的双重目的。

## 二、宁南山区民间美术资源在小学美术教学中的开发与利用对教师的影响

### （一）促进美术教师正确民间美术资源观念的形成

小学美术教师将民间美术资源融入课堂上，在理解民间美术资源的基础上，有利于更为深入地把握和传递美术资源的独有价值，实现对现有美术课堂资源的有效互补，促进教师自身美术观念的形成。具体而言，主要体现在以下几方面。

1. 加深民间美术资源的理解

在促进小学美术教师理解民间美术方面，小学美术教师通过解读民间美术资源的发展变化史，一方面可以了解本地区民间美术资源的发展变化，并以人类历史发展为视角，加深对民间美术资源的认知，另一方面可以在解读美术资源发展变化中形成个人独有的认知，并在融合个人美术知识结构的基础上，开拓个人的美术艺术眼界，不断优化个人的审美视角和思维，提高对民间美术资源的理解。

2. 培养独有的民间美术价值认识

在理解民间美术资源的基础上，小学美术教师可以以美术资源为基点，了解民间美术资源的"面子"和"里子"。小学美术教师可以通过民间美术资源特有美术外在展现形式，如构图、色彩、工艺、造型等，体会民间美术独有的表现形式，体会民间美术资源的独有情趣，了解民间美术资源的"面子"。在此之上，小学美术教师可以通过对民间美术资源"面子"形成原因的探究，逐步加深对民间美术"里子"的理解，即加深对民间文化的理解。以剪纸中的梅花和喜鹊为例，喜鹊与梅花象征着喜上眉梢。总而言之，小学美术通过面子和里子的方式进行民间美术资源的深度分析，可以有

效进行民间美术资源的认知，更为深入地理解民间美术资源独有价值。

3. 实现对现有美术课程教学的有效补充

小学美术教师在理解美术资源和认识美术资源价值后，可以实现对美术课程的有效补充。简而言之，小学美术教师在了解美术教学目标的基础上，可以有效实现美术授课内容与民间美术资源的有效融合，既可以丰富现有的美术内容，又能够拓展教师现有的美术授课思路，打造异彩纷呈的美术课堂，推动个人综合美术授课能力的提升，实现对民间美术资源的立体化认知和全面性运用。

## （二）打造美术学科专业教师

小学美术教师需要具有超强的想象力和创造力，尤其是需要具备将个人想象能力以及学生想象能力转换成现实的能力，让学生在教师的引导下，掌握必要的美术表现技巧，一方面使他们以这些美术技巧为媒介，欣赏更多的中外美术佳作，另一方面提高学生的动手实践能力，促进美术教师综合教学能力的提升。为了实现此种目的，美术教师可以以民间美术资源为载体，进行美术专业知识的学习、美术学科专业素质的塑造以及美术学科专业能力的塑造。

1. 学科专业知识

在完善美术学科专业知识的过程中，小学美术教师在进行民间美术资源的探索过程中需要以艺术学、教育学、中外美术史等专业知识为思考载体，不断实现对民间美术资源的多方位解读，在了解美术资源前世今生的过程中，促进个人美术专业知识的完善。另外，小学美术教师在强化个人美术知识的同时，可以真正投入民间美术艺术品的创作中，成为学生在民间美术作品的引路人，并在不断的自我实践以及与学生共同探讨中，实现美术专业知识与具体教学实践的完美融合，实现个人美术学科专业知识优化的目的。

2. 学科专业素养

在美术学科素养的塑造过程中，小学美术教师可以以民间美术资源为踏板，不断在实践、思考中，促进个人图像识读能力、艺术表现能力、审美判断能力、创意实践能力以及文化理解能力的提升。

在图像识读能力的塑造过程中，小学美术教师可以通过对各种民间美术作品的深度解读，如绘画、刺绣、砖雕、皮影、社火脸谱等民间工艺品中的构图、色彩；泥塑、扎纸等的肌理、造型、比例、材质、风格、技法等的解读，促进个人在图像识读能力的提升。

在艺术表现能力的塑造过程中，小学美术教师可以通过对民间美术资源进行外在表现形式结构，艺术作品内在文化分析，深度解读民间艺术作品中呈现隐性和现象思想、情感等，并将这种表现手法与个人的美术观念和思想进行融合，通过课程教学以及艺术作品的方式呈现，实现提高个人艺术表现能力的目的。

在提升个人审美判断能力的过程中，小学美术教师需要了解宁南民间美术资源产生的文化、经济、历史等各种条件，在理解此地区民间美术资源的基础上，一方面对民间美术资源进行深入的分析、比较和诠释，探究出其中蕴含的隐性之美，逐渐在不断赏析和分析民间美术工艺品之美的基础上，形成个人独有的审美判断和看法。另一方面小学美术教师可以通过讨论、学习以及实践的方式，不断验证、纠正个人的审美判断意识，实现提升个人审美判断能力提升的目的。

在提高个人创意实践能力的过程中，小学美术教师既要继承传统宁南民间美术工艺的表现方法，又需结合现代工具，如信息技术、VR技术等，实现对民间美术资源的再创造，为民间美术资源的呈现形式提供新思路，达到提高个人创意实践能力的目的。

在提高美术教师文化理解能力的过程中，小学美术教师主要是通过宁南山区美术作品展现此地区人的性格憨直、保守、善良、爽朗的个性，并以宁南人独有的性格为视角欣赏宁南山区独有的民间美术作品，提高美术教师个人的地域文化认知水平和理解高度。

总而言之，通过进行美术资源的深度运用，小学美术教师可以实现宁南山区民间美术资源与美术学科素养的深度融合，提高个人的综合美术素养水平，不断丰富个人的美术审美知识，拓展更为多元的美术审美思维边界，并将个人在民间美术资源方面的所感所悟运用在美术课堂上，将民间美术资源的效益发挥到最大化。

3. 学科专业能力

本部分中的学科专业能力主要包含三方面的内容,分别是小学美术教师与人协作的能力、与各个学科知识有效衔接的能力、个人的专业授课能力。

将民间美术资源有效融入小学美术课堂过程中,小学美术教师需要转变传统的闭门造车思维,积极地与其他小学美术教师合作,探讨各种民间工艺品的表现技法,分析民间工艺品与传统小学美术课程的衔接点,通过相互交流、相互指正的方式,不断实现对现有小学美术授课思维的完善,激发个人在美术课程教学的灵感,真正在促进个人美术授课综合能力提升的同时,增强个人与人协作能力。

除了实现个人合作能力提升外,小学美术教师通过民间美术资源的运用可以有效实现与各个学科知识有效衔接能力的提升。具体言之,小学美术教师在解读民间美术资源的过程中,既要从美术的角度分析民间美术资源,又需从宁南当地的风土人情的角度进行民间美术资源的解读,实现对宁南美术资源认知的立体化,为学生打造异彩纷呈的课堂,提高个人美术专业授课能力。

在个人专业授课能力提升方面,小学美术教师打破个人独有的美术授课教学思维,通过与他人合作以及立体化分析民间美术资源的方法,在与他人沟通的过程中,不断提高个人的美术想象力和创造力,并通过不断实践,积累优秀的经验,运用经验的方式,促进个人专业美术授课能力的提升。

## 第二节　宁南山区民间美术资源在小学美术教学中开发与利用的教学目标

### 一、基础性目标

基础性目标是小学美术教学中最为重要的目标之一。在小学美术教学过程中,教师并不是让每一位学生成为专业的美术家,而是让他们在美术学习中获得心灵的滋养，品格的塑造，掌握更多以美术为核心常识、知识、见识，促进学生的全面发展。在学生基础性目标的论述上，笔者首先从图2-1所示的内容进行概括化论述，对整个基础目标的论述起到提纲挈领的作用，并在图2-1进行详细化地诠释。

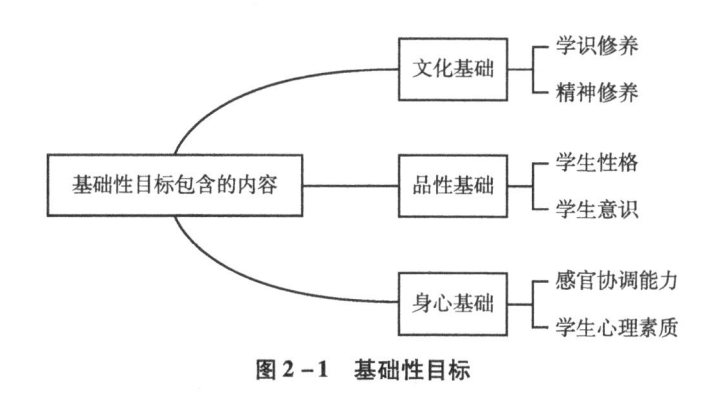

```
                          ┌── 文化基础 ──┬── 学识修养
                          │             └── 精神修养
基础性目标包含的内容 ──────┼── 品性基础 ──┬── 学生性格
                          │             └── 学生意识
                          └── 身心基础 ──┬── 感官协调能力
                                        └── 学生心理素质
```

图2-1　基础性目标

### （一）文化基础

文化基础主要是指学识修养和精神修养。在小学美术课堂中渗透宁南山区民间美术资源，小学美术教师可以有效地提升学生的学识修养和精神修养。

具体言之，在学识修养方面，小学美术教师可以通过渗透宁南山区课程的形式，让学生从更多样的角度了解宁南山区的风土人情、民间工艺品的展现形式、宁南山区在历史长河中的发展变化，拓展学生的美术知识边界，让他们以宁南山区美术资源为基地，从更为多元的角度（如历史、经济、生活方式等）分析宁南山区美术资源，提高学生的学识修养。

在精神修养方面，通过渗透民间美术资源，小学美术教师让学生在聆听民间美术资源故事的过程中，加深对宁南山区人民可贵精神的理解，成为继承和传播这种精神的人。在此之后，小学美术教师可以适时地引入凸显宁南山区人民可贵精神的作品，讲授此种作品在制作过程中的注意点。在此过程中的重要元素是，小学美术教师需要渗透民间美术资源的文化元素，让学生将这些文化元素融入民间美术手工艺品的制作中，在促进他们动手实践能力提升的同时，使学生成为宁南山区民族精神的继承者，促进学生精神修养的塑造。

总而言之，在塑造小学生文化基础的过程中，小学美术教师需要深度理解宁南山区特有的民间美术资源，更需深入解读形成民间美术资源的根，尤其是精神之根，并将这种精神有机地渗透到小学美术课程中，夯实学生的文化基础。

### (二) 品性基础

小学美术课程是塑造小学生良好品性的"试金石"和"锤炼厂"。在小学美术授课过程中，教师可以将民间美术资源应用在课程构建上，并着重从塑造小学生性格的角度渗透。

具体言之，除了进行宁南山区区域故事的讲授外，小学美术教师还可以进行实践授课，让学生在独自操作以及与人合作的过程中，逐渐养成上进、自信、善于合作、富有同情心等性格。在实际的小学美术授课中，为了培养学生的上进品质，小学美术教师可以制定具有难度的手工目标（如剪纸小目标），让学生不断通过思考和实践，真正认识到"只有通过切切实实地实践，并在实践中进行针对性问题的分析和探讨，才会真正解决问题"的道理，让学生真正懂得上进的内涵，让他们对自我树立自信心。

另外，为了培养学生的合作意识和同理心，小学美术教师在授课过程中可以从学生的立场入手，构建具有协作性的授课课程（如以小组的形式完成民间绘画），并为每一位学生设置相应的小组角色，让他们通过完成个人角色责任的方式，促进本小组目标的实现，促进学生合作意识的形成，让学生懂得相信他人的意义。在具体的合作过程中，小学美术教师可以培养学生的同理心，让学生从他人的角度思考问题，即想他人所想，急他人所急，促进学生同理心的形成，使他们在帮助小组其他小伙伴完成任务的过程中，享受帮助他人的快乐。

总而言之，在进行小学美术的授课中，教师需要借助民间美术资源的有力踏板，在为学生提供不同于传统美术课程的同时，激发学生的好奇心和学习能动性，一方面让学生学会独立克服困难，学会相信自己，另一方面让他们学会协作解决问题,学会相信他人,最终达到塑造学生良好品性的目标。

### (三) 身心基础

在小学美术授课过程中,教师不可以将身与心割裂,应将两者进行统一和融合,让学生在美术学习过程中,懂得运用眼观、耳听、手动、脑思的方法,并通过综合运用各个器官进行综合操作的方式,实现身心的协调。具体言之,小学美术教师通过进行手工制作大比拼的方式,锻炼学生在短时间内集中精力解决问题的能力,让他们在极具竞争的氛围下,不断对个人的心理进行调节,学会冷静地分析各种手工制作中出现的问题,并通过眼、耳、手,制作出符合个人内心的手工艺品,获得精神上的满足感,实现学生身心平衡和协调,促进学生心理素质的增强。

## 二、发展性目标

### (一) 学生综合运用各个学科知识的能力

民间美术资源具有较强的综合性,涵盖着多个学科的知识。在将民间美术资源运用在小学美术课堂的过程中,小学美术教师需要意识到这一点,并不断学习其他学科的知识,让课程教学更具有知识性、趣味性。在此基础上,小学美术教师可以引入具有综合性的民间美术资源课程,让学生在制作民间工艺品的过程中,学会运用各科知识掌握相应的制作方法的技巧,促进学生各个学科知识应用能力的提升。举例言之,小学美术教师在开展做风筝的课程中,可以融入三角形具有的稳定性知识、小学科学的风力及压强知识等,让学生在制作精美风筝的同时,获得运用各个学科综合知识能力的提升。

### (二) 学生通过观看个人进步表的方式获得自信

在小学美术授课过程中,教师除了有效利用民间美术资源外,还需要巧妙运用现代科技,记录学生在美术课程学习中的点滴进步,制作成学生进步表格，让学生看到个人在美术学习过程中的技能提升状况、心理成长状况等，使他们真正在观看个人进步的过程中，逐渐获得美术课程学习的自信心。具体言之，小学美术教师可以使用现代信息技术，制作属于每一位学生的课程进步表，让学生自主填写每一堂美术课程的所学内容以及心理变化，并定期让学生进行美术学习经历的回顾，使他们在回忆个人成长的过程中，逐步掌握形成正确的学习规律认知，逐步树立美术学习的自信。

### （三）学生获得德、智、体、美、劳的全面发展

在上文中提到，民间美术资源具有较强的综合性。在小学美术教学过程中，教师可以通过引入民间美术资源的方式，让学生获得德、智、体、美、劳的全面性发展。以传统的泥塑教学为例，在进行此部分内容的授课中，小学美术教师可以采用团队协作的方式，一方面让学生彼此合作，完成一系列的操作，如造像操作的扎骨架、上粗泥、上中泥、上细泥、补棉泥、收光、压划及补饰等，让他们懂得彼此协作，促进学生合作意识的形成，培养他们良好的品格，促进学生在德智方面的双重发展，另一方面是让学生在后续彩绘操作中（如糊纸、出白、起蕴、沥粉、敷彩等），进行深度探讨，使他们在交流的过程中，对泥塑的所喷色彩进行完善，实现提高学生想象美、创造美的能力，促进学生在美方面的发展。除此之外，通过运用民间美术资源开展泥塑教学，小学美术教师可以充分调动学生的各个感官，让他们通过实践的方式，完成泥塑作品，使学生意识到劳动的重要性，促进学生"身"和"劳"的发展。

总而言之，在小学美术授课过程中，教师从多个角度运用民间美术资源，让学生在潜移默化中获得德智体美劳的全面发展，真正发挥民间美术资源的综合性价值。

## 三、现实性目标

通过将民间美术资源带入小学课堂，小学美术教师可以实现如下三项现实性目标：目标一，促进民间文化的传承，让学生了解具有宁南山区地域性

的美术；目标二，拓展学生的思维，让他们摆脱传统美术学习思维的束缚，在民间美术资源的学习过程中获得思维的解放，在感受民间手工艺者智慧的同时，促进学生综合思维能力的提升；目标三，增强美术教师教学的综合适应能力。小学美术教师在授课过程中，可以跳出原有的美术授课方式，从更为多元的角度思考美术授课方式和思维，结合实际灵活运用多种美术授课方法，增强教师个人的美术授课适应性。

## 第三节 宁南山区民间美术资源在小学美术教学中开发与利用的教学原则

### 一、针对性原则

在进行小学美术资源运用过程中，教师应注重落实针对性原则，一方面从资源特色入手，另一方面从不同年级学生的思维特点以及美术学习能力基础着力，还要从教师的教学优势切入，提升民间美术资源开发的针对性，提升整体的小学美术授课质量。

具体言之，在资源特色方面，小学美术教师需要深入探究具有本地特色的美术资源，尤其是彰显本地特色的美术文化及优秀精神，让学生在美术学习的过程中逐渐形成良好的品质。

在提升不同年级学生思维针对性方面，小学美术教师在了解不同民间美术资源特点的基础上，结合不同年级学生的思维特点以及他们的生活环境，灵活设置丰富多样的小学美术授课形式和方法，激发不同年级学生美术学习热情，让他们融入其中，在感受到民间美术课程学习乐趣的同时，掌握相应的操作技巧，体会本地民间美术资源的独有特点及文化底蕴，实现对民间美术资源技艺和精神的传承，将针对性原则的效益发挥到最大化。

除了上述两点外，小学美术教师在运用民间美术资源的过程中应认识个人的教学优势和不足，真正从实际个人教学的优势切入，发挥个人授课专长，让学生能够在学习民间美术资源的过程中感受民间艺术独有趣味性的同时，感受到教师教学的魅力，并真正与教师进行更为全面和深入地沟通，发现学生在美术学习中的真问题，不断解决这些真问题，促进学生综合美术学习能力的提升，将教师在民间美术资源授课的优势发挥到极致。

总而言之，在针对性原则运用过程中，小学美术教师应真正将民间美术资源的应用细化，既要提高对民间美术资源的精准分析能力，又要准确把握不同年级学生美术知识基础以及思维特点，还需在准确把握两点的基础上，充分发挥个人美术教学的优势，实现对民间美术资源的有效和高效利用，促进学生综合美术学习能力的提升，让他们真正理解美、欣赏美和创造美，提升学生在美术层面的综合欣赏水平。

## 二、主体性原则

在综合运用民间美术资源，构建小学美术课堂的过程中，小学美术教师需要真正落实主体性原则，一方面从学生的生活环境设置相应的小学美术授课场景，让他们感受到美术知识学习的实用性，另一方面提高教师的"敏感性"，尤其是从学生的情感和认识切入，让他们感受到民间美术资源的趣味性，还需为学生创造具有实践性的课堂，让他们成为课堂民间美术资源相关问题的探究者和发现者，在理解民间美术资源课程特点以及掌握民间艺术技艺的基础上，逐渐形成具有个体化的美术认知，并通过美术作品的方式进行诠释，促进学生美术综合表现能力的提升。除了从以上三个方面进行小学美术主体性原则的设置外，小学美术教师可以设置具有实践性的课堂，让学生通过调动多种感官的形式，了解民间美术资源的独有之美，深入了解民间技艺的独有特性，通过制作工艺的方式，表现个人内心对美术资源的独有认知，提高学生对美术的想象力、创造力和实践力，充分发挥学生在美术课堂中的主体作用。

## 三、全员性原则

在小学美术课程的构建过程中，教师应注重从全员性的角度入手，主要是调动如下三个因素：因素一———教师。小学美术教师在授课过程中首先需要重视民间美术资源，并着重深入研究民间美术资源与小学美术课程之间的衔接点，让美术课程更为精彩纷呈地呈现，实现小学美术课程内容的丰富性、教学的趣味性，促进学生美术学习的能动性，使他们了解民间美术资源产生的文化背景及在此过程中掌握与个人美术基础相符的各种技艺，促进学生美术综合学习能力的提升，增强美术教师的综合教学水平。因素二——学生。在美术课堂中引入民间美术资源的过程中，教师需要充分发挥学生的美术学习能动性，激发他们的学习潜能，让学生感受到课堂是学生的课堂，为他们提供更为自主的探究空间，使学生真正在美术课堂学习中不断从更为多元的角度探究各种民间美术资源问题的解决方式，让他们在美术学习的过程中克服传统的答案唯一性思维，增强他们美术学习的获得感和自信心。因素三——民间艺人。在开展民间美术资源进课堂的过程中，小学美术教师可以邀请民间艺人走进课堂，让民间艺人介绍各种传统民间艺术的特点及精彩的技艺，让学生实现与民间美术资源的"零距离"接触，并在与民间艺人进行深入沟通和指导的过程中感受宁南山区民间美术资源的精湛技艺以及文化底蕴，促进学生美术知识的优化，让他们以更为多元的视角学习美术知识，促进学生综合美术学习能力的提升。总而言之，在进行民间美术资源的运用过程中，小学美术教师需要落实全员意识，一方面调动个人的美术授课热情，另一方面激发学生的美术学习潜能，还要让民间艺人融入美术课程的教学中，遵循全员性原则，将更多的主体纳入民间美术资源的开发和运用中，提高小学美术授课教学的高效性。

## 四、经济性原则

在将民间美术资源应用在小学美术课堂中，小学美术教师需要遵循经济性原则，有效权衡各方面的成本，一方面考虑本校的人力、财力以及教师自身的授课能力，另一方面是考虑本校具有的民间美术资源，还需设定符合本校实际的小学美术民间资源目标，为学生构建良好的小学美术授课环境，制定符合学生实际美术学习水平的授课方式，让他们融入其中，强化对民间美术资源的认知，尤其是其中传统文化以及工艺制作技艺，使学生获得综合美术表现能力的提升。

## 五、探究性原则

在运用民间美术资源开展小学美术课程的过程中，教师需要遵循探究性原则，旨在激发学生美术学习的主动性，既可以让学生主动策划各种美术知识，又能够激发他们的美术学习热情，使学生在欣赏各种民间手工艺品的过程中，了解各种民间美术工艺品背后的历史底蕴以及审美特征，并在此过程中进行针对性的探究实践，让学生真正在民间艺术作品的创作过程中掌握一种或是几种美术表现形式及技法，促进学生美术综合表现能力的提升。

# 第三章

# 宁南山区民间美术资源在小学美术教学中的运用现状调查

## 第一节 调查设计与实施

### 一、调查目的

通过此次调查，相关美术教学者以及教学管理人员可以了解宁南山区民间美术资源的应用状况，尤其是从学生、教师等角度更为全面地认识宁南山区民间美术资源的教学看法，促进民间美术资源在小学美术课堂的有机深入，有效推动传统地域文化的继承和传播，让学生以美术为视角，欣赏和感受宁南山区独有的地域民间工艺品，为促进民间美术资源在小学美术的课程设置、小学美术教学方法的有效融入、教学实践的顺利开展以及教学环境的有效构建，提供更为多元的条件，让学生学到更为多元的美术课程，促进他们美术综合学习能力的提升。基于上述目的，相关美术教学者以及教学管理人员通过特制针对性调查问卷的方式，有效地对现阶段学生、教师对宁南山区民间美术资源的供应状况进行深入分析，旨在制定相应的策略，促进小学美术课堂教学效益的最大化。

## 二、调查对象

本书中的调查是以问卷的方式呈现，调查的对象主要包括农村小学生、美术教师。此次调查的主要地区是宁夏南部地区固原市固原周区的 10 所农村小学，主要的调查对象包括 300 名小学生及 16 名美术教师。

## 三、调查内容

学生问卷共有 3 道问题，1~3 问题主要针对学生对宁南民间美术的了解和接受情况（见表 3-1）。

### （一）学生问卷调查

表 3-1　　　　　　　　　　学生调查问卷

| 1. 你知道哪些固原地区的美术资源？ | A. 列举五个以上 | B. 列举三个以上 | C. 列举一两个 | D. 一无所知 |
|---|---|---|---|---|
| 2. 你是通过哪种方式了解到宁南民间美术的？ | A. 课堂教学与校园活动 | B. 家庭的引导 | C. 课外阅读 | D. 社会活动 |
| 3. 你希望通过了解固原地方美术课程的学习，进一步了解家乡的文化、历史等方面的知识吗？ | A. 不想知道 | B. 无所谓 | C. 希望 | D. 很希望 |

### （二）教师问卷调查

教师问卷共 5 道选择题，问卷具体内容围绕以下问题：

美术教师对宁南民间美术的了解、宁南民间美术在小学美术课堂中的应用情况、影响宁南民间美术在小学美术课堂中开展的因素（见表 3-2）。

表 3 – 2　　　　　　　　　教师调查问卷

| 1. 您对宁南民间美术的了解情况？ | A. 非常了解 | B. 基本了解 | C. 不太了解 | D. 不知道 |
| --- | --- | --- | --- | --- |
| 2. 宁南民间美术在小学美术课堂中的应用情况如何？ | A. 经常应用，效果很好 | B. 偶尔应用，效果一般 | C. 偶尔应用，效果一般 | D. 没有应用 |
| 3. 您认为影响宁南民间美术在小学美术课堂中开展的因素有哪些？ | A. 领导的决策 | B. 当地教育部门的重视程度 | C. 专业任课教师的认识程度 | D. 学生的参与热情 |
| 4. 您认为地方民间美术课程资源在美术教学中的价值是什么？ | A. 促进学生全面发展 | B. 利于教师学术研究 | C. 补充现有美术课程 | D. 建设地方特色学校 |
| 5. 您所在的学校周边有哪些可以利用的民间美术资源？ | A. 人文地理 | B. 民间风俗 | C. 历史古迹 | D. 其他（可以列举） |

# 第二节　调查结果分析

## 一、学生问卷结果分析

根据表 3 – 3 显示有 10% 的学生能够说出 3 项以上的宁南民间美术种类；有 25% 的学生说出 2 项；有 60% 的学生只能说出 1 项；有 5% 的学生不知道都有哪些。学生们列举出来的种类最多是剪纸，少数学生列举出刺绣、马社火，甚至有些同学根本不知道，主要原因是民间美术资源概念了解不清晰，学习的相关知识较少。

表 3–3　　　　　　　　　宁南民间美术你知道几种

| A. 三种及以上 | B. 两种 | C. 一种 | D. 不知道 |
| --- | --- | --- | --- |
| 10% | 25% | 60% | 5% |

从表 3–4 来看，有 70% 的学生是在学校的美术课堂通过老师的介绍了解到民间美术作品；有 4% 的学生是通过家庭的引导了解的民间美术作品。有 6% 的学生是通过课外阅读了解的民间美术作品。有 20% 的学生是通过校外社会活动，例如，地方民俗表演、民间美术展览馆等地；这说明大多数学生在现实生活中难以接触到民间美术的类型，课堂教学与校园活动是可以引导学生了解本土美术的极好途径。

表 3–4　　　　　　　你是通过哪种方式了解到宁南民间美术的

| A. 课堂教学与校园活动 | B. 家庭的引导 | C. 课外阅读 | D. 社会活动 |
| --- | --- | --- | --- |
| 70% | 4% | 6% | 20% |

从表 3–5 来看，有 4% 的学生不想知道固原民间美术资源；有 6% 的学生对民间美术资源存在无所谓的态度；有 50% 的学生希望了解固原民间美术资源；有 40% 的学生对固原民间美术资源的了解欲望强烈。通过这些调查，笔者还发现对于固原地方美术课程存在不想知道以及无所谓态度的根本原因在于这些学生年龄小，并未受到教师及家长的引导。对于固原民间美术资源课程学习强烈的原因是，此部分学生的年龄相对较大，他们具有一定的地域意识，并受到父辈、民间艺人及教师的影响，对固原民间美术资源具有强烈的好奇心。

表 3–5　　　　你希望通过固原地方美术课程学习进一步了解
　　　　　　　　　　　家乡文化、历史方面知识吗

| A. 不想知道 | B. 无所谓 | C. 希望 | D. 很希望 |
| --- | --- | --- | --- |
| 4% | 6% | 50% | 40% |

## 二、教师问卷结果分析

从表3-6来看，有10%的教师非常了解宁南民间美术；有80%的教师基本了解；有10%的教师有些理论层面的了解但平时不怎么接触；完全不了解的教师没有。这说明本土美术教师对于宁南民间美术资源有了解基础，这为宁南民间美术的应用提供了有利条件。

表3-6　　　　您对宁南民间美术的了解情况

| A. 非常了解 | B. 基本了解 | C. 不太了解 | D. 不知道 |
|---|---|---|---|
| 10% | 80% | 10% | 0 |

根据表3-7可知，有25%的教师尝试过在课程中增加宁南民间美术的知识，也取得了良好的教学效果；有25%的教师也在课程中增加宁南民间美术的知识，但是教学效果一般；有15%的教师因为课程原因没有尝试过，证明大部分教师有在课堂中有引入本土民间美术的意识，但是行动不够。

表3-7　　　宁南民间美术在小学美术课堂中的应用情况如何

| A. 经常应用，效果很好 | B. 偶尔应用，效果很好 | C. 偶尔应用，效果一般 | D. 没有应用 |
|---|---|---|---|
| 0 | 60% | 25% | 15% |

据表3-8认为影响宁南民间美术应用的因素：有40%教师认为与学校领导的决策有关；有50%的教师认为与当地教育部门的重视程度有关；有10%认为与专业任课教师的认识程度也有关系。

表3-8　　您认为影响宁南民间美术在小学美术课堂中开展的因素有哪些

| A. 领导的决策 | B. 当地教育部门的重视程度 | C. 专业任课教师的认识程度 | D. 学生的参与热情 |
|---|---|---|---|
| 40% | 50% | 10% | 0 |

据表 3-9 认为地方民间美术课程资源在美术教学中的价值：有 50% 的教师认为民间美术课程资源有利于促进学生的全面发展；有 21% 的教师认为民间美术课程资源有利于促进教师的学术研究；有 17% 的教师认为民间美术课程资源有利于对现有美术课程进行补充；有 12% 的教师认为民间美术课程资源应对建设地方特色学校大有裨益。

表 3-9　您认为地方民间美术课程资源在美术教学中的价值是什么

| A. 促进学生全面发展 | B. 利于教师学术研究 | C. 补充现有美术课程 | D. 建设地方特色学校 |
| --- | --- | --- | --- |
| 50% | 21% | 17% | 12% |

据表 3-10 可知，有 12% 的教师认为人文地理是学校周边可以运用的美术资源；有 50% 的教师认为民间风俗可以有效运用在小学美术课程中；有 20% 的教师认为历史古迹是有效推动美术课程教学的有效资源；有 18% 的教师认为除了上述资源之外，其他的民间美术资源是现有资源的有效补充。

表 3-10　您认为所在学校周边可以利用的美术资源

| A. 人文地理 | B. 民间风俗 | C. 历史古迹 | D. 其他（可列举） |
| --- | --- | --- | --- |
| 12% | 50% | 20% | 18% |

## 第三节　存在问题与解决方案

### 一、存在问题

#### （一）应试教育观念

首先，应试教育的观念依然存在，美术课程被置于边缘。长期以来美术科目在小学教学体系中被认为是辅修科目，而处于边缘位置的现象在宁夏南部地区小学中依然普遍存在。虽然国家已经提出要重视美术教育，但这些小学还是以应试教育为主，语数英等课程处于主导地位，美术课程得不到重视，作为一种辅助形式的课程。老师普遍认为学习美术并不会提高成绩，反而会占用学习主课（语文、数学）的时间，所以大部分学校只开设一两节美术课，美术课程在学校占用的课程时间较少，甚至出现被其他课程"占用"的情况，这种现象的存在使得宁南民间美术在地方小学美术课堂教学的开展受到了很大的制约。另外，我们的家长便一直期待自己的孩子是否能考上某一所重点中学，至于什么是审美教育，什么是素质教育，根本就不关心。学校、教师和家长对美术课程了解具有局限性，如此使得民间美术处在了无关紧要的尴尬境地。由于美术课程被边缘化，课时无法得到保障，以致专门的美术教室、美术教学器材也存在一定的缺失。

### （二）美术教师开发美术资源的热情不足

一些乡镇中心小学，美术教师资源配备相对完善，分别拥有 2~3 名专业美术教师，能够做到每两个年级 1 名，但是上述小学学生基数大，每位教师周课时都在 10~12 节以上，工作量大，在完成现有的教学任务后，也没有多余的时间和精力进行其他美术资源的开发。而一些比较偏远的农村小学都没有专业的美术教师，由其他科目的教师代上，教学质量受到严重影响。并且学校针对美术教师的进修和培训机会少，表彰和表扬也较少，使美术教师没激情和动力，导致美术课程内容单一，教学方式也很局限，如某些小学美术课就是一味地教学生画画，致使一部分学生觉得美术课枯燥乏味，不感兴趣，无法让学生更好地融入美术课程中。

## 二、解决方案

### （一）教师

#### 1. 观念

在调查小学美术教师对宁南山区美术资源的认知方面，笔者发现大部分教师对此部分知识具有一定的了解，但是并未深入地了解，出现这种状况的原因在于，大部分教师并未真正认识到宁南山区民间美术资源在推动小学美术课程的综合性意义。基于此种状况，笔者认为小学美术教师需要真正立体性地分析宁南山区民间美术资源在推动小学美术课程方面的作用。笔者在此对其作用进行简要介绍。

（1）激发学生保护民间美术资源和弘扬传统优秀地域文化的积极性。

通过将宁南山区民间美术资源融入小学美术课堂，小学美术教师将静态的民间美术资源以动态的方式呈现，让学生更为立体地了解本地区民间美术资源的发展历程，认识本地区丰富的人情变化，加深对本地区传统民间文化的继承，提高他们弘扬传统优秀地域文化的积极性。

（2）提高教师小学美术的综合教学能力和教学角色的多样性。

小学美术教师将民间美术资源应用在课堂上，一方面有利于加深对民间美术资源的全面性认知，另一方面促进教师小学美术课程整合能力的提升，尤其是将民间美术资源与小学美术课程进行深度融合，促进教师专业教学能力的提升。与此同时，在进行民间美术课程的设置中，小学美术教师往往需要承担多种角色，既是课程的设计者，又是课堂的主导者，还是民间美术资源文化的传播者，对于民间美术课程的开展具有至关重要的作用。基于此，小学美术教师在民间美术资源课程的开发和应用过程中可以实现对个人综合教学能力的提升。

（3）提高学生的创新能力和实践能力。

在将宁南山区民间美术资源应用在小学美术课程的过程中，小学美术教师可以有效提高学生创新能力和实践能力。此种作用主要是通过如下途径实现：首先，在制定民间工艺作品的过程中实现。小学生在制作民间手工艺作品的过程中，一方面是形成民间手工艺品的想法，另一方面是可以将这种想法通过相应手法进行针对性地实践，真正促进学生实践能力和创新能力的提升。其次，在学生相互合作的过程中实现。小学生在制作民间工艺品的过程中可以通过小组的方式实现，既可以让学生在相互交流的过程中跳出个人的思维定式，又能够让他们不断通过交流激发更多的奇思妙想以及解决各种实践的问题的方法，最终达到提高学生创新能力和实践能力的目的。

(4) 实现美术课程与学生生活的有效衔接。

在小学美术授课过程中，教师引入的民间美术资源与学生的生活息息相关，这也有利于学生以生活的视角学习相应的美术课程，并制作出更多具有实际性的美术工艺品，使他们真正从生活的视角感受美术的独有魅力，搭建出生活与小学美术之间的连心桥。

总而言之，在渗透宁南山区民间美术资源的小学美术课堂上，笔者着重从传统优秀地域文化、教师教学能力及学生综合学习水平的提升等多个角度切入，让教师更为立体地看待宁南山区民间美术资源作用，促进教师正确民间美术资源授课观念的形成。

2. 教学

（1）提炼适合教学的小学美术民间资源。

①立足教育性要求，合理提炼民间美术资源。在合理提炼宁南山区民间美术资源的过程中，小学美术教师需要立足教学的教育性要求，着重从文化知识、艺术美感及实际操作三个角度切入。

在文化知识层面，小学美术教师可以从民间美术资源的发展变化入手，让学生了解在各种手工艺作品发展变化中呈现的社会精神变化，让学生更为全面地了解民间美术资源折射的文化知识。

在艺术美感方面，小学美术教师可以从色彩、纹理、结构等多个角度，让学生分析民间美术作品，如剪纸、刺绣、泥塑、砖雕、皮影、社火脸谱，提高对美术资源的认知。

在实际操作方面，小学美术教师可以让学生真正参与到美术作品的制作中，并通过实际的操作，将个人的想法通过实物的方式展示，提高他们的动手实践能力。与此同时，在实践过程中，小学美术教师可以结合学生的实际操作过程，给予相应的指导，让学生掌握关键性的制作方法，使他们的实践操作更具精准性。

总而言之，小学美术教师在提炼民间美术资源的过程中，需要了解教育性的具体内容，并以此为衡量提炼民间美术资源的标尺，不断对现存的民间美术资源进行优化和筛选，实现丰富小学美术课堂，激发学生美术学习兴趣，提升整体美术教学质量的目的。

②结合小学生心理，合理选择学生喜爱的民间美术资源。在选择学生喜爱的民间美术资源中，教师需要深度结合学生的心理，即好奇、好动、好玩的特性，灵活选择相应的民间美术资源，让学生在美术课堂上获得各种正向的感性收获，如快乐、自信等，使他们在这种良性情感的认知中，一次次开启新的美术课程之旅，促进学生对于美的认知能力、理解能力以及表现能力的提升。总而言之，在民间美术资源的选择过程中，小学美术教师需要深度挖掘学生的心理，并在此基础上，选择最为接近学生身心特点的民间美术资源课程，让学生在享受快乐的过程中获得成功，提高他们的综合表达能力、实践能力。

③从课程性质入手，合理甄别适应学生美术素养的民间美术资源。在甄别适应学生美术素养的民间美术资源中，小学美术教师需要结合美术课程性质，从以下三个角度切入：

角度一，民间美术资源蕴含的人文元素。小学美术教师可以甄别具有故事性的民间美术资源，让学生在聆听故事的过程中，感受故事主人公的优秀品质，传承我国的优秀地域民族精神。

角度二，民间美术资源的审美元素。小学美术教师可以提炼出具有审美情趣的民间美术资源，如剪纸，让学生通过对剪纸颜色、景物、动物等内容的分析，感受剪纸这项民间艺术的审美情趣，促进他们个人独有的审美视角。

角度三，民间美术资源的创新元素。小学美术教师可以筛选难易适度的民间美术资源，如折纸等，并为学生提供具有自主性、创造性的课程，让他们在独立的分析和操作中，通过个人作品的方式进行针对性表达，促进学生创新思维的形成。

总而言之，小学美术教师在甄别民间美术资源的过程中，可以立足美术课程性质，从培养学生的审美情趣、人文精神、创新意识等角度切入，培养他们的美术素养，发挥小学美术教学的积极作用。

（2）因地制宜地开展小学美术民间资源授课。

①构建以难易程度为标准的分类教学模式。在利用民间美术资源开展美

术教学的授课中，教师可以针对民间工艺品制作的难易程度设置分类性质的教学模式。在此，笔者将民间工艺品特点划分成如下类型，并结合不同的类型设置相应的授课模式：

第一类，工艺材料要求高、工艺复杂、制作难度大的工艺品。在讲授此类工艺品的过程中，教师在考虑实际课程时间以及学生美术学习能力的基础上，构建欣赏性课程，让学生在了解地域民间工艺品特点的基础上，进行针对性的赏析，使他们受到地域性文化的基因和价值认识。

第二类，制作工艺和材料均简单、制作时间较长的工艺品。在讲授此类工艺品时，小学美术教师可以构建"课上+课下"的授课模式，让学生在课上掌握必要的工艺品制作技巧，在课下进行针对性实践，激发他们的手工制作兴趣，提升他们的综合实践能力。

第三类，制作工艺有一定难度、工序较为复杂、工艺材料较为简单的工艺品。在讲授此类工艺品时，小学美术教师可以以课下实践的方式，组建课外美术学习小组，在课下进行针对性的课程实践，充分挖掘学生的手工制作潜能，获得良好的美术教学效果。

第四类，工艺材料和制作工艺较为简单的工艺品。在此部分工艺品的讲解时，小学美术教师可以开展课堂教学，让学生通过简单的操作，实现工艺品的制作，享受工艺品制作的成就感。

总而言之，小学美术教师可以深入研究民间工艺品的特点，结合这些工艺品的难易程度，开展多种形式的小学美术授课，实现美术教学的灵活性，让学生在民间工艺品的学习过程中享受独有之美。

②构建以年龄特点为标准的分层教学模式。小学美术教师可以以学生的年龄为标准开展分层教学，如划分成三个阶段层级：第一阶段层级为小学一年级和二年级；第二阶段层级为小学三年级和四年级；第三阶段层级为小学五年级和六年级。在完成年龄阶段划分后，小学美术教师可以结合此四个领域，设置具有阶梯型的小学美术学习活动和课程，实现不同阶段学生认识水平、实践能力的提升。

③构建以民间美术为标准的特色教学模式。众所周知，民间美术资源受到地域、民族、时期的影响，呈现出不同的内涵和外延，但是其也具有

审美文化和使用文化的统一性，使得其在历史长河中不断的变化，继而适应时代的发展。在小学美术课程的教学中，教师需要结合民间美术资源的特点，尤其是从各个地域的特点入手，进行针对性的美术授课，让学生掌握民间美术资源的前世今生，促进他们文化视角的拓展，提升小学美术教学的有效性。

（二）学生

1. 意识

小学美术教师将民间美术资源融入美术课堂上，可以让学生在了解本地民间文化资源的基础上，更为直观地感受本地的文化魅力，并使学生进一步加深对家乡文化的理解，让他们在深入研究民间文化资源的基础上，加深对家乡的热爱之情，并将这种良性精神和认知融入美术课程的学习中，让学生知道"我从哪来""我是谁""我上哪去"，并适时地对学生的思维进行引导，让他们从更高的视角认识地域文化，使其在逐渐深入思考和学习过程中获得民族自信心。具体言之，笔者主要从以下两个方面进行论述。

（1）运用民间美术资源，培养学生热爱家乡之情。

小学美术教师可以将民间美术资源融入课堂授课中，让学生以民间美术资源为载体，通过了解各种民间美术资源变化的方式，更为具象和立体地认识美丽的家乡，并在潜移默化中产生热爱家乡之情。与此同时，小学美术教师可以将具有家乡特色的民间美术资源引入课堂，让学生进一步了解民间美术资源中蕴含的智慧，尤其是该民间美术资源对外的影响，使他们真正生成对家乡的自豪之情，培养学生热爱家乡的情感。

（2）运用民间美术资源，培养学生的民族自信心。

小学美术教师可以通过利用民间美术资源的形式，提升学生的认知高度，让他们从民族的角度，认识民间美术资源，促进他们民族自信心的构建。具体言之，小学美术教师可以引入宁南山区皮影，尤其是介绍此种皮影在国内外的影响，让学生站在国家、国际的视角学习和了解宁南山区皮影，促进他们民族自信心的形成。

2. 方法

（1）加强对民间美术教育的普及。

民间美术资源具有其固有的特性，这启发小学美术教师在开展美术教学的过程中，需要注重民间美术教育的普及，一方面是从专业性的角度加深对民间美术资源的认知，另一方面是从通俗性的角度，进行民间美术资源的宣传，打造出学生喜闻乐见的民间美术授课形式，推动民间美术教育的普及。具体言之，在开展剪纸教学时，教师需要摆脱传统的一味讲授剪纸知识的形式，真正从通俗的角度入手，开展剪纸教学，首先让学生回忆生活中张贴剪纸的场景，调动他们的感性认知；其次在与学生进行互动的过程中，逐步深入具有生活气息的民间美术资源知识；最后讲授剪纸的制作工艺，让学生在制作剪纸中，加深对民间工艺品背后文化的理解，加强对民间美术教育的普及。

（2）提高民间美术资源教学的互动性。

为了激发学生的美术学习兴趣，小学美术教师在开展传统民间美术教学中需要构建多种形式的互动教学形式，一方面是增强师生之间的互动，另一方面是加强学生之间的互动，既可以达到让学生之间通过有效互动，突破个人思维的局限，从不同角度探究民间美术资源的特点，又能够推动师生之间良好关系的构建，让学生结合教师的教学，更为科学地了解民间美术资源的发展动态以及相应民间工艺作品的制作过程，使他们掌握更多的民间工艺品制作技巧，实现提高民间美术资源教学互动性效益的最大化。

（三）课程

1. 加强科学的教学管理，推广民间美术资源课程的成功经验

小学学校领导需要重视民间美术资源课程建设，更应加强对此门课程的管理，让民间美术资源更好地服务于小学美术课程。具体言之，小学学校领导一方面需要加强本校的民间美术资源组织建设，另一方面搭建此门课程成功教学经验的分享平台，让教师在相互交流的过程中跳出个人思维的局限，从更多的视角入手，探究民间美术资源课程的成功原因，并将之运用在个人的美术课程上，提高本校整体的美术教学质量。

**2. 明确民间美术资源课程特点，加强校际间的高质量合作**

小学美术教师在了解民间美术资源课程特点的基础上，需要深入分析本校开展民间美术资源课程的优势和不足，并在校际间的合作中寻求弥补教学不足的方法，强化和分享本校民间美术资源课程的优势，真正打造高质量的校际合作形式，为提高本校小学美术课程教学质量创造良好的认知基础和方法论。

**3. 加大教师教学能力培训，提高教师民间美术资源课程运用能力**

小学学校相关领导需要重视本校小学美术教师的教学能力培训，并注重从内培和外引两个角度切入。在内培方面，小学学校领导需要从培训课程设置、理论与实践考核、聘请专家演讲等方式，提高本校美术教师运用民间美术资源开展课程教学的能力。在外引方面，小学学校领导可以从招聘角度切入，一方面提高招聘教师的准入门槛，另一方面提高招聘教师的薪资待遇，并制定高标准的考核机制，真正将德才兼备的教师引入学校，充分运用这些教师，形成"鲶鱼效应"，促进学校整体美术教师民间美术资源课程运用能力的提升。

**4. 进行民间美术课程开发管理，构建系统化的课程运用评估体系**

小学学校领导可以进行民间美术课程开发管理，构建系统化的课程运用评估体系，并着重从以下三个角度切入：角度一，纳入多种评价主体。小学学校领导可以纳入多种评价主体，包括学生、教师、专家等，实现对小学美术教师在民间美术课程资源方面的全面性、立体化评价。角度二，构建专业文化和氛围。通过营造专业文化和氛围，小学学校领导可以从开放、民主以及平等的氛围入手，让各个主体充分发表个人看法，营造良好的民间美术资源运用探讨氛围，让各个主体在交流的过程中，引导主体一次次突破个人已有的思维局限，掌握更多的美术授课方式。角度三，构建内部反馈和奖励机制。小学学校领导可以构建内部反馈和奖励机制：首先是通过内部反馈机制，实现对在校小学美术教师教学的全面性汇总和评价。其次是通过奖励机制，一方面让一部分小学美术教师知耻而后勇，另一方面让另一部分小学美术教师获得肯定，并形成榜样效应，让更多的小学美术教师融入民间美术资源的探索和运用中，提升整体的小学美术授课质量。

# 第四章

# 宁南山区民间美术资源融入小学美术教学的课程设置

## 第一节 宁南山区民间美术资源融入小学美术教学的课程设置方案

### 一、整体思路

在进行宁南山区民间美术资源融入小学美术教学课程设置中，小学美术教师及相关教学负责人可以从图4-1所示的三大步骤入手，并在此基础上，对大体步骤进行细化，完成小学美术课程设置。

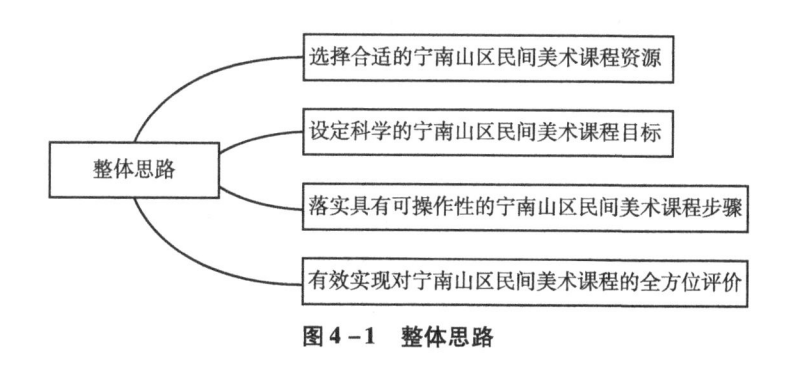

整体思路
- 选择合适的宁南山区民间美术课程资源
- 设定科学的宁南山区民间美术课程目标
- 落实具有可操作性的宁南山区民间美术课程步骤
- 有效实现对宁南山区民间美术课程的全方位评价

**图4-1 整体思路**

## (一) 选择合适的宁南山区民间美术课程资源

### 1. 宁南山区民间美术课程资源的特点

小学美术教师在引入宁南山区民间美术课程资源的过程中需要了解相应民间手工艺品的特点，并在此基础上，将这种特点与具体的小学美术授课内容、学生的兴趣及个人的教学优势进行完美融合，实现宁南山区民间美术课程资源应用效益的最大化。

(1) 实用性。

众所周知，民间手工艺品具有较强的实用性，主要是运用在生产活动和生活活动上。民间美术作品最为突出的特点是其在艺术表现形式、内容呈现及制作技术等与实际的生活有着千丝万缕的联系。此外，民间手工艺品除了具体的现实作用外，还包含着当地历史、风俗习惯的变迁，更彰显着当地人民对未来美好生活的期盼。以上种种均可以展现出民间美术手工艺品的使用特性。

(2) 夸张性。

民间手工艺人在进行手工作品的创作中，一方面是考虑手工艺术作品的使用性，另一方面可以摆脱传统美术思维以及具体事物的束缚，在基于现有民间工艺品材质的基础上，尽情地进行想象，不断对现有的各种自然景观以及人文活动中的想法去粗取精、去伪存真，形成一种特定视觉效果。与此同时，民间手工艺人在进行手工作品的制作中，以二维空间为创作的基准点，抓住创作中的各种灵感，并通过夸张对象以及选择合适的角度切入，开展相应的创作，达到突出创作主题，直观展现创作者思想的效果。

(3) 完美性。

民间艺人在艺术创作过程中受到我国传统文化的"满""全""整"的影响，在艺术作品的展现形式上，多凸显出不同方面的完美性，如在空间、内容和结构上的完美性，让欣赏者可以感受到民间美术工艺品的魅力，实现优秀民间工艺品的传承和创新，更为多元地凸显民间手工艺品的完美性和创新性。

(4) 装饰性。

民间艺人在创作手工艺品时，在考虑到手工艺品实用性的同时，还将注意力集中在表现个人思想上，并通过装饰手工艺品的方式实现。具体言之，民间艺人在进行平面艺术设计中，可以通过各种线条凸显个人情感和观念，如通过波浪线展示节奏和韵律，制作生动活泼的场景，表达创作者的欣喜之情；又如通过使用水平线，可以在视觉上带来开阔感，让欣赏者获得心灵的平静；再如通过使用倾斜线，在画面上营造出急速和动态之感。总之，在民间工艺品中，民间手工艺人通过装饰线的方式，呈现不同的视觉效果，带来不同的情感体验，凸显手工艺品的独有美感。

(5) 相宜性。

民间艺人在手工作品的创作中，需要考虑作品的相宜性，正确处理好"繁"与"简"之间的关系，并以艺术作品的创作题材、内容和思想为主要依据，既要保证艺术作品的实用性，又需凸显艺术作品的美观性，合理处理好"繁"与"简"之间的比例。以在雕塑中的印花为例，民间手工艺人需要处理好印花中的基本元素，即点、线、面，通过设计造型的形式，凸显印花在视觉上的装饰性和平面感。由此可见，民间艺术作品具有较强的相宜性。

(6) 抽象性。

民间手工艺人在制作手工作品的过程中通过对原本形态进行抽取、归纳和比较的方式，提取原本形态的精华，并通过忽略具体表象的方式，体现抽象性的结果，以达到表达个人情感和想法的目的。以彩陶双鱼纹重叠变形为例，民间手工艺人通过将三角形抽象成带状纹样，既可以通过交叉的直线凸显对比和节奏感，又能够凸显鱼的眼睛。总而言之，民间手工艺人通过对手工作品进行抽象的形式，可以更为委婉地表达个人的创作思维，增强民间手工艺品的深层次底蕴。

(7) 绚丽性。

民间手工艺人在作品的创作过程中，往往在色彩的应用中凸显本民族的风俗习惯、道德观念、传统哲学观念等。举例言之，在节庆时，民间手工艺人为了凸显吉利祥瑞的观念，通常采用大红、大绿、大紫的色彩。

总而言之，在分析民间手工艺品特点的过程中，小学美术教师可以从民间手工艺人的创造过程和思维中得到启示，在加深对民间手工艺品认知的同时，真正将学生带进异彩纷呈的美术世界，促进他们综合美术鉴赏能力的提升。

### (二) 宁南山区民间美术课程资源选择的注意事项

在宁南山区民间美术课程资源选择过程中，小学美术教师需要秉持批判性的思维，一方面是对此部分地区的美术课程资源进行全方位理解，另一方面是有效地将此部分民间美术资源与小学美术教学实际进行融合，实现民间美术资源运用效益的最大化。在实际的宁南山区民间美术课程资源选择过程中，小学美术教师及相关从业者可以从以下四个角度切入。

#### 1. 兼顾审美性和育人性

小学美术教师在进行宁南山区民间美术资源的选择中需要兼顾此部分资源的审美性和育人性。具体言之，在审美性方面，小学美术教师需要引入具有色彩美、结构美及主题美的民间美术资源，让学生获得美的享受，并不自觉地投入相应美术知识的学习、实践中，在提高他们对传统民间美术资源以及文化认知的同时，促进学生综合实践能力的提升。另外，在育人性方面，小学美术教师需要从价值观和思维方式塑造两个角度切入，通过引入民间美术资源故事的形式，让学生认识、理解和运用民间美术资源中蕴含的可贵精神以及主人公的正确思维方式，并将这些精神和思维方式应用在未来的生活和学习中，发挥民间美术资源的育人性作用。总之，在选择民间美术资源的过程中，小学美术教师需要兼顾此种资源的育人性和审美性，让学生在欣赏民间美术资源独有之美的基础上，解读民间美术资源故事中的优秀精神品质和思维方式，促进学生的全面发展。

#### 2. 实践性和创造性并举

在民间美术资源的选择过程中，小学美术教师需要注意此种美术资源的实践性，并注重让学生参与到民间美术作品的创造中，使他们收集各种讯息，并以这些讯息为思考灵感着力点，让学生懂得使用心灵和情感，进行针对性的民间手工艺品再创造，培养学生的创造性思维。由此可见，在民间美术资源的选择中，小学美术教师需要注重民间美术资源的创造性和实践性。

3. 灵活性与应用性并存

小学美术教师可以选择具有灵活性和应用性的民间美术资源，引导学生自主建立民间美术资源与个人生活及认知的连接点，使他们跳出原有的思维方式，从更为灵活的角度思考问题，制作出生活需要的民间艺术工艺品。为此，笔者认为小学美术教师在选择民间美术资源的过程中，应注重其应用性和灵活性。

4. 地域性与时代性共融

小学美术教师在开展民间美术资源的选择时，需要注意民间美术资源的地域性和时代性。教师注重民间美术资源地域性的原因是，民间美术资源具有其独有的特性，而这种地域特性是其存在的根本性原因。教师注重民间美术资源的时代性主要是因为：民间美术资源应真正适应时代的发展，尤其是要为时代所用，为教育所用。为此，在进行民间美术资源的选择过程中，小学美术教师需要注意民间美术资源的地域性和时代性，选择出两种特性均具备的民间美术资源，促进民间艺术的继承和发展。

## 二、设定科学的宁南山区民间美术课程目标

### （一）宁南山区民间美术课程的性质与价值

为了更为直观地理解宁南山区民间美术课程的价值，小学美术教师首先有必要了解小学美术课程的性质：小学美术课程是一门具有人文性质的课程，是落实德智体美劳中的"美"的重要途径，在实施素质教学过程中发挥着不可替代的作用。具体言之，宁南山区民间美术课程的价值主要体现在以下三点。

1. 提高学生的多元审美能力

小学美术教师在将民间美术资源与小学美术课程进行融合的过程中应注重从提高学生的多元审美力入手，既要让学生感受各种民间手工艺品独有之美的同时，也让他们体会到这些民间手工艺品与生活、自然及创作者所处的时代背景之间的关系，使学生的美术审美思维更为缜密，视角更为立体，促进他们多元审美能力的提升。更为重要的是，在提高学生民间美术资源独有审美力的过程中，小学美术教师需要让学生认识到继承传统民间美术资源的重要性，并真正成为此种技艺的宣传者和传承者，让更多的人欣赏民间美术手工艺品，将学生心中的美传播得更远、更久。

2. 提高学生形象思维和抽象思维的能力

美术是一门兼具形象性和抽象性的学科，其形象性主要体现在二维美术作品的颜色、肌理、色彩上；三维美术作品的形状上等，让欣赏者对美术作品产生感性的认知，其抽象性主要是指部分美术作品往往并不能通过形象性的感知深度解读作者的情感和思想，往往需要深入解读上述美术技艺背后的语言。在实际的民间美术课程设置过程中，小学美术教师可以充分引入具有趣味性和故事性的民间美术作品，调动学生的各种感官，对民间美术作品形成感性认知，并在此基础上，从理性的角度讲解美术作品的制作技巧，让学生掌握必要的美术制作方式。在此之后，小学美术教师可以布置开放性的民间美术工艺品制作题目，让学生尝试运用理性化的美术作品制作技巧，展示个人感性化的美术理念，使他们真正在此过程中获得形象思维能力和抽象思维能力的双重提升。

3. 以民间美术课程实践为接力点，培养学生健全的心理品质

民间美术课程具有较强的实践性。在小学美术教学过程中，教师可以有效运用民间美术课程的实践性特性，让学生通过实践，不断克服心中的难题，促进他们心理的健全。具体言之，小学美术教师在引入民间美术资源时，可以制定开放性的手工制作实践活动，让学生感受到此项实践活动的难度，一方面锻炼他们的心理素质，另一方面让他们懂得思考实践中的问题，并在一步步的实践过程中走向成功，促进他们心理的健全。

## (二）宁南山区民间美术课程的基本性理念

### 1. 促进学生美术素养的形成

小学美术教师可以充分运用民间美术资源开展授课，一方面选择学生容易接受的民间艺术资源，让他们感受到民间美术资源的简易性，主动投入民间美术资源的学习中，另一方面有效运用美术资源，营造弹性化的美术授课情境，让学生融入其中，解决相应的美术问题，促进他们美术素养的形成。具体言之，笔者主要从以下角度进行论述。

（1）图像解说能力。

小学美术教师通过应用民间美术资源，如刺绣、剪纸，让学生从造型、技法、构图、题材等多个角度对剪纸和刺绣进行深入解读，提高他们对艺术作品形象的领悟能力、感知能力及审美能力，让学生通过切实的外在图像，感受到美术的独有之美。

（2）美术表现能力。

在小学美术授课过程中，教师可以有效运用民间美术资源，如泥塑、砖塑，让学生掌握其中的制作技巧，将各种技巧运用在美术造型的设计上，让他们懂得用心制作，制作出符合个人心理的造型模式，提高学生的美术表现能力。

（3）审美判断能力。

审美判断能力主要是学生发现美、分析美和创造美的能力。在引入民间美术资源开展授课过程中，小学美术教师可以引入多种形式的民间美术资源，如剪纸、刺绣、泥塑、砖雕、皮影和社火脸谱，让学生知道这些民间手工艺品的赏析方式，并在赏析的过程中逐渐强化常见的艺术呈现形式。更为重要的是，小学美术教师可以为学生提供独立、自由和开放的手工艺品创造空间，让学生结合个人的想法，转化相应的美术作品，提高他们审美的创造能力。

（4）创意实践能力。

创意实践能力的"创意"是学生的形象思维能力，"实践"是学生的动手操作能力。在引入民间美术资源的过程中，小学美术教师可以引入学生感兴趣的手工艺品教学模式，并在此过程中，充分构建符合学生思维的开放性课程，让他们充分展示个人的创意。在学生形成创意后，教师可以鼓励学生通过制作手工艺品的方式，将个人的创意转化成现实，让他们在具体的实践过程中，克服静态理解知识的思维局限，动态地解决各项实践问题，获得综合实践能力的提升。

（5）文化理解能力。

不同地域的民间手工艺品渗透着不同的文化。在民间美术资源的引入过程中，小学美术教师一方面可以学习宁南山区各部分的文献，加深对宁南山区文化的认知，另一方面可以分析宁南山区文化与其民间手工艺品之间的联系，在深入解读其文化的基础上，开展相应的民间美术资源授课，让学生更为立体地理解民间美术资源与文化之间的联系，促进宁南山区文化理解能力的提升。

2. 增强学生美术学习的持久力

为了增强学生美术学习的持久力，教师需要真正成为学生在美术学习中的引路人，一方面从兴趣出发，充分运用宁南山区民间美术资源包含内容的丰富性，让学生真正走入美术，了解更多的民间美术知识，如固原砖雕的艺术风格、创作手法、创作工序以及相应的代表作品（固原市城隍庙前的影壁），加强学生对当地民间艺术作品的独有认知力和理解力，使他们感受到美术学习的趣味性，另一方面从实践入手，让学生在掌握基本美术学习技巧的前提下，从更为多元的眼光和视角，创新性地解决各种美术学习问题，并制作出个人认可的小学美术作品，使他们真正感受到动手实践的快乐，形成良好的美术学习情感，并不断将这种情感持续，形成良性的美术学习循环，增强学生的美术学习持久力。此外，小学美术教师可以从学生的情感入手，介绍当地具有代表性和贡献性的艺术作品，如固原地区砖雕发展的前世今生，重点是介绍固原砖雕在国家、世界方面取得的成就，即固原砖雕是第一批选入国家传统工艺振兴项目；第一批被选入的"宁夏优品"等，让当地学生真正以固原砖雕为荣，以生活在固原这片大地上为傲，并将这份情感融入砖雕知识的学习中，甚至是将砖雕艺术作为未来人生路上的重要方向，提高他们美术学习的持久力。

### 3. 拓展学生对美认知的深度、广度和高度

笔者认为：对美的认知并不是天生的。在实际民间美术资源融入小学美术课堂的过程中，小学美术教师需要成为学生"美的唤醒人"，通过多种形式，让学生用各种感官欣赏外在各种民间美术作品的颜色美、曲线美及形状美。在学生受到外在美的吸引下，小学美术教师可以适时地引入与美术作品相关育人性故事，让他们促进学生价值观的塑造。在此之后，小学美术教师可以适时地讲授相应的美术教学技巧，让学生在形成感性认知的前提下，通过实际制作工艺品的方式，强化相应的技巧，并将这种感性认知通过手工艺品的方式进行表达。总之，通过从兴趣、育人及实践三个角度运用民间美术资源，小学美术教师在无形中实现对学生对美认知的深度、高度及广度认知的提高。

### 4. 构建推动学生全面发展的评价形式

民间美术资源内容丰富多样，这也导致民间美术资源的评价方式更为多元。在构建以民间美术资源课程为核心的教学中，小学美术教师可以充分运用此种资源具有的多元性评价方式，对现有的美术课程评价形式进行完善。具体言之，在评价学生民间手工艺作品的过程中，小学美术教师需要采用包容性的评价方式，既要对遵守美术规则的学生作品进行正向评价，又需对一些具有奇思妙想作品的学生给予相应的灵活性评价，旨在让他们在美术学习过程中学会思考、实践和创造的同时，促进小学美术课程评价形式的完善。

值得注意的是，在推动学生全面性发展评价形式的过程中，小学美术教师应着重从学生的角度入手，具体而言，有以下几方面。

首先，为学生提供反思空间，提高自我评价的能力。小学美术教师可以通过构建民间美术资源美术学习档案的形式，让学生进行自我评价，一方面让学生搜集学习民间美术资源课程的评价性资料，如美术信息、美术作业、设计方案、构想草图、研习记录等，另一方面让学生以美术学习技能的掌握情况、观念及方法的应用为接力点，对这些评价资料进行相应的分析，并给

予他们在分析过程中相应的指导，让学生对个人的美术学习形成全面性认知，并进行针对性纠正，促进学生综合美术学习能力的增强。

其次，评价学生的美术活动表现。教师除了让学生自我评价外，更需要对学生进行全面性评价，尤其是从学生的美术学习活动表现入手，既要观察学生在美术学习中表现的价值观、情感、学习态度、学习能力，又需从他们活动表现的交流表达能力、认知水平、探究能力、操作能力、合作精神及参与意识等多个角度切入，并将这些评价及时反馈给学生，尤其是向学生提出有针对的建议性评价，让他们在活动表现中获得全面性美术学习能力的增强。

最后，以学生的美术作业为着力点，开展多种形式的评价。小学美术教师在学生进行动态性课堂评价表现的同时，可以以学生的美术作业为基点，进行多元性评价，如进行分等级评价、评语评价、语言评价，让学生获得教师的肯定，并更为积极地投入美术学习过程中，提高他们的综合美术学习水平。

总而言之，在对学生进行评价的过程中，小学美术教师需要以学生为核心，并在此基础上，设定多种评价模式，让学生更为全面地认识个人的美术学习水平，让他们在美术学习的过程中进行针对性调整，促进学生综合美术学习能力的提升。

### （三）宁南山区民间美术课程的总体性目标与阶段性目标

#### 1. 总体性目标

小学美术教师可以将宁南山区美术课程的总体性目标分成三部分。

第一部分是培养学生的美术学习兴趣。小学美术教师可以通过开展多种形式的美术授课形式，如小组合作形式、独立探究形式、分层教学形式，让学生投入多种形式的美术授课中，一方面是投入美术评述和赏析中，另一方面是进行具体的实践，使他们通过美术课堂，丰富个人的触觉和视觉，获得正向积极的审美经验，使他们体会到美术活动的乐趣，感受到美术学习的快乐，达到培养学生美术学习兴趣的目的。

第二部分是让学生将美术融入个人的生活中。小学美术教师通过运用民间美术资源，开展美术授课，着重从学生的生活实际入手开展具有实用性质的美术课程，进一步激发他们的美术学习驱动力。在学生美术学习能动性被充分点燃后，小学美术教师可以适时地讲解基本的美术知识，如基本的美术语言表达方式和方法，让学生将这些美术知识应用在装饰个人的生活、学习中，使他们真正创造美、享受美。

第三部分是以民间美术资源为踏板，完善学生的人格。小学美术教师可以通过民间美术资源构建具有综合性的美术课堂，让学生在意识到美术问题难度的同时，适时地对他们进行如下的鼓励："美术问题虽然没有想象的那么简单，但是肯定没有想象的那么难！"，真正让他们竭尽全身力气解决这些问题，让他们真正体会峰回路转的快乐，培养他们勇于面对困难的实力，在潜移默化中促进学生人格的完善。

2. 总体性方向

（1）造型·表现。

造型·表现主要是小学美术教师以及小学生在美术课堂上运用多种材料和手段，制作各种造型，并在此过程中，表达教师或是学生的情感和思想，进而体会到制作造型的乐趣。在此，笔者分别对造型和表现进行介绍。造型在小学美术授课中是进行各种民间工艺品制作的手段，如剪纸、砖雕等。表现是指以创作活动为载体，创建情感和观念的过程。造型和表现的关系为表现的基础是造型，造型的过程和结果是表现。

小学美术教师在进行美术资源课程的设计过程中应着重从造型·表现入手，主要为了达到以下三个目的：

首先，让学生通过民间美术资源理解基本造型要素，如质感、明暗、空间、色彩、形状、线条，并灵活运用多种组织原理，即对比与和谐、节奏与韵律、均衡与对称等进行各种造型活动，达到激发学生想象力、创造力和实践力的三重目的。

其次，小学美术教师为学生提供探索和实验的平台，让他们通过民间美术资源，逐渐掌握各种美术制作过程、美术媒介和技巧，增强学生的艺术感知能力和造型表现能力。

最后，小学美术教师通过借助民间美术资源，让学生通过体验造型活动的乐趣，使他们真正将个人对于造型的看法，以实物的方式展现出来，提高学生的想象能力和操作能力，让他们在此基础上形成良好的学习体验，并真正将这种体验运用在下一次的美术课程学习中，实现美术学习的良性循环，培养学生对美术学习的持久兴趣。

（2）设计·应用。

设计·应用从民间美术资源应用的角度是指，小学美术教师通过借助民间美术资源的物质材料以及相应技术，围绕某一目的或用途，让学生开展相应的民间手工艺品的制作过程，并通过该手工艺品一方面实现信息的交流，另一方面达到该工艺品美化生活和环境目的，还可以实现培养学生实践能力和设计意识的教学目标。

具体言之，通过将民间美术资源运用在设计·应用过程中，小学美术教师可以达到如下目标：

第一，提高学生的创造能力和创新意识。在运用民间美术资源落实设计·应用时，小学美术教师可以秉持"物以致用"的思想，通过让学生制作相应手工艺品的方式，掌握基本的工艺和设计方法，并使他们在教师的指导下有目的、有意识地进行各种制作活动，培养学生的创新意识，锻炼他们的创造能力。

第二，提高学生的综合动手能力。在开展各种民间手工艺品的制作过程中，小学美术教师一方面让学生对民间手工艺品形成基础性的认知，另一方面使他们掌握各种材料的特性，并结合具体的主题，灵活运用相应的材料和工具，实现提高学生综合动手能力的目的。

第三，培养学生热爱生活的意识。小学美术教师通过从民间美术资源入手打造美术课堂，让学生真正感受到民间美术资源与生活的紧密联系，使他们将学习美术的视角转向生活，制作出服务于生活的民间美术工艺品，让这些工艺品更好地装点生活，培养他们热爱生活的意识。

第四，培养学生优良的做事习惯。在利用民间美术资源的过程中，小学美术教师在应用·设计领域，可以让学生合理设计民间手工艺品的制作过程中，尤其是让他们在事前对各种材料进行深入分析，并将民间工艺品的制作与材料的特性融合，制定科学的手工艺品制作步骤。在实际的步骤执行中，小学美术教师需要关注学生的手工艺品制作状况，适时地对他们的制作状况进行指导，让他们耐下性子，完成相应的手工艺术作品。总之，小学美术教师在应用民间美术资源的过程中，主要从学生的制作过程以及指导两个角度切入，让他们逐步在手工艺品的制作过程中养成良好的做事习惯。

（3）欣赏·评述。

欣赏·评述主要是指学生从视觉角度对美术现象、美术作品、自然美进行的评述和赏析，旨在提高他们的美术欣赏能力，培养学生的审美趣味。在实际的欣赏·评述过程中，小学美术教师可以让学生通过多种形式，如书面语言、口头语言、美术语言、肢体语言，对美术现象、美术作品以及自然美发表个人的理解、感受和认识。通过进行欣赏·评述，小学美术教师可以借助民间美术资源，培养学生如下的能力：

第一，让学生初步了解民间美术优秀成果，提高他们的美术作品审美能力。在进行民间美术工艺品的讲解过程中，小学美术教师可以让学生从多个角度欣赏美术优秀成果，如民间美术作品的外部特征（材质、内容、形式）、内部内涵（文化底蕴），使他们更为立体地评述相应的民间美术优秀成果，促进学生美术审美能力的提升。

第二，提升学生的综合美术学习能力。小学美术教师可以借助民间美术资源，让学生通过制作简单手工艺品的方式，掌握多种认识民间优秀手工艺品的方法，使他们真正在制作中创造美、欣赏美、表达美，促进学生综合美术学习能力的提升。

第三，培养学生的地域文化自信。小学美术教师通过运用固原特有的民间美术资源进行针对性的课程构建，一方面可以让学生了解本地的特有文化，另一方面还能让他们了解地域文化的独有魅力，尤其是在本地区、国家及世界方面的地位，培养学生的地域文化自信。

总而言之，在"欣赏·评述"的教学过程中，小学美术教师可以为学生提供自主发言的空间，克服传统小学美术教学中以讲为主的单向知识输出方式，让生生、师生之间形成良好的互动氛围，并在相互交流的过程中，加深对美术欣赏方式的认知,并在此过程中,使学生逐渐以美术专业性的语言进行针对性表达,促进他们综合评述能力的提升。

(4)综合·探索。

综合·探索主要是指小学美术教师通过开展综合性的美术活动,让学生进行主动探索、研究和创造,旨在解决美术学习中的各种问题,促进他们综合美术学习能力的提升。此部分中的综合·探索主要分成三个层次:首先,基础层次融合。综合·探索主要是由造型·表现、设计·应用以及欣赏·评述三个部分的融合。其次,综合层次融合。综合层次融合主要是指美术与其他学科之间的融合,如语文、科学、数学等。最后,探索层次融合。此层次的融合主要是指美术学科与现实社会之间的融合。在民间美术资源融入小学美术课堂的过程中,小学美术教师可以通过综合·探索活动,实现图4-2所示的目标。

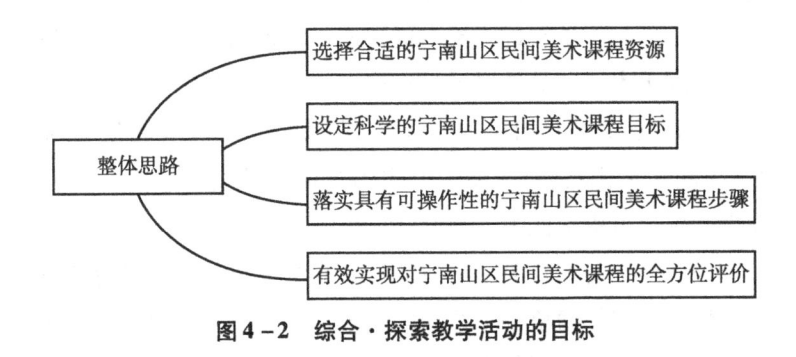

图4-2 综合·探索教学活动的目标

第一,在小学美术综合·探索活动的开展过程中,小学美术教师可以让学生运用美术学科及其他学科之间的知识,解决探究性活动中出现的各种美术问题,提高学生解决美术问题的综合能力。

第二,培养学生社会化视角。在将民间美术资源运用于小学美术课堂的过程中,小学美术教师应培养学生社会化的视角,让他们通过美术作品展现对社会的观察以及观点,使他们的视角跳出美术学科,促进学生社会责任意识的形成。

第三,拓展学生的想象空间。在将民间美术资源融入小学美术授课的过程中，小学美术教师可以开展更为多元的授课场景，解放学生心中想象的翅膀，让他们以不同学科为视角进行多角度的分析和思考，真正在解决各种美术问题的过程中，拓展学生的想象空间。

总而言之，在开展综合·探索活动的过程中，小学美术教师需要深入解读小学美术课程与民间美术资源的融合点，并从具体的融合点入手，进行小学美术课程活动的设置，让学生从不同的角度探究美术问题的解决策略，增强他们解决美术问题的能力。

（四）落实具有可操作性的宁南山区民间美术课程步骤

1. 建立宁南山区课程开发组织

在此次宁南山区课程开发组织中，笔者注重从三点对此组织进行针对性介绍：第一点，宁南山区课程理论组织。第二点，宁南山区课程实践落实组织。在这两个组织中，理论组织是课程开发的主方向；实践组织是课程开发的重要辅助因素，两个组织之间相互协同，推动宁南山区课程开发的有效进行，促进小学美术课程教学质量的提升。具体言之，笔者着重在下半部分对三个组织进行针对性介绍。

（1）宁南山区课程理论开发组织。

理论课程开发组织主要由两部分构成：第一部分，专家组。专家组的作用是把握前沿性的美术知识，并根据这些知识制定美术学习课程纲领，为小学美术教研组教师提供参考。第二部分，美术教研组。美术教研组的作用有三个：第一，研读专家组制定的美术课程纲领。第二，将美术课程纲领与宁南山区民间美术资源进行融合，制定符合宁南山区的小学美术课程。第三，结合课程实践组织提出的建议，对宁南山区民间美术课程进行微调、大调，实现对小学美术资源的优化。

（2）宁南山区课程实践落实组织。

宁南山区课程实践落实组织由两部分构成。第一部分是课程实践落实组长，主要负责小学民间美术课程实践的总体工作，分配每位小学美术教师的相应职责。第二部分是课程实践落实教师，其是真正参与小学美术课程的组织，主要是研读小学美术教研组制定的民间美术资源课程，并将这些课程真正落实到小学美术课堂上，使他们真正在美术学习中感受到快乐，让他们真正感受到民间美术资源的独有快乐。与此同时，课程实践落实教师可以结合实际对教研组制定的民间美术资源课程进行针对性调整，并将这些调整落实到美术课程的实践中，还要将实践结果及调整内容定期回馈给小学美术教研组，完善小学美术教师教研组所制定的课程。

2. 整合教研资源，加强教师专题培训

（1）整合教研资源。

在整合教研资源的过程中，小学美术教师以及美术教学负责人可以从动态和静态两个角度入手。在静态整合方面，小学美术教师以及教学负责人可以从线上和线上两个途径切入。在线上，两者可以通过网络了解新型的美术授课方式、手段和方法，并在理解新型授课方法的基础上，结合个人的教学优势以及本校小学美术教学现状，开展弹性化、灵活性的运用，最终达到提高学生美术综合学习能力的目的。在线下，两者可以对本校已经形成的纸质档案进行整理，尤其是整理优秀的美术教学资源，一方面是通过这些教学资源，学习更多适应本校实际的美术授课方法，另一方面是掌握这些美术教学资源内部教学的固有规律，并将这些固有规律与宁南山区民间美术资源进行完美融合，构建出具有地域特色的小学美术民间课程。在动态整合方面，小学美术教师可以从技术和总结两个角度切入。在技术方面，小学美术教师可以通过 VR 技术落实小学美术授课，并统计学生的美术学习状况，实行针对性的学生状况搜集工作，将学生感兴趣的美术资源进行整理和分析，制作符合小学美术教学实际以及学生心理发展的小学民间美术课程资源，提升美术授课水平。除了上述两大点外，小学美术教师以及学校教学者需要注意民间美术资源的整理方法，注重从分类、归纳、整理民间美术资源入手，实现对美术资源整理的全面化和立体化，真正发挥美术资源在课程教学中的作用，提高整体的美术教学水平。

（2）加强教师专题培训。

本书中的专题培训主要是与民间美术课程资源相关的小学美术教学能力

培训。通过加强教师专题培训，学校一方面可以优化本校教师的美术知识结构，尤其是拓展学校教师的民间美术课程知识，另一方面是让本校教师掌握更多的新型的美术授课方法，还能够实现教师教学思维的全方位升级，达到提高整体美术教师队伍素质的作用。为了达到上述目的，宁南山区的相关学校可以从以下几点落实教师专题培训。

首先，开班仪式，动员讲话思想。学校为了推进美术资源在小学美术课堂的进程，可以举办开班仪式，尤其是将宁南山区课程开发组织的各位成员邀请到本次开班仪式中，让参与此次活动的各个成员真正意识到民间美术资源对小学美术课程重要性的同时，让与会各位组织成员相互介绍，形成感性化的认知，为后续工作的开展铺平道路。

其次，理论学习，强调专题方向。宁南山区各个学校以及相应的课程开发组织需要深入加强理论学习，如进行教育部2015年印发的《中小学艺术素养测聘办法》等文件，将"学生参与乡村文化艺术活动，学习优秀民间艺术"纳入小学美术课程中，又如深入解读中共中央办公厅、国务院办公厅《关于实施中华优秀传统文化传承发展工程意见》，再如全面深化学习2022年的《全日制义务教育美术新课程标准》，将上述三个方面进行综合和融合，明确宁南山区小学美术在民间美术资源应用的新方向。

再次，交流分享，相互学习共成长。宁南山区各个小学可以定期开展交流分享活动，既可以以优秀民间美术资源案例的形式介绍本校在小学美术教学中的成就，让各个学校教师跳出本校的固有思维，从更多角度思考民间美术资源的应用方法，又可以以问题的方式向各个学校提出本校在民间美术资源应用过程中的疑问，让各个学校在相互探讨和交流中，促使存在疑问教师解决美术教学中的问题，使与会学校教师在相互交流的过程中获得综合美术教学能力的提升。

最后，知识测试，练兵比拼求实效。宁南山区各个小学可以以某项民间美术资源中的手工艺品为教学对象，让在校教师进行针对性的才艺比拼，并在比拼的过程中，更为直观地呈现各个认可教师在美术教学中的优势和不足，并让各位教师发挥学习优势，提出弥补不足的办法，让更多的美术教师在比拼的过程中相互学习和帮助，促进宁南山区小学美术教师整体教学能力的提升。

总而言之，在民间美术资源应用在小学美术课堂的专题性培训过程中，宁南山区学校可以根据本模板适时地进行民间美术资源课程培训，并在此过程中，强化校级之间的交流，尤其是经验以及问题的交流，实现全方位提高本校美术教师综合民间美术课程资源编排的能力。

3. 设计宁南山区校本美术课程结构

在宁南山区校本美术课程结构的设定中，小学美术教师需要深入了解本校的现状，并在有效解读《美术课程标准》中的"造型·表现""设计·应用""欣赏·评述""综合·探索"四个教学目标的基础上，设定如下三个层次的美术课程结构：

（1）美术基础课程。

美术基础课程的核心是美术鉴赏课程。在宁南山区民间美术课程资源的设置中，小学美术教师需要让学生懂得"什么是美？""如何欣赏美？"，并将美术课程的重点放在介绍宁南山区特有的本土艺术文化上，如宁南山区回族的剪纸；固原、隆德、泾源、吴忠、盐池、银川等非物质文化遗产保护中心的刺绣；宁夏隆德杨氏泥塑；固原砖雕；甘肃陇东宁南山区皮影；宁南山区民间社火脸谱等，让学生在学习和欣赏的过程中，体会宁南山区本土艺术文化的博大精深，激发他们热爱故乡的情感，使他们在赏析本土民间美术手工艺品的同时，了解生活在此地人们的奋斗史，提高学生的地域文化自信心，强化美术基础课程的核心性作用。

（2）美术技能课程。

美术技能课程的核心是让学生学会动手，使他们将家乡的自豪之情，通过手工艺品的形式展现出来，感受到宁南山区本土工艺品的独有魅力。在具体的美术技能实践过程中，小学美术教师可以根据学生的年龄和兴趣，设置相应的课程，如剪纸课程、刺绣课程、泥塑课程、砖雕课程、皮影课程以社火脸谱课程等，并讲授他们最为基本的操作方法，让学生在制作的过程中感受动手的快乐，体会手工技艺的智慧性。

(3) 美术专题课程。

美术专题课程主要是以讲座为主，着重对一些经典民间美术资源进行深度介绍，让学生对美术资源形成一个全面性的认知，促进他们美术综合实践能力的提升。具体言之，在美术专题课程上，小学美术教师可以邀请美术教学专家、民间美术手工艺者，让他们到本校定期讲解相应的美术课程，使更多的学生对民间美术资源有一个全方位的了解，甚至在学生的心中点燃民间美术学习的兴趣，使一部分学生将未来的人生投入其中，为宁南山区民间美术资源的进一步宣传起到良好的促进作用。

4. 宁南山区民间美术课程教材编制

(1) 树立正确的宁南山区民间美术课程教材意识。

在进行宁南山区民间美术课程教材意识的设置过程中，小学美术教师需要做到以下几点：

首先，正确解读、落实2022年《全日制义务教育美术新课程标准》，尤其是其中涉及的精神、构建科学性、时代性、基础性、趣味性及开放性的民间美术课程教材。

其次，增强宁南山区民间美术课程教材的使用弹性。小学美术教师需要从本校美术教学实际入手，既要了解在校美术教学的客观条件，又需认识到本校学生的美术学习水平以及个人的美术教学优势，更需结合本地区民间美术资源实际，在认真解读2022年《全日制义务教育美术新课程标准》的前提下，进行相应美术课程的设置。

最后，树立新的民间美术课程教材观念。在设置民间美术课程教材观念的过程中，小学美术教师需要真正认识到教材是为学生美术学习提供思维参考的工具，并不是美术教学的全部，注重对学生的美术学习方法进行多元化指导，让他们在美术学习中逐渐掌握更为科学的美术学习思维，促进民间美术课程教材运用效益的最大化。

(2) 民间美术课程教材编写的原则。

①与2022年《全日制义务教育美术新课程标准》的相关要求相吻合。在民间美术课程教材编写过程中，小学美术教师需要遵循2022年《全日制

义务教育美术新课标标准》,设计出与其相吻合的,适应学生身心发展标准的民间美术课程教材。

②落实以生为本的原则。在民间美术课程教材编写中,小学美术教师需要深度落实以生为本的原则,以学生的兴趣以及认知层次为依据,展示具有感性和理性并存的美术教学情境,让学生融入其中,并通过多种方式,如解释、讨论、方法指导、资料提供、设置疑问等,让学生在教师的辅助下,掌握学习的全过程,促进他们优良学习精神的培养,提高他们的综合美术学习能力。

③兼顾知识性与育人性的原则。在宁南山区民间美术课程编写过程中,小学美术教师需要平衡好知识性与育人性之间的关系,即要让学生学习到具有地域代表性的美术课程,又需使他们真正感受到美术学习的乐趣,更要让他们获得精神上的启迪,促进学生的全面性发展。兼具知识性与育人性的重中之重在于师生、生生之间的互动。尤其值得注意的是,小学美术教师需要为学生提供自主、民主的学习空间,为师生之间的互动创造条件,让学生在真正互动的学习环境中掌握美术知识,促进他们正确价值观的形成,提升整体的小学美术教学质量。

5. 实地考察与教学实践活动探讨

在小学美术民间课程资源的编写过程中,小学美术教师(还包括其中的负责人)需要实地考察各个小学教师美术资源的应用状况,并通过探讨的方式,既要学习其他学校教师的优势,又需认识到其他学校教师教学的不足,并诚恳地提出具有实操性的建议,真正构建良好的民间美术资源运用环境,让教师之间在相互教学的过程中,促进宁南山区本地美术教学综合能力的提升,也让学生在了解本地区特有文化资源的过程中树立热爱家乡、国家的良性情感。

(五)有效实现对宁南山区民间美术课程的全方位评价

在对宁南山区民间美术课程资源进行全方位的评价过程中,各个小学美术教学负责人可以借鉴总分总的全方位评价模式,并以最终的评价结果作为教学指导，推动小学民间美术课程的全方位推进。具体言之，各个小学美术教学负责人可以落实总分总闭环式的全方位评价模式。首先，总指的是对在校美术教师的教学进行整体式的评价，既包括教师的静态化民间美术课程的备课、学生的静态考试，又包括教师动态化的课程教学（师生互动状况）、师生之间的互动状况等，对任课教师进行全方位的评价，实现对本校美术教师的全方位认知。其次，分指的是对在校每一位教师进行针对性评价，尤其是对存在突出性问题的教师进行可执行性的建议评价，让这些教师的民间美术课程资源的开展更具有方向性，使他们在优化个人美术教学知识结构的同时，促进教师综合美术教学能力的提升。最后，总指的是对全校已经评价教师的教学结果进行针对性的复盘，即让任课教师定期反馈个人在编写民间美术课程的实践效果、应对新问题后的解决方案，了解每一位任课教师的实际美术课程的开展状况，并再次给予全方位的评价。总而言之，在对宁南山区民间美术课程进行全方位评价过程中，小学美术教学负责人可以从总分总的角度入手，构建具有闭环式的宁南山区民间美术课程评价形式，让教师在接受评价以及具体的落实教学实践中解决相应的美术问题，促进教师综合民间美术资源应用能力的提升。

## 第二节　宁南山区民间美术资源融入小学美术教学的课程设置实施

在宁南山区民间美术资源融入小学美术教学的课程设置实施中，小学美术教师需要真正意识到实际课程的实施不仅仅是课程本身，而是与小学美术课程相关的各项因素之间的综合。基于此种认知，小学美术教师在进行民间美术资源融入小学教学课程的设置中需要深度考虑以下几大因素。

### 一、设定民间美术资源融入小学课程的组织机构

在将民间美术资源融入小学美术课程中，各个小学美术教学负责人需要

加强学校教学中各个部门之间的有效配合，为小学民间美术课程的构建提供各种条件。

### （一）设定教科研分工

小学美术教学负责人可以设定教科研分工，校长负责科研统领，副校长负责科研工作，并根据民间美术资源内容的不同，设置不同的课程研究方案，如剪纸研究方案、刺绣研究方案、泥塑研究方案、砖雕研究方案、皮影研究方案及社火脸谱研究方案等，并结合不同的方案，设置相应的年级组。

### （二）设定年级组科研分工

在年级组科研分工的过程中，小学美术教学负责人可以结合不同的方案类型，设置相应的科研组，并组织各个科研组，进行针对性的民间美术课程研究。

### （三）构建教研科研分工与年级科研分工的协同机构

此结构的设置一方面是促进两个组织的协作沟通，另一方面是实现各项民间美术资源课程的有效落实，真正让民间美术课程资源与小学美术教学完美融合，最大限度地提高小学美术教学效益的最大化。

## 二、构建层次性美术课程体系

### （一）第一学段（一至二年级）

1. 第一学段民间美术课程设置目标

第一学段民间美术课程设置目标分别是：

第一个目标是体验造型活动的乐趣。小学美术教师让学生运用民间美术资源提供的各种工具，如纸张、针线、泥沙等，对学生进行相应手工艺品制作的指导，让他们通过表达相对简单的民间手工艺品的制作方式，体验到造型活动的乐趣。

第二个目标是体验制作活动的乐趣。小学美术教师可以在学生掌握基本的制作方法后，鼓励他们通过实践的方式将头脑中的想法转换成现实，并通过克服实践困难的方式，感受到手工制作的快乐，体会到动手制作活动的快乐。

第三个目标是提高学生自我表达能力。小学美术教师可以让学生发表手工艺品制作的小想法以及具体的制作过程，并结合他们的观念和看法进行针对性指导，让学生更为直观地理解各种民间美术制作方法，让他们在表达个人看法的同时获得自信，在接受他人意见的同时掌握更多的美术学习技巧，促进学生的全面成长。

第四个目标是提高学生的想象力。小学美术教师可以让学生通过多种形式提高学生的想象力。举例言之，小学美术教师可以采用游戏的方式，让学生结合个人制作的手工艺品，进行多元角度的想象，并编写成具有趣味性、育人性的小故事，使他们获得想象能力的提升。

2. 第一学段民间美术课程设置落实

（1）造型·表现的课程。

在低年级造型·表现类实践活动课程的设置中，小学美术教师可以构建开放性的课程，让学生尝试使用多种形式等工具以及身边常用的媒介，使他们通过看看、画画、做做等方式，大胆地表现所见所闻、所想所感，感受体验造型活动的乐趣。

在实际的课程设置中，小学美术教师可以利用低年级学生爱玩的天性，设置多种方式的游戏，让他们使用不同工具和材料，完成不同的造型，并介绍个人的手工艺品制作方法。在实际的操作过程中，教师一方面可以从美术特点入手，让学生通过色彩、线条和形状完成常见的绘画活动，认识常见的12种颜色，另一方面通过学生制作民间美术手工艺品的方式，认识常见的多种材料和简单工具，如泥材、纸材等，并在运用这些工具的过程中掌握基本的造型方法，如压、搓、揉、叠等。举例言之，小学美术教师可以开展实物拓印活动，让学生对宁夏隆德杨氏泥塑、固原砖雕等手工艺品进行拓印活动，感受线条、色彩、形状在手工艺品中的独特之美，鼓励学生积极地观察、感受和表达，让他们体会到造型活动的乐趣。

(2) 设计·应用的课程。

在设计·应用课程的落实上，小学美术教师可以让学生尝试寻找身边常用的工具和媒介，并通过常见的实践课程方式，让学生体会到此门实践性课程的乐趣。

在实际的设计·应用课程的设置中，小学美术教师可以依旧沿用游戏式教学模式，并着重从身边工具的角度入手，组织学生进行组合以及装饰性质的手工课程。具体言之，在实际的手工课程设置中，小学美术教师可以让学生从最为简单的制作方式入手，如组合、堆积、拼摆等，对现有的民间美术资源进行针对性学习。简而言之，教师在进行剪纸教学的过程中可以采用剪、撕、拼贴、折等方式，将各种中华文化元素巧妙地结合在一起，让学生在观察生活的过程中找到更多的创新源泉，制作出最能体现内心想法的民间艺术作品，让学生在手工艺术作品的创作中完成由设计向应用的全面性转变，提高学生的想象能力、动手能力以及创新能力。

(3) 欣赏·评述的课程。

在低年级中设置欣赏·评析课程，小学教师在锻炼学生口语表达能力的同时，也能让学生通过美术语言对各种自然美术作品和人为美术作品的形与色进行评价，促进小学生独有审美能力的提升。

为了实现上述目标，在欣赏·评论课程的设置中，小学美术教师可以从如下角度切入：首先，引入学生熟知的民间美术作品，制作相应的美术课程，并适时地引入造型和色彩方面的知识，让学生通过感性的认知进一步加深美术知识的理解，提高学生在色彩和造型方面的品评能力。其次，除了进行传统的民间美术资源课程设置外，小学美术教师可以构建信息化的小学美术信息课程，通过借助现代信息技术的力量，讲解宁南山区民间美术资源，如在为学生介绍社火脸谱这部分内容时，小学美术教师可以借助信息技术的力量，为学生展示集情境性、动态性的宁南山区社火脸谱的历史文化渊源、社火脸谱表演呈现的内容、社火脸谱艺术的图示结构，让他们了解宁南山区自然环境与社火脸谱文化的关系，感受社火脸谱呈现的粗犷美感。在此之后，小学美术教师可以让学生进行交流，尤其是结合社火脸谱的特性进行针对性沟通，提高学生的美术鉴赏水平。最后，在欣赏·评论课程的设置中，小学美术教师可以让学生观察生活中的民间美术资源，如剪纸、剪窗花等，并适时地结合学生的回馈给予相应的美术欣赏思维的指导，让学生逐渐从美术的形状和色彩两个角度入手进行民间美术作品的欣赏，增强学生的鉴赏能力。

(4) 综合·探索的课程。

通过设置综合·探索性课程，小学美术教师一方面培养学生的综合性思维，即综合运用上述三个课程培养学生的综合美术能力，另一方面锻炼学生的创新和想象能力，更着重让学生在美术问题的探索中掌握相应的美术学习方法，提高学生的综合美术素养。

在实际的综合·探索美术课程的设置中，小学美术教师需要落实如下三点：首先，注重趣味性。为了让更多的学生融入此次课程的学习中，教师可以采用儿歌、故事以及游戏等多种授课形式，调动学生的注意力，打开他们的思维，让学生真正对此门类型的课程感兴趣。其次，引入生活化小道具。小学美术教师为了增强学生的畏惧心理，可以从学生熟悉的生活入手，引入相应的小道具，让学生进行相应问题的探究。最后，在问题设置上，小学美术教师可以引入故事性的问题，让学生通过制作手工艺品，并将手工艺品融入相应的故事，展现个人的看法和创作理念，促进学生综合美术创造能力的提升。总而言之，在综合·探索课程的设置中，小学美术教师需要从学生的兴趣、生活以及具体的问题设置入手，让学生感兴趣，并融入其中，探究相应美术问题，并在解决美术问题的过程中，获得综合思维能力的提升以及美术素养的形成。

(二) 第二学段 (三至四年级)

1. 第二学段民间美术课程设置目标

第二学段民间美术课程设置目标主要分为以下四个。

第一，激发学生丰富的想象力和创造力。小学美术教师可以以民间美术资源为接力点，让学生欣赏各种民间手工艺品，如泥塑中的彩绘制作工艺，让学生在泥塑学习中初步认识形状、颜色、肌理的基础性的美术语言，使他们在观察上述美术作品的过程中，激发他们的想象力和创作欲望。

第二，培养学生的对比、实践能力。在进行民间美术手工艺品的制作过程中，小学美术教师需要引入基本的美术组合原理，如对称与均衡、对比与和谐等，让学生在逐步深入进行手工实践的过程中，掌握基本的手工制作方法，如通过剪纸感受到对称的乐趣，使他们逐步在对民间美术工艺品进行装饰和设计的过程中，感受到民间工艺美术活动与其他美术活动的相同点和不同点，激发学生的民间美术工艺品学习兴趣，使他们在实际的实践过程中学会对比，促进学生综合美术实践能力的增强。

第三，培养学生欣赏和表达美的能力。小学美术教师在制作民间手工艺品的过程中，可以注重培养学生对美的感受力和表达力，让他们用眼观察，用手触摸，真正体会民间美术手工艺品在形、色与质感方面的独有之美。在此之后，教师可以让学生运用个人的语言，将心中认为的独有之美表现出来，提高学生鉴赏美的能力。

第四，培养学生综合性的美术创造能力。小学美术教师在融入民间美术资源的过程中需要培养学生综合性的美术创造能力，一方面是让学生表达个人民间手工艺品的制作看法，并有意识让学生将个人的观点与其他学科的知识建立连接，使他们的美术作品制作理念更为立体，另一方面让他们介绍个人手工艺品的制作步骤，尤其是让学生介绍在制作过程中出现的突出性问题以及解决这些问题的具体办法，在增强学生美术制作自信的同时，也让学生学习实践经验。通过从"言"和"行"两个角度入手，小学美术教师不仅让学生懂得如何表达美，而且还让他们学会了如何创造美，增强了学生的综合性创造能力。

2. 第二学段民间美术课程设置落实

（1）造型·表现的课程。

在应用民间美术资源开展造型·表现课程的制作中，小学美术教师需要让学生掌握基础性的肌理、颜色以及形状等美术语言，在使用各种工具的过程中掌握不同媒材的展示效果，并通过观察、思考和实践等方式，将所见所闻、所思所想通过造型的方式进行展示，旨在进一步激发学生的创造欲望，促进他们想象能力的进一步升级。

为了达到上述目的，在实际的课程设置中，小学美术教师可以借鉴以下内容：

首先，设置基础性的造型表现课程。在此种课程的设置中，小学美术教师可以引导学生，让他们运用创造、想象、记忆以及写生等方式，对造型表现活动形成感性化认知。

其次，设置基础性的造型表现课程。在此课程的展示中，小学美术教师可以在此种课程中融入形体、色彩以及肌理方面的知识，让学生借助这些知识描述事物，达到提高个人情感表现能力的目的。

再次，设置有意图的造型表现课程。在设置此课程的过程中，小学美术教师可以有意识地融入常见的造型技巧，如组合、折叠、剪贴等，让学生借助这些具有实操性的技巧，更为多元地展示个人的创造思想。

最后，设置工具型的造型表现课程。在工具型活动课程的设置中，小学美术教师可以在课程中融入常见的工具使用方法，如剪纸中剪刀的使用方法、刺绣中针线的使用方法、砖雕中雕刻工具的使用方法等，让学生借助工具打开个人想象的翅膀，从更为多元的角度设计相应的手工艺品造型，增强学生造型创造的趣味性，提高他们创作的主观能动性。

总而言之，在上述造型表现课程的设置过程中，小学美术教师需要落实层层递进的原则，由浅入深地让学生掌握造型表现技巧，使他们在逐步掌握更具技巧性的造型表现，提高学生的美术表现能力。

（2）设计·应用的课程。

在中年级小学设计·应用类课程的构建中，小学美术教师可以注重从培养学生在美术方面的组合应用原理方面入手，即让学生掌握基本的对称与均衡、对比与和谐等组合原理。此外，小学美术教师还需要将在此门课程中融入基本的手工制作方法，对学生进行创意思维的引导，让他们更为立体地引用组合应用原理，进行美术作品的设计和装饰，使他们在艺术作品的设计和应用中，感受到美术学习的乐趣。

具体言之，在设计·应用课程的编写中，小学美术教师可以注意以下几点：首先，让学生掌握基本的美术组合原理知识。小学美术教师可以让学生在艺术作品的制作中掌握最基本的组合原理，并适时地引入造型要素知识。其次，在课程中融入不同的工艺制作方法，如在剪纸的过程中，教授学生剪刀的使用方法；在宁夏隆德杨氏泥塑的讲解中融入彩绘的技巧；又如还可结合实际的美术教学需要的其他美术工艺制作方法，即撕、卷曲、描绘、插接等方法。最后，在此课程的应用部分，小学美术教师可以设置生活性的联系，让学生综合运用上述方法，设计生活用品中的造型，让美术手工艺品更好地服务学生的生活，提高学生综合应用美术知识的能力。总而言之，在美术设计·应用课程的编排中，小学美术教师通过让学生掌握组合原理知识、手工制作方法，使他们真正从更为多元的角度设计手工艺品，激发他们的想象力和创造力，发挥美术教学在增强学生设计创造力中的作用。

（3）欣赏·评述的课程。

欣赏·评述课程的设置既有利于培养学生对各种自然景物以及民间手工艺品等所呈现的形状、色彩以及质感的赏析能力，另外还有利于学生运用美术语言对上述两种作品进行针对性赏析的能力，让他们在观察、分析、表达活动的过程中，逐渐养成个人独有的审美视角。

在此门课程的设置中，小学美术教师可以从以下三个角度切入：第一，在课程设置中引入合作性的教学模式。在此类课程的设置中，小学美术教师需要一方面考虑中年级学生的爱玩、毅力差等特点，另一方面运用他们具有较强胜负心的年龄特性，在结合实际课程内容的基础上，引入小组合作的方式，让学生以集体荣誉为目标，融入此门课程的学习，旨在获得良好的美术教学效果。第二，在此门课程中融入展览性课程。小学美术教师可以适时地融入展览性的课程，即让学生在课下收集本地区的民间美术作品，如宁夏回族地区的剪纸及刺绣、宁夏隆德杨氏泥塑、固原砖雕，让他们在课下做好充足的准备，在展览中更为自信地展示个人的观点，促进学生心理素质的增强以及口语表达能力的提升。第三，在此次课程的设计中，小学美术教师可以摆脱单一的语言评述形式，让学生从多种评述入手，如肢体语言、口头语言、美术语言以及书面语言等，使他们更为充分地表达对美术作品的看法，提高学生的综合美术评鉴表达能力。总而言之，在欣赏·评述课程的设计中，小学美术教师可以从课程的组织、表达等多种形式入手，让学生展示对民间美术工艺作品的看法和感受，提高学生的美术语言综合表达能力。

（4）综合·探索的课程。

在综合·探索课程的设置中，小学美术教师可以增强此种课程的开放性，让学生综合运用各个学科的知识进行更为多元的美术作品创作，更为直观、丰富和立体地展示个人的创作意图，提高学生的综合美术创作能力。

具体言之，小学美术教师在综合·探索课程的设置中，可以从锻炼学生的综合思维入手，并着重提供多种方式的情境，如从诗歌、故事、游戏等角度，让学生融入其中，并借助美术的语言、思维和工具，进行多角度创作。如在进行皮影方面的教学时，小学美术教师可以让学生综合运用皮影的基础知识，协助他们完成故事的创作，让学生综合运用多种学科的知识，如历史、地理、语文，最终达到提高学生探索能力的目的。

（三）第三学段（五至六年级）

1. 第三学段民间美术课程设置目标

（1）从美术的视角传达个人的思想和情感。

在此阶段民间美术资源的应用过程中，小学美术教师需要有意识地设定相应的美术问题，让学生有针对性地运用美术语言，如空间、肌理、色彩、形状等，并以立体造型和描绘为方法，让学生选择与个人设计思想和理念相同的工具、材料，完成相应的创作，旨在提高学生的美术构思和创作能力，使他们借助美术作品表达个人的思想和情感。

（2）采用美术组合原理，美化身边环境。

在民间美术资源课程的搭建中，小学美术教师可以引导学生，让他们运用美术组合原理，如节奏与韵律、对称与均衡、和谐与对比等，并用简单的加工方法，如创意方法、设计方法等，设计生活中需要的工艺品，达到美化周边环境的目的。

(3) 运用美术审美视角，解读自然美和美术作品。

在民间美术资源课程的设置中，教师可以引入欣赏性的民间美术工艺品课程，让学生通过运用美术术语，描述、分析与讨论自然美和美术作品的材料特征、内容特征以及形式特征，深度解读自然美和美术作品。

(4) 侧重美术教学的融合性，培养学生的立体性思维。

在将民间美术资源融入小学美术课程建设的过程中，小学美术教师可以注重从增强美术学科知识与其他学科之间的融合性入手，即让学生灵活性应用其他学科的知识进行美术实践问题的探索，让学生逐渐在美术实践问题的分析和解决中，加深对美术与传统文化、生活环境的认识，培养学生的立体性思维。

2. 第三学段民间美术课程设置落实

在高年级的民间美术课程设置中，小学美术教师需要设计较高要求的美术教学目标，让学生真正在美术课程的学习中综合运用在第一二学段的美术知识，提高他们的思维综合性，获得良好的美术课程教学效果。在落实上，小学美术教师可以借鉴如图4-3所示的内容。

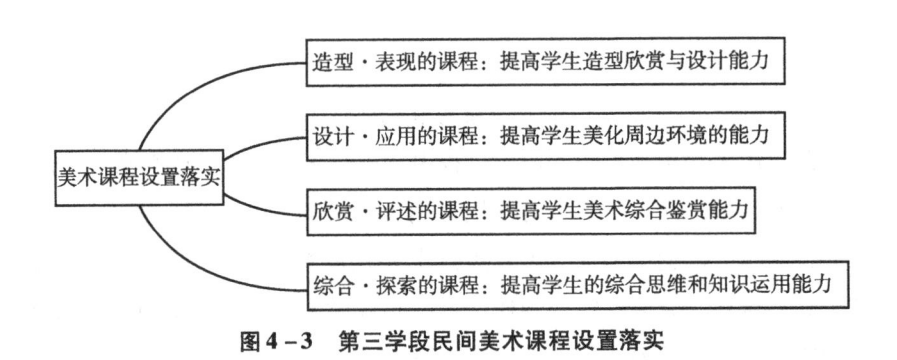

```
                    ┌─ 造型·表现的课程：提高学生造型欣赏与设计能力
                    │
                    ├─ 设计·应用的课程：提高学生美化周边环境的能力
美术课程设置落实 ──┤
                    ├─ 欣赏·评述的课程：提高学生美术综合鉴赏能力
                    │
                    └─ 综合·探索的课程：提高学生的综合思维和知识运用能力
```

图4-3 第三学段民间美术课程设置落实

(1) 造型·表现的课程。

通过造型·表现课程的设置，小学美术教师一方面让学生掌握基本的美术语言，如第一二学段中的形状、色彩，还包括学段的空间和肌理，另一方面提高学生综合构思和创作的能力，让他们通过切切实实的作品，展示个人的构思、情感和想法，提高学生美术的综合表现能力。

在实际的课程设置中，小学美术教师可以借鉴如下三项内容。第一项，在课程中融入不同的手工艺品表现手法，如装饰、夸张、写实、变形等，旨在让学生的事物描述更具有丰富性。第二项，在此类课程中融入透视知识、绘画构图知识、色彩知识等，让学生在观察、表达以及创作过程中具有更为多元的表现手段。第三项，在此类课程中融入材料运用知识，如泥、纸、泡塑材料等，让学生借助这些材料，并在这些材料的运用中融入上述第一项的表现手法以及第二项的艺术创作手段，让学生的美术创作更具有表现力、感染力和创造力。更为重要的是，小学美术教师可以借助第三项的材料讯息，将民间美术资源融入其中，如利用纸材料，将剪纸融入其中；利用泥材料，将泥塑融入美术课程中，让学生在制作民间美术手工艺品的过程中获得综合美术表现能力的培养。总而言之，在设置造型·表现课程中，小学美术教师需要结合美术教学实情以及当地的民间美术资源现状，相机性地设置美术课程内容和目标，让学生在美术学习中懂得思考美、表现美和创造美。

（2）设计·应用的课程。

通过设计·应用的课程设置，小学美术教师注重让学生从节奏与韵律、均衡与对称、和谐与对比等多个角度入手，掌握一些常见的媒材加工以及艺术设计方法，让他们将这些方法运用在生活应用的装饰和设计中，达到提高学生美化周边环境的目的。

在实际设计·应用课程的设置上，小学美术教师可以尝试从以下几点切入：首先，平面形式的设计·应用课程。在平面形式的设计·应用课程中，小学美术教师可以引入剪纸、刺绣方面的手工课程，让学生在进行剪纸以及刺绣的过程中，综合运用和谐与对比、均衡与对称、节奏与韵律等相关美术知识，使学生逐步在剪纸以及刺绣的过程中加上对上述美术技巧的理解，提高学生的手工制作能力。其次，在立体形式的设计·应用课程设置中，小学美术教师需要遵循循序渐进的原则，一方面是让学生回忆在平面制作中所运用的美术制作方法，另一方面是通过多媒体方式，让学生更为直观地了解立体造型手工艺术的特点，并在制作具有宁南山区特色的手工艺品，如泥塑、砖雕，更为灵活地运用相应的美术作品制作技巧，提高学生的综合动手能力。最后，在上述平面和立体设计·应用课程的设置中，小学美术教师可以围绕学生的生活实际入手，如让学生为学校运用会、村庄节庆，设计对应的平面或立体艺术设计作品，使他们在结合实际的前提下，综合运用相应的美术设计思维和手法，提高学生的思维想象力和动手实践能力。在上述内容结束后，小学美术教师可以让学生论述个人在美术手工艺品的制作思路以及个人观点，并着重鼓励他们从更为多元的角度论述美术艺术作品的灵感，使学生的综合美术表达能力得到提升，并逐步让他们形成个人独有的审美视角。

总而言之，在设计·应用课程的设置上，小学美术教师需要把美术作品的形式（平面式作品、立体式作品）、美术作品的制作技巧（节奏与韵律、均衡与对称、对比与和谐）、美术作品的表达三者进行巧妙融合，既要让学生懂得思考美术作品，又要让他们将思考转化成现实，并运用语言论述这种现实，最终达到提高学生综合美术表现能力的提升。

（3）欣赏·评述的课程。

小学美术教师通过设置欣赏·评述课程，一方面让学生从浅层次欣赏美术座屏的内容、形式和材料，另一方面让学生从深层次了解美术作品背后的文化和思维。更为重要的是，教师让学生从浅层次以及深层次两个角度让学生掌握美术的常用语，使他们更为专业地表达个人眼中美术的独特之美，提高学生的综合鉴赏能力。

在实际的欣赏·评述课程设置中，小学美术教师需要从如下几点重点切入：

一是课程设置的内容。在具体的内容设置上，小学美术教师除了要让学生掌握课本中的中外优秀绘画作品、陶瓷作品外，更为注重引入宁南山区独有的民间艺术作品，如宁南山区剪纸的渊源、内容、特征；宁夏回族刺绣的题材内容、图案纹样、刺绣构图；宁夏隆德杨氏泥塑的制作工艺、制作特色；固原砖雕的创作手法、创作工艺、艺术特色、代表作品等。此外，在上述内容的设置过程中，小学美术教师需要引入宁南山区民间美术作品的代表作。以固原砖雕为例，小学美术教师可以引入固原市城隍庙前的影壁、固原市二十里铺拱北牌坊门楼的砖雕图案等，并着重从砖雕美术作品的创作过程以及砖雕元素与生活的关系等多角度入手，让学生更为立体地掌握砖雕与当地人民生活等方方面面的关系。

二是了解收集民间美术工艺品的方法。小学美术教师可以让学生掌握两种以上民间美术手工艺品制作方式，如让学生登录民间美术资源网站，参观民间美术资源博物馆，使他们掌握更为多元的民间美术资源搜索方式，提高学生的综合美术学习能力。

三是培养学生民间美术作品的鉴赏能力。小学美术教师可以对学生进行美术手工艺品制作能力的培养，让他们懂得欣赏好的美术工艺作品。在此之后，小学美术教师可以让学生从具体的美术作品制作角度入手，使他们从具体的技术视角进行针对性分析。在此之后，小学美术教师可以结合学生的表达状况，进行针对性指导，使他们的美术鉴赏更具有科学性和方向性。

总而言之，在欣赏·评述的课程设置中，小学美术教师既要让学生懂得"美是什么""如何表达美"，使他们从美术的角度进行针对性手工艺作品分析，提高学生的欣赏和评述水平。

（4）综合·探索的课程。

通过设置综合·探索课程，小学美术教师可以达到以下的教学目的：

第一，提高学生综合运用知识的能力。在此次课程的设置过程中，小学美术教师需要从综合美术问题的设置入手，让学生可以综合运用美术知识，提高他们的综合分析能力。

第二，培养学生的联系思维。在小学美术课程设置中，教师除了让学生运用掌握的美术知识进行相应问题的分析外，更为注重结合民间美术作品产生的多种元素进行切入，让小学生从更为立体的角度思考民间美术资源产生背景以及现实的发展状况，促进他们联系思维的形成。

为了达到上述美术教学目的，小学美术教师可以从如下角度入手，进行小学美术课程设置。

首先，构建情景剧式的课程。小学美术教师在构建情景剧式的课程中可以引入与民间美术资源相关的课程，既可以让学生从美术的角度，设置相应的布景、选择对应的道具，又可以引导学生综合运用各个学科的知识，完成剧情的设置。最为重要的是，小学美术教师可以引导学生从传统优秀民间文化中汲取剧本的创作灵感,编写相应的剧本,增强学生的思维综合性。

其次,构建多元表达式的课程。小学美术教师可以构建多元表达式的课程,一方面可以让学生运用多媒体进行呈现,如通过录制视频的方式、制作 PPT 的方式,提高他们的多媒体表达能力,另一方面鼓励学生将美术作品制作成多种呈现形式,如诗歌形式、故事形式、宣讲形式等,让学生在创作上述内容的过程中综合运用个人掌握的多门学科知识,提高他们的综合表达水平。

最后,在上述两种课程的设置过程中,小学美术教师可以从综合性的角度入手,既要综合学生掌握的各个学科知识,又要将民间美术资源完美地融入美术课程的编写中,还需设置更为开放的美术问题,让学生以美术为核心,从多个角度入手进行美术课程的设置,使他们更为综合地运用所学美术知识,促进学生综合思维和探索精神的培养。

## 第三节 宁南山区民间美术资源融入小学美术教学的课程设置评价

### 一、主体性评价

在主体性评价过程中,小学美术教师需要从具体的美术教学入手进行针对性评价,并着重从实际的课程执行实际进行针对性评价,对授课教师以及所教学生的学习效果有一个全面性认知,为实际主体性评价的落实提供方向。为了更为直观地掌握此部分内容,笔者首先运用思维导图(见图 4-4),整体介绍此部分内容的行文脉络,并在此基础上,进行针对性论述。

第四章 宁南山区民间美术资源融入小学美术教学的课程设置

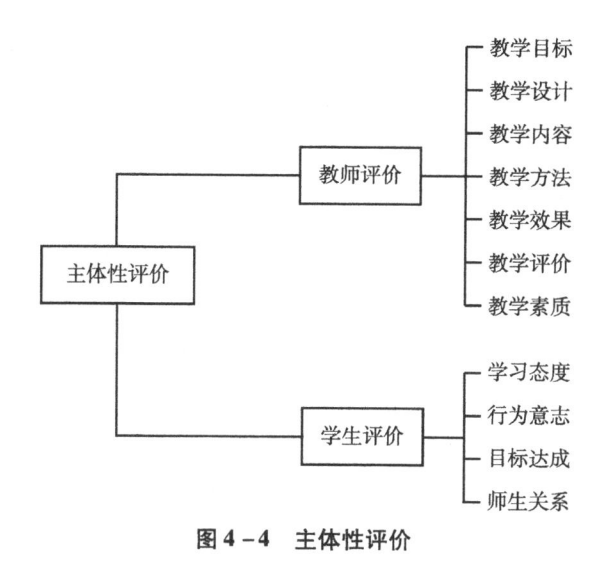

```
                              ┌─ 教学目标
                              ├─ 教学设计
                              ├─ 教学内容
              ┌─ 教师评价 ────┼─ 教学方法
              │               ├─ 教学效果
              │               ├─ 教学评价
              │               └─ 教学素质
主体性评价 ───┤
              │               ┌─ 学习态度
              │               ├─ 行为意志
              └─ 学生评价 ────┤
                              ├─ 目标达成
                              └─ 师生关系
```

图 4-4 主体性评价

## （一）教师评价

### 1. 教学目标

在教学目标的设定过程中，其他教学者需要审核教师小学美术民间美术课程目标设置的明确性，还要考核任课教师课程设置符合实际的状况。与此同时，其他教学者需要在审核教学者目标的设定过程中，需要考核目标中是否含有生本理念，即关注美术教学中的情感与知识、过程与方法、能力与技能的实施状况。

### 2. 教学设计

在教学设计的评价中，其他教学者需要考核任课教师的两方面内容：第一，考核授课教师是否具有良好的科学知识、集有趣与有效于一体的教学方式、呈现轻松与灵活的课程。第二，考核授课教师是否将民间美术课程和学生生活以及小学美术课程三者之间与小学美术课程目标的融合性。

### 3. 教学内容

其他教学者可以从三个角度入手，对小学美术授课内容进行评价。角度一，民间美术资源在融入小学美术课程中是否具有美感性、形象性、审美性和文化性。角度二，民间美术资源在融入小学美术课程中是否以学生的实践能力和创造能力为目标。角度三，民间美术资源在融入小学美术课程中内容是否适量。

### 4. 教学方法

在授课教师的评价中，其他任课教师可以从三个角度进行评价。首先，考核任课教师的教学结构、教学环节，以及在教学中学生学习的能动性。其次，考核任课教师在教学方法的应用中是否具有新颖性、启发性和激励性。最后，考核任课教师在教学方法的应用中是否采用现代信息技术手段，形成具有趣味性的小学美术民间授课形式。

### 5. 教学效果

在教学效果的评价中，其他任课教师可以考核授课教师在教学目标中是否引入学生的创新能力培养、审美教学主线，是否在教学方法、模式、手段以及策略等方面进行开发和创新。

### 6. 教学评价

在教学评价的过程中，其他任课教师可以尝试从任课教师的情感价值观、教学态度、生本理念等角度入手，注重以任课教师在目标设定中发展性评价为主，以师生互动性评价为辅，进行针对性评价。

### 7. 教学素质

在任课教师教学素质的评价过程中，其他任课教师可以从任课教师是否将现代教育理念融入民间美术课程中；是否在实际的课程授课中教学姿态存在自然大方、准确灵动、启发引导的状况；是否在语言表达中生动精炼、随机应变；是否在板书中美观、规范、工整。

## （二）学生评价

### 1. 学习态度

在宁南山区民间美术资源融入小学美术教学课程评价的过程中，小学美术教师需要从学生学习态度的方向出发，具体的美术课程进行针对性评价，了解个人的美术教学效果。在实际的学生美术学习态度的评价中，小学美术教师可以立足如下几点：首先，学生在美术课程中学习的活跃程度。学生是否在美术课堂中独立思考问题，积极与他人协作，主动发表个人对小学美术课程学习的看法。其次，学生在美术课程中学习的获得感。学生是否在美术学习中获得成就感、收获感、自信心和成长力。最后，学生是否在美术学习过程中主动融入多种美术教学模式，并在不断探索中采用美术技巧解决多种问题，获得综合美术学习能力的提升。总而言之，在学生美术学习态度的评价中，教师可以从学生的美术学习活跃程度、学习获得感以及综合美术学习能力的提升等方面进行针对性的评价，以学生作为教师小学美术课程教学的"指示剂"，促进教师美术教学整体质量的提升。

2. 行为意志

在民间美术资源融入小学美术课程评价过程中，小学美术教师可以以学生的情感意志为参照，对具体的美术课程教学效果进行针对性评价，在推动学生良好情感意志形成的同时，为小学美术教学提供方向。在具体的情感意志评价方面，小学美术教师可以从如下两点切入：

第一点，良好的美术学习习惯。教师在美术学习过程中可以从学生的观察方式培养、思维方式形成、表达习惯塑造三个方式入手，进行针对性评价，并结合学生的表现给予相应的指导，让学生懂得如何观察、思考和表达民间美术资源的独有之美，促进良好美术学习习惯的养成。

第二点，良好的心理品格塑造。在民间美术资源融入小学美术课堂的评价过程中，小学美术教师需要注重学生是否具有耐心细致的品质、大胆果断的性格、克服困难的韧性等，并结合每一位学生的实际状况进行针对性指导，使他们真正在美术学习过程中获得强大的内心，提高良好心理品格的塑造。

总而言之，在学生行为意志的评价过程中，小学美术教师可以从学生的良好美术学习习惯和心理品格塑造入手，并在美术课程教学中有机融入，让学生在美术学习中真正获得全方位的成长。

### 3. 目标达成

在民间美术资源融入小学美术课程的目标评价过程中，小学美术教师可以从以下三个层面对学生的美术学习结果进行针对性评价。第一层面，学生在学习中是否真正对民间美术资源性质的课程感兴趣，是否融入其中获得实践能力的提升，是否获得民间美术资源美的熏陶。第二层面，学生是否获得美术知识技能的提升，如他们是否可以从不同的视角分析学习对象，并结合此对象进行多元性的形象建设，是否获得思维发散能力的提升。第三层面，学生是否形成个人独有审美能力的培养，即能否通过所学美术知识和技能，创造符合个人认知水平和技能的民间美术工艺作品。总而言之，在小学美术课程目标性评价过程中，小学美术教师需要从学生的兴趣、实践能力、知识技能提升、审美能力培养等多个角度切入，进行针对性评价，对个人的美术教学水平有一个全面性认知，提供方向性的指示，促进教师小学美术综合教学能力的提升。

### 4. 师生关系

在民间美术资源融入小学美术课程的过程中，小学美术教师需要从师生关系的角度入手，进行针对性评价，并着重从如下几点切入：第一点，教师对学生的学习态度。教师可以采用无姓名问卷调查的形式，了解学生对教师的美术教学，并提出针对性的建议。第二点，学生对教师的态度。教师可以让其他教师进行针对性评价，判断任课教师是否具备创造和谐民主、平等互动的教学氛围。总而言之，在小学美术教学评价过程中，教师主要从教师对学生态度、学生对教师态度两个角度切入，对教师课堂中师生关系的认知有一个全面性认知，并提出针对性建议，促进小学美术高效课堂的成功构建。

## 二、方向性评价

在方向性评价中，小学美术教师可以将着眼点立足于民间美术资源，着重从学生是否具有赏析民间美术资源的能力、教师是否从民间美术资源的特点入手进行针对性的民间美术资源性质评价，促进美术教师综合教学能力的提升。在实际的方向性评价过程中，小学美术教师可以从赏析性评价、体验性评价以及创意性评价三个角度切入。

## （一）赏析性评价

在赏析性评价过程中，小学美术教师可以从民间美术资源的内部和外部两个角度切入。在外部方面，小学美术教师可以从民间美术的赏析的基础性框架入手，如民间美术的材料、器型、风格等，对学生是否具有赏析能力进行针对性评价。在外部方面，小学美术教师可以从民间美术活动的文化内涵切入，如民间美术资源中凝结的优秀品格、优秀精神，对学生是否具有此方面的能力进行针对性评价，使教师的教学更具有方向性。总而言之，在赏析性评价的过程中，小学美术教师可以从内部和外部两个层面入手，对学生的美术综合鉴赏能力形成全面化认知，促进他们综合美术学习能力的提升。

## （二）体验性评价

在进行体验性评价过程中，小学美术教师可以从实地考察和动手实践两个路径进行针对性评价。在实地考察方面，小学美术教师可以将学生带到美术作坊、美术工厂、美术商店等，刺激学生的主观认知，并着重从学生对于这些民间美术作品的主观看法进行针对性评价，如考查学生是否从更为全面地角度观察美术艺术作品，是否从个人情感和掌握美术资源的角度进行针对性评价，让学生从教师评价的角度学习美术赏析的方法，提升他们美术学习的体验感。在动手实践方面，小学美术教师可以邀请民间艺人进行实践性课程，对学生的实际体验感受进行针对性评价，让学生对艺术作品的制作过程有一个整体的评价和赏析，使他们在赏析中了解每一道手工艺品的制作工序，了解民间美术课程资源的趣味性。总而言之，在体验性评价过程中，小学美术教师需要从学生的体验性入手，针对他们对于美术学习的主观性认知进行评价，使学生在美术学习中逐渐树立良好的情感，促进他们综合美术鉴赏水平的提升。

## （三）创意性评价

在进行小学美术创意性评价过程中，教师需要从学生对美术资源的认知以及再创造两个角度进行针对性评价。在学生对美术资源认知的再评价上，小学美术教师需要树立正确的创意性评价思维，一方面对学生的民间美术资源学习水平提出适当的要求，另一方面突出学生个人对民间美术资源的独有认知。在另一个角度上，小学美术教师可以从学生的实际美术创作作品而言，思考学生是否在理解民间美术作品的基础上，进行个性化创造。此种个性化创造一方面体现学生的独有观点，另一方面适应实际的生活需要和时代发展要求。总而言之，在创意性评价中，教师一方面对学生是否掌握民间美术资源特色进行评价，另一方面对学生是否真正将个人看法通过民间艺品，以及具体融入的程度进行评价，旨在让学生在集成传统民间传统手工艺的同时，使他们为民间手工艺品的继承和发展，提出个人的想法，让民间美术工艺品更具有时代性。

## 三、课堂性评价

课堂是教师进行美术教学的重要阵地。在进行小学美术教学过程中，教师一方面需要重视课堂教学，并采取高效的课堂教学方式，另一方面注重对现阶段的美术课堂进行针对性评价，尤其是从课堂评价入手，形成良性的小学美术课堂教学循环。在此部分内容的论述中，笔者着重对图4-5的内容进行详细化论述。

### （一）课堂行为表现评价

#### 1. 课堂倾听

在课堂倾听评价中，小学美术教师需要注意以下几点：第一，学生是否与教师进行眼神交流，并针对小学美术课堂中的民间美术问题，作出举一反三式的交流。第二，学生是否在与其他学生的交流过程中做到认真倾听，并

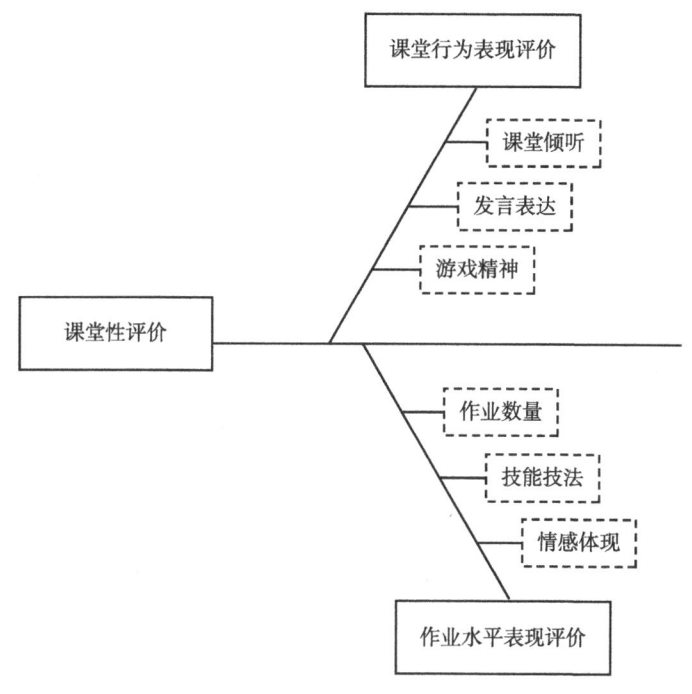

图 4-5 课堂性评价

在实际的倾听中有效地解决了个人在美术学习过程中的问题。总而言之，小学美术教师通过对学生的课堂倾听进行评价，可以有效了解学生的听课状况，并分析其中的原因，进行针对性美术课堂教学引导，让学生在聆听中学会深入思考各种民间美术资源问题，加深他们对民间美术资源的理解、传承和创新，使整个小学美术课程教学具有高效性。

2. 发言表达

在学生发言表达评价中，小学美术教师可以从以下三点对学生的语言表达给予相应的评价。首先，学生是否熟悉教师讲授的民间美术资源内容。其次，学生是否可以结合所学的民间美术资源内容，对教师的问题提出个人的看法。最后，学生是否可以有效整合当堂课程、之前的美术知识，创造性地思考，并解决教师提出的问题，并及时回答其他学生的提问。总之，通过从发言表达的评价中，小学美术教师可以了解学生的语言组织能力，尤其是他们运用美术语言表达个人想法，并结合每一位学生的美术学习实际，提出针对性的建议，使学生在美术课堂上的语言表达更具有逻辑性和规范性。

3. 游戏精神

在民间美术资源融入小学美术教学的课程评价中，小学美术教师除了考查学生是否真正理解、运用民间美术资源知识外，更需要对学生的游戏精神进行针对性评价。在实际的游戏精神评价中，小学美术教师可以从游戏领导精神、游戏配合精神两个角度切入。在游戏领导精神的评价方面，小学美术教师可以对学生是否能以带头人的身份带领其他学生完成游戏，并能够合理为每一位学生分配相应的工作，更为高效地完成相应的游戏任务。在游戏配合精神的评价方面，小学美术教师可以从学生是否融入游戏中，并在合理配合他人游戏中，完成相应任务的角度进行针对性评价，对学生的配合能力有一个整体性认知。总而言之，在游戏精神的评价中，小学美术教师需要让学生通过评价意识到与人协作的重要性，并在此过程中认识到个人的优点与不足，在未来的团队性民间美术课程的学习中明确个人位置，更为高效地与他人协作，促进最终游戏的完成，获得良好的小学美术游戏教学效果。

## （二）作业水平表现评价

在宁南山区民间美术资源融入小学美术课堂进行评价的过程中，小学美术教师可以通过学生的作业水平表现评价入手，对学生的作业数量、技能技法、情感体现三个角度切入，对学生学习效果的好坏形成直观性认知。

1. 作业数量

在评价学生作业数量时，小学美术教师可以从三个角度切入：首先，学生是否按照教师的要求完成相应的作业数量。其次，学生在未完成小学美术作业时，是否积极在课下进行弥补。最后，学生是否可以在教师以及其他学生的督促下主动完成民间美术资源作业。通过从作业数量进行评价，教师可以了解学生的实际作业状况、作业学习情绪，并提出针对性评价，促进学生美术作业任务的完成。

## 2. 技能技法

在学生作业技能技法的评价上，小学美术教师可以从三个角度进行针对性评价。第一个角度，学生的观察能力。教师在对学生进行技能技法的评价中，需要分析学生是否仔细阅读相应的美术问题，是否观察生活中的事物，并将这些事物应用在小学美术作业问题的解决中。第二个角度，学生的思考能力。在实际技能技法的评价中，小学美术教师需要分析学生是否综合性的思考各种美术问题，综合运用多种美术技巧，并提出针对性的建议，促进他们美术综合性思维的形成。总而言之，教师通过对学生作业技能技法的评价，可以引导学生养成良好的观察意识和综合思维，让他们在美术学习中可以发现美、思考美和表达美。

## 3. 情感体现

在对学生作业情感体现的评价中，小学美术教师需要从三个角度对学生在作业中体现的情感进行评价。角度一，学生的内心世界。小学美术教师在对学生的作品评价中，需要考查学生是否通过作业展示个人的内心世界。角度二，传递内心的温暖。小学美术教师需要考查学生作业中是否传递温暖，尤其是通过生活中的内容展示个人内心的阳光。角度三，感受学生的用心。小学美术教师可以通过学生制作的手工艺品观察学生是否真正在作业中用心。总而言之，通过对学生进行作业情感体现，教师可以深入解读学生的作业用心程度，并以此作为美术课堂教学的方向，设置出吸引学生，让他们全身心投入的小学美术作业，提高学生的美术学习兴趣度。

# 第五章

# 宁南山区民间美术资源融入小学美术教学的方法及运用

## 第一节 方法：宁南山区民间美术融入小学美术教学常见方法

### 一、教学方法

在宁南山区民间美术融入小学美术常见教学方法的介绍中本书着重从教学者的角度出发，分别从教学方法的概括性定义、教学方法的外化形式以及教学方法的实际应用感悟三个角度切入，使教学方法的应用可以更为活灵活现地展示。值得注意的是，在部分教学方法运用中，笔者为了更为直观地展示教学方法，运用案例的方式进行简单性的解释，增强教学方法应用的指导性。

（一）实践教学法

1. 实践教学法的定义

对于小学美术教学而言，实践教学法是一种寓教于行的教学方法，即让学生真正融入小学美术知识的产生过程中，并通过观察、思考、实践的方式，将个人对美术的观念转化成相应的手工艺品，使他们在实际的美术实践活动中，获得良好品格的塑造和综合美术学习能力的提升。

2. 实践教学法的外化形式

在民间美术资源融入小学美术课堂的过程中，小学美术教师除了理解实践教学法的定义外，更应注重从更为多元的角度入手，开展多样化的实践教学形式。

（1）课堂实践。

小学美术教师在民间美术资源融入小学美术课堂的过程中可以结合实际的课堂实践内容、学生的认知水平、具体的课堂时间，灵活采用多种实践方式。

以自主实践为例，小学美术教师可以让学生通过自主实践的方式，使他们独立分析小学美术民间课程的各项问题，并着重从实际解决问题的角度，充分运用各项条件，如个人掌握的美术知识、实际的美术材料、教师的针对指导，并不断地尝试、分析、反思，寻找问题的解决方式，最终在独立解决问题中，获得民间美术知识认识的加深，思维灵活性的强化，自信心的建立，促进学生自力更生学习能力的增强。

以小组实践为例，小学美术教师可以通过小组实践的形式，为每一位学生设置相应的职责，让小组内部的各个成员既可以独自完成各自任务，又能够以小组的共同目标为方向，彼此帮助，相互协作，促进最终美术学习任务的达成。

总而言之，在课堂教学实践中，小学美术教师可以秉持灵活性的原则，结合具体的小学民间美术资源课程，灵活采用对应的实践教学方式，让学生真正在美术课程的知识运用中，既可以独当一面，又能够团结协作，促进学生综合美术学习能力的提升，发挥美术课程实践教学的积极作用。

（2）课外实践。

课外实践的方式多种多样，除了包括将基本的课上教学内容"搬"到课下外，还可以尝试多种形式的课外实践活动。具体言之，小学美术教学在课外实践活动中可以从以下几点入手：

①开展美术兴趣小组性质的实践。小学美术教师在课外可以组织本班级对美术感兴趣的学生，构建美术兴趣小组，并结合各个节日，设定不同的民间美术资源手工艺品任务，让学生真正从美术手工艺品制作中，一方面加深民间手工艺品与传统文化之间的认识，另一方面让学生制作出集时代性与民族性的手工艺品，提高学生的动手能力和感悟能力。

②开展校园美术活动性质的实践。小学美术教师可以在征得学校相关领导允许的情况下，开展校园性质的美术活动，定期开展多种主体的宁南山区民间美术资源活动，既可以让学生通过开展皮影情景剧的形式，表演宁南山区的民间优良风俗习惯，又可以让学生通过走廊、教室墙壁、校园橱窗等形式，对宁南山区的各种民间美术手工艺品进行针对性宣传，还可以在小学组织民间手工艺品展，让学生个人制作民间手工艺品，或在生活中收集的民间手工艺品。总之，通过开展小学美术活动性质的实践，小学美术教师可以让学生进一步加深对民间美术资源的认知，让他们在具体实践的过程中获得艺术修养的提升。

③建立宁南山区民间美术实践作坊。小学美术教师可以综合考虑学校状况、教师教学水平、学生学习能力，建立宁南山区民间美术实践作坊，设置不同实践作坊专区，如剪纸实践作坊、刺绣实践作坊、泥塑实践作坊、皮影实践作坊、社火脸谱实践作坊，让学生在上述实践作坊中，了解各种民间工艺品的制作过程，并在具体的制作中形成良好的民间美术资源情感。另外，小学美术教师可以定期邀请民间手工艺人，让他们在学校的实践作坊中制作民间工艺品，讲好与民间工艺品相关的各种故事，让学生对民间美术资源有更为深切的体会，提高小学美术课程课外教学有效性。

总而言之，在进行课外实践教学过程中，小学美术教师可以发挥学生美术学习的自主性，让他们在实际的实践中掌握与个人能力相符的美术制作技巧，使他们在具体实践中获得综合美术学习能力提升。

3. 实践教学法的感悟

通过多年的实践教学总结，笔者在实际的实践教学中突出展示如下的体会：

首先，教师需要遵循以学生为本的理念，从学生的兴趣、成长需要、美术学习水平入手，制订切实可行的美术教学实践方案，让学生融入其中，使他们去体会、感悟、思考，促进学生美术综合学习能力的提升。

其次，教师需要处理好两对关系。第一对关系是学生独立学习与教师相机引导的关系。在小学美术实践开展中，教师既要有意识培养学生独立解决美术实践问题的能力，又需结合他们的实际实践活动表现，相机性给予指导，将美术教学的时间和精力放到学生美术学习的"刀刃"上，实现小学美术实践教学效益的最大化。第二对关系是课内教学与课外实践之间的关系。课外实践是课内教学的延展，也是课内教学的完善。在小学美术实践教学的过程中，教师需要对美术理论教学进行深化，尤其是从具体实践课程的布置上，一方面通过实践教学的方式，让他们发现个人在小学美术学习中存在的漏洞，进行针对性弥补，强化学生对课上理论知识的认知，另一方面让学生在民间美术资源课程的实践中，逐渐形成独立思考、解决问题的意识和能力，并掌握相应的美术技巧。

总之，在小学美术实践教学中，小学美术教师需要遵循以生为本的理念，让学生在感兴趣的前提下，融入教师设置的实践活动中，并在接受教师指导的前提下，除更为深入地掌握相应的美术知识和技能外，还让学生在具体的美术实践中获得良好精神的塑造。

### （二）情境教学法

#### 1. 情境教学法的定义

情境教学法是指在教学过程中，教师为了让学生理解教材，调动他们的学习能动性和兴趣，引入具有情绪色彩和形象性的场景，让学生融入其中，唤醒学生的情感体验，使他们获得心理机能的发展，提升学生综合能力的方式。

#### 2. 情境教学法的类型

（1）生活展现情境方式。

生活展现情境方式注重的是教学者借助学生生活中场景的情境，使学生可以融入情境中的教学模式。此种教学模式一方面是接近学生的认知，另一方面是与教学内容紧密相接，有利于学生充分融入情境中，带动他们内心的情感和认知，使学生带着问题，或是带着答案走入相应问题的探究中，有利于小学美术教学进度的加快和教学效率的提升。

（2）实物展示情境方式。

实物展示情境方式主要是指小学美术教师通过设背景，详细运用实物的情境，营造相应的场景，让学生通过实物的方式进行针对性的问题探究，提高学生美术学习兴趣和能动性的重要方式。

（3）图画再现情境方式。

图画再现情境方式主要是指教学者通过运用图画的方式，再现小学美术教学情境，将抽象的文字以想象的方式表达，让学生融入其中，调动学生美术学习热情的方式。此外，在图画再现情境的运用过程中，小学美术教师可以让学生通过绘画的方式再现小学美术教学的场景，使他们在理解小学美术教学内容的基础上，进行更为充分的美术知识运用，提高整体的小学美术教学效率。

（4）音乐渲染情境方式。

音乐渲染情境方式注重从氛围营造的角度入手，教学者注重运用音乐语言，让学生在聆听音乐的过程中唤醒内心深处的情感，尤其是调动他们联想生活中关于运用民间美术资源的情境，使他们在美术课堂学习前，对美术教学产生良好情感的美术教学方式。以剪纸为例，在进行此部分内容的授课过程中，小学美术教师可以采用音乐渲染的方式，播放《春节组曲》，让学生在聆听此首音乐的过程中，联想生活中与父母贴春联的场景，使他们以更为正向的情感融入小学美术教学中，促进小学美术课程的顺利开展，提高学生的美术知识吸收效率，达到构建小学美术高效课堂的目的。

（5）表演体会情境方式。

表演体会情境方式主要是指学生在教师的指导下融入相应情境，进行针对性表演的方式。此种方式的优势一方面是让学生跳出课本内容的束缚，展开丰富的想象，并结合具体的表演场景有效对小学美术知识进行针对性应用，另一方面是让学生在扮演角色的过程中对民间美术资源中的相关角色产生亲切感，降低学生对美术学习的排斥度，让他们真正从个人生活体会的角度入手，进行相应角色的扮演，提高学生对民间美术资源的理解能力，提升小学民间美术资源课程的教学有效性。

（6）语言描述情境方式。

语言描述情境方式主要是指教师在美术教学过程中，通过语言的方式描述相应的情境，并在此过程中调动学生各个感官对上述情境的认知，激发他们的学习热情，让学生真正走入对应的情境中，获得良好美术教学效果的方式。

3. 情境教学法的应用感悟

在运用情境教学法的过程中，笔者认为小学美术教师需要注意以下几点：

第一，情境内容的创设方式。教师在情境创设的选择过程中需要从实际的美术教学内容、学生的美术知识认知水平以及教师的教学优劣势等角度切入，灵活选择最为适宜的方式，既调动学生美术学习热情，又能让他们更为高效地吸收相应的美术知识，获得良好的小学美术教学效果的目的。

第二，有效把握与学生互动的程度。小学美术教师在教学中需要有效把握与学生的互动程度，既要为学生提供充足的思考空间，又要在合适的时机对学生进行针对性的引导，真正让学生在美术学习中享受独立思考乐趣的同时，借助教师的帮助，更为高效地掌握相应的美术知识以及美术技巧，促进学生综合美术学习能力的提升。

第三，重视美术情境教学的反思。在结束小学美术情境教学后，小学美术教师需要对实际的教学进行反思，着重从正反两方面入手，既要总结个人在情境教学中的优势，并上升到经验总结的高度，又需整理情境教学法的不足，真正了解个人在运用此种教学方式的短板，制定对应的美术教学策略，不断在实践、反思、再实践的过程中摸索出属于个人的情境教学方式，提高整体的小学美术教学质量。

总而言之，在将情境教学法应用于小学美术的教学过程中，教师需要做到知己知彼，既要了解学生和情境教学，又需在教学中加深对个人教学能力，尤其是教学优势和短板的认知，并在不断总结和应用的过程中，不断强化个人的情境教学优势，提升小学整体美术教学的有效性。

（三）互动教学法

1. 互动教学法的定义

互动教学法主要是指教师构建互动平台，着重为学生以师生交流、生生交流的方式，让学生在师生、生生互动的过程中，加深对美术知识的理解和认知，提升学生的美术学习能动性的重要方式。此外，互动教学法是一种平等性质的"交流"与"对话"方式，着重让学生主动学习相应的美术知识，在找到破解答案的过程中学习、应用各种美术知识，促进学生综合美术学习能力的方式。

2. 互动教学法的外化形式

（1）师生互动教学。

师生互动教学主要是指教师与学生之间的互动形式，包括教师与学生个体互动、教师与学生群体互动（其中的群体既可以是学习小组，也可以是全班学生）。在师生互动教学过程中，小学美术教师需要从双向角度出发，既要充分表达个人的观点，又需站在学生的立场，充分了解学生的看法，从学生现有的认知水平和兴趣出发点入手，制定相应的美术教学策略，让最终的美术教学效益发挥到最大化。

（2）生生互动教学。

生生互动教学主要分为三种形式，包括两位学生之间的互动、一位学生与小组学生的互动、另一位学生与全班学生之间的互动。在具体的互动过程中，小学美术教师需要为学生提供充足思考和交流的空间，并结合学生的发言内容以及交流内容的深度，提出针对性的语言指导，让他们更为深刻地理解美术知识。

3. 互动教学法的应用感悟

在互动教学法的应用过程中，小学美术教师需要结合个人的具体状况，并从实际的授课情境着力，结合个人的美术教学经验以及实例，对互动式教学法进行针对性总结和感悟。

（1）以学生为本，尊重学生在美术学习中的内心体验和真实情感。

在互动教学法的应用过程中，教师需要意识到个人是美术知识的提供者，学生是美术知识的接受者，应注重从具体的美术教学实际入手，在了解学生美术学习水平的基础上，设置开放性的美术问题，让每一位学生可以参与其中，并表达个人的看法。在学生表达个人看法后，教师首先需要尊重学生在美术学习过程中的内心体验和真实情感，并在此基础上，结合每一位学生的性格和思维方式，进行针对性指导。以活泼的学生为例，在与此部分学生进行互动的过程中，教师既要对此种性格学生的美术学习优势予以正向的肯定，又要直接提出此种类型学生的不足，并提出针对性的美术学习建议，让他们在美术学习过程中获得自信，并在不断努力中掌握更多的美术学习方法和技巧，促进学生综合美术学习能力的提升。

（2）以问题为法，鼓励学生从教学中的多角度切入进行针对提问。

在互动教学法的过程中，教师需要以问题为"温度计"，了解每一位学生的实际学习水平，并提出针对性的策略，促进学生相应美术问题的解决。具体言之，在美术问题的设置过程中，小学美术教师可以从生活情境、故事情境等切入，充分调动学生的美术兴趣，让他们在美术学习中敢于张嘴。在此之后，小学美术教师可以结合每一位学生的回答，针对性地进行提问，注重多角度入手，在结合学生已有认知的基础上既让他们可以回答部分美术问题，又使他们存在一定的疑问，调动学生美术学习的好奇心，并在此过程中，适时地引入美术知识以及美术技巧等，让学生真正在感受美术学习乐趣的同时，掌握更多的美术学习方法，提升他们的综合美术学习能力。

具体言之，在讲授《剪纸》这部分民间美术资源课程中，小学美术教师可以从学生熟知的场景入手，进行针对性提问。如引入宁夏隆德县回族妇女胡凤英创造的《喜上眉梢》，提问学生："为什么在此剪纸上雕刻喜鹊？"大部分学生对"喜上眉梢"这个成语有正确性的认知。与此同时，教师可以适时地加深对问题的引导，如提出："在题材上，回族地区的人民喜欢用何种纹样？"在此之后，融入剪纸构图、技巧方面的知识。教师通过多角度提问的方式，既要让学生有所言，又要使他们有所疑，充分调动学生学习好奇心，让他们带着问题走入美术课堂中，促进整体美术教学质量的提升。

(3) 以修养为根，不断通过多种方式全方位优化个人的知识结构。

小学美术教师在进行全方位优化个人的知识结构过程中，需要以修养为核心，立足提升教师各方面的美术学习能力。具体言之，在修养塑造方面，小学美术教师可以从外修和内修两方面入手。在外修方面，小学美术教师需要从言行举止入手，注重语言的风趣幽默、行为的亲和力，在美术教学过程中，消除与学生之间的距离感，让他们更愿意走入美术课堂，学习相应的美术知识，提升学生的综合美术学习水平。在内修方面，小学美术教师一方面需要强化个人的美术知识，了解更多民间美术资源内容，不断加深对以民间美术资源为核心的传统文化的认知，提高个人的文化自信，另一方面学习各种小学生心理书籍，了解不同年龄阶段的学生心理，真正在了解学生心理特征的基础上，设定相应的美术问题，发挥问题在美术教学中"催化剂"的作用，提升整体的美术教学质量。此外，小学美术教师需要阅读教育类的书籍，掌握更多教育方法，尤其是教学方法内部的教学规律，并通过实际的教学加强对此部分规律的认知。总而言之，在提升个人修养的教学过程中，教师需要从外修和内修两个角度入手，对个人在民间美术资源知识、学生心理知识以及专业知识等进行完善和优化，全方位提升美术教学水平。

总而言之，在小学民间美术资源课程的教学中，教师通过互动教学法，一方面了解学生的美术学习状况，以此作为美术教学的方向，提出针对性的教学思路，另一方面通过师生互动、生生互动的方式，促进良好教学氛围以及师生关系的塑造，真正让学生在美术学习中感受到民间艺人的智慧，使他们更为积极地投入相应的美术学习中，促进美术教师综合教学能力的增强。

### (四) 自主探究法

1. 自主探究法的定义

自主探究法是一种教学者通过对多种手段促进学生自主完成知识结构构建的教学模式。自主教学法以促进学生自我发展为核心，以让学生在实践中思考、在思考中实践为主要外化形式，注重提高学生的独立学习意识和能力。此外，自主探究教学法还是一种让学生在学习中发现问题、提出问题、分析问题，解决问题以及复盘问题的闭环式学习方式。

2. 自主探究法的应用外化表现

在应用自主探究教学法时，小学美术教师需要落实"四步走"策略，其分别是兴趣导入、疑难点拨、触类旁通和激励评价。

第一步，兴趣导入。兴趣对学生自主探究活动的开展起到全局辐射性的作用，也是有效促进自主探究教学法的重要方式。在进行自主探究教学过程中，小学美术教师需要在课堂导入阶段，充分调动学生的学习兴趣，并将导入阶段的问题与后续教学内容巧妙连接，既要让学生保持好奇心，又需使他们真正在教师的引导下，解决相应美术学习问题，促进后续教学流程的推进。

第二步，疑难点拨。疑难点拨是自主探究教学法应用的核心作用。在小学美术教学过程中，教师需要结合每一位学生的问题，提出针对性的解决策略，一方面让学生在美术学习中充满好奇，另一方面让他们真正在满足好奇的同时，学习美术知识，并进一步调动他们的好奇心，形成良性的美术课程教学循环。更为重要的是，为了在第二步环节获得良好的美术教学效果，小学美术教师可以开展不同形式的探究形式，具体如下：一是自主探究模式，让学生独立面对美术学习中的问题，并从不同角度思考解决美术教学的问题，使他们在经历挫折，克服挫折的过程中，获得美术学习的成就感，提升学生的综合美术学习能力。二是小组探究模式。在小学探究模式的执行中，小学美术教师可以采用小组探究模式，为学生构建相互交流和探究的平台，让学生针对美术问题取长补短、各抒己见，实现对美术问题最为全面和立体的研究，让学生更为完整、完善、完美地解决相应的美术问题，促进学生综合探究能力的提升。三是大班探究模式。在大班探究模式的应用过程中，小学美术教师需要提出关键性的问题，让学生在各抒己见的过程中，提出个人的看法。与此同时，教师可以根据部分学生提出的合理看法，进行针对性指导，让更多的学生再一次投入小学美术问题的探究中。总之，小学美术教师通过大班探究模式，让学生在交流的过程中，发表个人的看法，充分借助他人的看法，引导整个班级学生的思考方向，让更多的学生投入美术问题的探究中，最终促进美术问题的解决，获得良好的自主探究美术教学效果。

第三步，触类旁通。在解决小学美术问题后，教师需要有意识地培养学生触类旁通的能力，即让学生掌握小学美术问题的核心，并设置出更为开放的问题，让学生从不同的角度解决此项问题，达到学生举一反三的目的。具体言之，在剪纸教学过程中，小学美术教师在学生掌握"对称"这个剪纸技巧后，可以让学生观察生活中具有对称性的对联，使他们从生活的不同角度加深对对称的认知，达到增强学生思维发散性，提高他们举一反三能力的目的。

第四步，激励评价。激励评价的作用是让学生跳出个人已有的认知，从更为多元的角度了解个人在自主探究中存在的问题，并在接受、执行师生建议的过程中，解决个人在美术学习中的问题。在实际的激励评价中，小学美术教师需要遵循一分为二的原则，既要让学生看清个人在美术学习中的优势，使他们在下一次学习中积极保持，又需使学生了解个人在美术学习中的不足，保持一颗好学的心，培养他们健康的美术学习心理，使他们以更为积极、阳光的心态投入到美术学习中，提升他们的美术综合学习能力。

总而言之，在运用自主探究教学法的过程中，小学美术教师既要遵循上述步骤，又需结合个人的美术教学状况，不断对个人运用自主探究方法的各项问题进行总结，并通过这种方式解决相应的美术教学问题，促进整个美术教学质量的提升，有效发挥自主探究教学的优势。

3. 应用自主探究法的个人感悟

（1）增强教学的分层性。

在小学的美术教学中，小学美术教师切忌开展"一刀切"式的方式，需要结合实际，开展分层式的小学美术授课模式，结合不同层次小学生的美术学习水平设置对应性的自主探究问题，让学生在美术问题的解决过程中把握学习的主动权，促进他们综合美术学习能力的提升。与此同时，美术教师应注重指导的分层性，根据学生的美术学习水平及性格，采用相应的分层式指导，让不同层次的学生掌握与个人实际美术学习水平相符的知识和技巧，促进整体自主探究教学质量的提升。

（2）增强教学的协作性。

在自主探究教学法的应用过程中，小学美术教师受到课堂时间以及个人精力的局限，不能在美术课堂上关注每一位学生的学习状况，导致部分学习能动性差的学生对美术问题产生严重的抵触心理。基于此种状况，小学美术教师在自主探究法的应用过程中需要真正从学生的实际出发，构建具有协作性的自主探究教学模式，让学生之间相互协助，相互促进，使更多的学生融入自主探究的协作式美术课堂上，激发学生的美术学习热情，获得良好的美术教学效果。

（3）增强教学的目标性。

在自主探究教学过程中，教师需要增强教学的目标感，既要关注每一位学生的美术学习状况，又需结合整体学生的美术学习水平，制定自主探究法应用的教学目标，使美术成为兼顾过程性和结果性的课程。具体言之，小学美术教师在自主探究法的应用中可以将美术教学划分成相应的阶段，如课堂导入阶段、知识讲解阶段、问题探究阶段、分享讨论阶段、问题解决阶段、问题复盘阶段等，并在每个阶段设定相应的目标，让教师的美术教学更具有节奏性，更要让学生跟上美术教师的教学节奏，推动教学阶段的流程性，真正在实现各个阶段小教学目标的实现中，突破更大的教学目标，促进整体小学民间美术资源课程教学质量的提升。

### （五）生活教学法

#### 1. 生活教学法的定义

本书中的生活化教学法包含两层含义。第一层含义是在生活中发现美。第二层含义是在生活中创造美。就实际美术教学而言，注重生活教学法是指让学生在美术学习中懂得观察生活，在生活中懂得运用美术知识装点生活。就小学民间美术资源课程而言，生活化教学是让学生能够综合运用生活知识和美术知识，一方面是通过生活知识加深对美术民间美术资源的认知，另一方面是通过民间美术资源知识更好地装点个人的生活。

2. 生活教学法的应用外化

（1）体验式的生活化教学。

在体验式生活化教学的落实上，小学美术教师需要对生活化有一个深刻的认知，尤其是从不同角度进行相应课程的设置，让学生从不同角度体验生活化的美术授课场景，提升他们的综合美术欣赏以及创造能力。

第一，通过生活化材料，加深对美术知识的理解和技能的掌握。小学美术教师可以引入常见的生活化材料，开展美术教学，如剪纸、刺绣，让学生通过对生活化材料的分析，降低他们的美术学习坡度，让他们运用个人的生活化理解，提升小学美术课堂参与度，促进他们美术技能的高效掌握。

第二，通过生活化的感官训练，促进学生审美视角的形成。小学美术教师在美术教学中，可以开展多种形式的美术教学实践活动，让学生在实践中充分调动个人的感官，如味觉、视觉、嗅觉、触觉，更好地感受生活中的美，并通过美术作品的形式展现个人独有的审美视角。

第三，通过生活化的问题分析，促进学生责任意识的加强。在美术授课过程中，教师除了让学生学习美术知识外，更应注重让学生将视角转向现实的生活，注重让学生关注生活事件、社会事件，使他们在学习美术的过程中逐渐形成责任意识、担当意识。

举例言之，在美术教学中，教师为了提高学生对冷暖色调的认知，鼓励学生从生活化的角度入手，观察生活中相应的冷暖色调。以皮影、社火脸谱为例，教师可以让学生观察戏曲中红色、蓝色、黑色、白色、绿色、黄色、金色、银色，使他们联想脸谱颜色与人物性格的关系，并结合这种关系，形成对颜色的感性认知。

（2）趣味化的生活化教学。

第一，构建审美与趣味兼顾的生活化教学方式。在美术生活化教学过程中，教师需要兼顾审美性和趣味性的原则，一是通过趣味性让学生融入课堂中，二是通过审美性让学生懂得欣赏民间工艺作品的独有之美，提高学生对美的综合认知能力。在具体的生活化教学过程中，小学美术教师可以从上述两点入手。

以例言之，在进行剪纸教学中，小学美术教师可以引入第五届剪纸大奖金奖的"回汉人民奔小康"的刺绣，教师可以从剪纸的对称性构图入手，吸引学生的好奇心，向学生提问："在这幅获得第五届金奖的剪纸中，我们可以看到两辆迎面驶来的汽车。这种剪纸采用什么美术技巧？"在吸引学生注意力，调动他们美术学习兴趣的同时，教师可以进一步传授对称美和均衡美的剪纸技巧，并在此过程中，适时地对学生的思维进行引导，让他们逐渐加深对剪纸表现形式的认知，并在此之后，引导学生运用对称性特征进行剪纸，让他们感受剪纸的独有韵味，让他们享受剪纸的乐趣。

第二，兼顾趣味性与实践性统一的生活化美术授课形式。在生活化教学的过程中，美术教师需要兼顾实践性，即要在实践中融入趣味化元素，让学生真正在受到兴趣的吸引进行创造，提高他们的综合美术实践能力。具体言之，小学美术在实际的美术授课过程中可以充分利用学校的各项条件，制定以宁南山区民间美术资源为特征的手工作坊，让学生穿戴民间手工艺人的衣服，融入手工作坊的趣味化情境，使他们不断进行实践，感受动手的快乐，并制作出贴合生活的手工艺品，让这些手工艺品真正运用在现实的生活中，促进学生实践能力的提升，让他们感受美术学习的乐趣。

（3）多科融合的生活教学。

在小学美术教学过程中，教师可以构建多科融合的生活化教学模式，让学生更为综合地运用多种学科知识，体会到美术学习的快乐。具体言之，在进行民间美术资源《皮影》授课中，小学美术教师可以开展情境性质的美术授课活动，其具体步骤如下：首先，让学生运用语文知识编写相应的剧本。其次，明确剧本中的各个角色，并制定相应的皮影。再次，辅助学生选择合适的剧本音乐，为剧本情节的推动提供音乐氛围支持。最后，依据剧本开展皮影排练。总而言之，在多科融合的生活教学中，小学美术教师需要从学生所掌握的科学知识入手，在此基础上，合理控制学生剧本创作和教师教学之间的比例，让学生在充分动脑的基础上，给予他们针对性指导，使其更为综合地运用多学科知识，完成相应的美术学习任务，促进学生综合学习能力的提升。

3. 生活教学法的应用感悟

（1）重视生活化教学方式的趣味性和难易适度性。

小学美术教师在生活化教学过程中，首先需要从趣味性的角度入手，设置相应的生活化情境，调动学生已有生活经验，并在此基础上，适时地对生活化场景中的内容进行补充，并合理设置学生存在知识空洞的问题，调动他们的美术学习兴趣。值得注意的是，在进行生活化问题的创设过程中，教师需要注意问题选择的难易适度性，既要让每一位学生张口说话，又需不让他们得到完整的答案，使学生始终对生活化的美术课堂充满下一步探索的乐趣，并在解答学生疑惑的过程中，促进他们对美术知识的理解，也让学生在具体实践过程中掌握相应的美术技巧。

（2）增强生活化场景与美术知识之间的衔接性。

在生活化教学模式应用过程中，教师需要注意增强生活化教学情境与美术知识之间的衔接性，既要通过引入生活化情境的方式调动学生的好奇心，又要适时地通过提出问题的方式，让学生将关注点从生活化问题转移到美术知识的学习和探究上，使学生在不知不觉中学习美术知识，提升整体美术教学质量的提高。为了增强生活化场景与美术知识的衔接性，教师需要注意做到如下三点：

第一，不断提升对美术知识认知的广度、深度和高度。教师需要通过多种方式提升对美术知识的认知，如阅读图书、观看视频、参与座谈会，不断拓展个人美术知识的认知边界，提高他们美术知识的高度、深度和广度。

第二，不断提高生活观察的广度、深度和高度。为了让生活化情境的教学更具有吸引力和过渡性，教师需要有意识锻炼个人的感官，提升个人的视觉、嗅觉、味觉、听觉、触觉，更为全面地感受生活中的场景，并将这些场景运用在美术课堂上，让学生感受生活化美术教学的丰富性，调动学生最为广泛的学习兴趣。

第三，不断提高生活化场景与美术知识的衔接性。在美术教学过程中，教师可以深入分析学生生活中各种场景与美术知识的衔接性，并在此过程中，从学生的视角入手，进行针对性美术教学内容的分析、课程的设置，让学生通过生活化的教学场景、材料，感受美术的亲和力，并更为积极地融入美术知识的学习中。在具体衔接性的增强上，小学美术教师需要从美术的生活化形式着力，着重引入民间美术资源，如宁南山区的剪纸、宁夏回族的刺绣、宁夏隆德杨氏泥塑、固原砖雕、甘肃陇东宁南山区皮影、宁南山区民间社火脸谱，着重从个人感官的角度出发，让学生通过感性对宁南山区的民间美术资源形成具象化认知，并在此基础上，结合学生的美术学习水平，选择合适的民间美术资源，进行针对性地授课，让学生在民间美术资源的学习中感受生活与美术之间的联系，让他们掌握相应民间手工艺品的制作方法，运用民间手工艺品装点个人的生活，还能让他们从民间手工艺品的制作方法为视角进行相应美术作品的赏析，增强学生生活的丰富性，促进其对美的理解能力、赏析能力和创作能力。

（3）提高小学美术教师的观察能力和创造能力。

小学美术教师需要真正意识到原有的课本教材并不能真正实现美术知识的全部，也不能彻底地提升美术教学的有效性。基于此种认知，小学美术教师需要有效区分"用教材"与"教教材"之间的区别，并在此基础上，将美术教材作为教学的辅助材料，并结合具体的教学目标，从提升个人的观察能力和创造能力两方面入手，将生活化的教材引入美术课堂上。在具体的落实上，教师通过提升观察能力，为美术教学搜集尽可能多的教材，如从日常生活的衣食住行入手，搜集与学生生活相关的民间美术资源。此后，美术教师可以充分发挥创造性思维，构建贴近学生认知的美术教学教材，让他们感受到美术学习的亲和力，并引导学生从生活化的思维入手对民间美术形成感性化认知。继而，小学美术教师可以将生活化教材与教学目标进行融合，并落实相应的美术教学流程，注重提升学生美术学习的专注度，让他们在兴趣的作用下，最高限度地接受美术知识，提升小学美术生活化教学的有效性。为此，小学美术教师有必要且应该结合教学实际，提升个人的观察能力和创造能力。

## 二、教学手段

### （一）微课教学法

#### 1. 微课教学法的定义

笔者结合多年的教学经验，认为微课教学法主要有两大特点。首先，微课教学法具有小巧的特点，其主要体现在如下三点：一是微课涉及的教学内容少；二是微课呈现教学内容的时间较短；三是微课内容的精准度高。其次，微课具有灵活性的特点。教师可以将微课应用在美术教学课程开展的各个阶段，如课前、课中、课后，达到不同的美术教学效果。总而言之，在小学民间美术课程的设置中，教师可以根据民间美术课程的难易程度合理运用微课教学方法，达到良好的教学效果。

#### 2. 微课教学法的应用

众所周知，微课可以应用在教学的各个环节。小学美术教师在进行微课教学中，可以结合不同的授课内容，灵活将微课应用在实际需要的环节，并制定相应的微课教学方式，达到良好的教学效果。

（1）微课运用于课前，开展有效教学预热，提升教与学的精准性。

在课前应用微课教学中，教师可以选择较为容易的知识，让学生在课下学习，获得学习的自信心。此后，教师可以让学生在课上展示美术学习结果，并统计他们存在的共性问题，进行针对性指导，使学生在表达个人美术学习乐趣的同时，进一步推动美术教学进程，提升整体的美术教学质量。总之，通过在课前运用微课的方式，教师可以对学生美术学习结果进行全方位掌握，并结合具体美术教学存在的问题进行精准性指导，实现提升美术教学高效性的目标。

（2）微课应用于课中，解决教学关键问题，强化美术教学侧重点。

在课中运用微课教学的目的是解决课堂教学的重难点问题。举例言之，小学美术教师在进行固原砖雕的授课中，可以利用微课教学的方式，将微课内容重点放在固原砖雕的加工工艺上，即选土、过筛、和泥、制坯、烧制，让学生通过观看微课视频的方式对此种工艺方式有一个全方位认知。此后，教师可以让学生对砖雕工艺进行语言复述，在了解大部分学生掌握砖雕工艺技法的基础上，让学生在学校的民间美术工艺工坊中实践。在具体的实践中，教师需要再次播放微课内容，并对制作工艺中的重点进行再次强调，减少学生在工艺加工中的失误，提高整体的加工工艺课程质量。总而言之，在将微课运用课中教学的过程中，教师需要合理选择授课内容，并将微课的特点与授课内容进行巧妙融合，真正攻克小学美术教学的重难点问题，为提升小学美术教学的有效性赋能。

（3）微课应用于课后，有效进行查漏补缺，巩固美术教学的成果。

在美术教学结束后，教师可以通过微课对全体学生进行大测试，一方面让学生了解美术课程学习中的优势和不足，并及时对其中的不足进行针对性弥补，另一方面对本班学生的美术学习现状形成整体性认知，了解学生在美术学习中存在的共性问题，并从多个角度分析这些共性问题存在的具体原因，提出针对性的策略，进一步巩固现有的美术教学效果。以宁南山区民间刺绣为例，笔者考虑到小学生的年龄较小，对刺绣了解程度较低。基于此，在授课结束后，为了强化学生对宁南山区民间刺绣的认知，笔者着重从微课内容的角度切入，重点融入刺绣题材、刺绣纹样、刺绣构图、刺绣色彩等方面，并让学生结合具体的刺绣问题，找出针对性的刺绣纹样，让学生通过寻找刺绣纹样的方式，加深对刺绣知识的认知。

3. 微课教学法的应用体会

（1）微课教学调动学生兴趣，提升教学有效性。

在小学美术教学过程中，教师借助微课开展教学，让学生受到此种形式的吸引，积极地投入美术教学中。与此同时，教师结合实际的美术教学需要，灵活调整微课在教学阶段的顺序，达到不同的教学目的。此外，小学美术教师需要深入分析美术知识研究，并将这些知识进行浓缩，再次选择，构建最为接近学生认知的内容以及含金量高的美术内容，让学生积极投入其中，感受美术学习的魅力，在不自觉中掌握相应的美术技巧，提升整体的美术教学有效性。

（2）微课教学解决教学难点，实现教学高效性。

在微课教学过程中，教师需要深入了解美术教学中的重难点，并在此基础上，充分结合学生已有的认知水平，设定相应的微课内容。更为重要的是，教师在微课应用过程中有效调整微课内容展示的时间，即对微课中的重点内容进行反复展示，并配备语言讲解，让学生在了解美术教学重点的基础上，受到此种教学形式的吸引，强化对此部分美术知识的认知。此后，教师为了检验学生的学习效果，安排学生进行针对性的实践，他们通过亲自动手的方式，掌握相应的美术学习技巧，提升学生的美术综合学习能力，实现教学的高效性。

（3）微课教学有其固有问题，需提出辅助方案。

在微课教学中，小学美术教师只是实现对学生的单向沟通，不能使学生与教师在课下进行沟通，导致在课堂上占有部分时间用于学生问题的总结。针对这种状况，小学美术教师可以运用现代化的沟通方式，如微信、QQ，了解每位学生的学习状况，结合出现的问题在课堂上提出针对性解决方案。与此同时，教师可以结合与学生的沟通状况，针对他们突出的问题，提出精准性指导，让学生在课下进行更为有效的学习。除此之外，小学美术教师需要真正意识到微课教学固有的问题，并真正意识到师生互动是美术有效教学的灵魂，从具体的教学实际入手，加强与学生的针对性沟通，真正将他们领入美术学习之门，体会美术学习的乐趣。总而言之，在辅助方案的制定过程中，教师既要提出辅助性方案，又要掌握美术教学的本质，实现美术教学质量的提升。

（二）多媒体教学法

1. 多媒体教学法的定义

多媒体教学法是一种现代型的教学手段，可以以声音、图形、文字传递教学信息，以及幻灯、投影、录像等为手段，开展集情境性与趣味性于一体的授课方式，降低学生的学习坡度，丰富课程教学内容，提高学生对美术知识的理解和运用能力，获得良好的美术教学效果。

2. 多媒体教学方法的应用

（1）运用多媒体创设情境，提高学生美术学习参与度。

小学美术教师在课堂的构建上可以运用多媒体创设情境，即将抽象的知识以形象化的情境进行展示，让学生更为积极地投入相应的场景中，加深对小学美术知识的理解，积极参与到教师提出的各项活动中，促进学生美术技能的增强，提升整体的美术教学质量。

举例言之，在进行宁南山区民间社火脸谱的讲解过程中，教师为了让学生更为直观地了解社火脸谱产生的背景及发展状况，采用多媒体授课的方式，让他们通过视频的方式加深对宁南山区民间社火脸谱文化源泉、艺术图示结构、造型手法及色彩应用的认知，提高学生地域文化的自信心。在此之后，教师可以利用小学生爱玩的天性，使用多媒体制造具有人机互动式的美术教学问题，使他们在享受多媒体乐趣的同时，更为积极地投入美术学习中，提升小学美术多媒体教学的有效性。

（2）利用多媒体拓展学生形象思维，落实美育教学。

在美术教学中，小学美术教师针对一些具有发散性的授课内容时，可以采用多媒体授课的方式，着重从增强学生发散性思维的角度入手，对学生的美术学习进行针对性引导，让他们充分结合个人的生活情感、认知，从更为多元的角度探究问题的解决策略，培养学生的感性思维，让他们的思维方式更为多元，落实美育教学的目的。

举例言之，在进行固原砖雕的授课过程中，教师可以采用多美授课，一方面讲授固原砖雕的艺术风格、创作手法和创作工序，让学生掌握基础性的砖雕工艺，另一方面通过多媒体展示同一种图形在不同场景中的应用，如圆形在砖雕上的制作工艺，让学生从不同的角度观看圆形可以在砖雕中绘制出多种物品。在此之后，小学美术教师可以利用多媒体，制作仿砖雕软件，让学生在此模块中进行相应的创作。简而言之，小学美术教师可以在此模块上设置出三角形，让学生联想生活中的三角形，并制定相应的砖雕景物，实现学生思维的发散，让他们在砖雕作品的创作中，想象美，创造美，落实美育的教学目的。

（3）巧用多媒体课件，提高学生的审美能力。

小学美术教师可以运用多媒体制作课件，通过文字、动画、图片、声音等形式，对美术课程进行有针对性地讲解，让学生融入其中，并通过感性化的语言对美术知识进行深层次理解。最为关键的是，小学美术教师为了让学生的审美能力得到提升，可以有效地与学生进行互动，尤其是结合关键性的审美内容，有意识地对学生进行语言上的引导，使他们充分调动一切感官，从更为多元的角度感受美术手工艺品的独有之美，促进他们审美能力的提升。

举例言之，在剪纸之窗花教学课件的制作中，小学美术教师为了让学生欣赏窗花的工艺之美，可以利用多面展示窗花在剪过程中的刀法，即"稳、准、狠"，如可以展示雕刻"罗汉须"的菊花，让学生观看民间手艺人将一瓣瓣的花从里往外剪，并形成花的整个过程，赏析剪纸刀法以及艺术的独有之美。总而言之，在多媒体课件的制作中，小学美术教师可以从实际的教学内容入手，充分发挥多媒体的优势进行相应的课件制作，使学生更为直观感受美术独有之美的同时，让他们懂得欣赏，提升学生的审美能力。

3. 多媒体教学方法的感悟

（1）课件制作的感悟。

在课件制作感悟的论述中，笔者着重从以下几点进行针对性论述，让整个内容的表达更具有逻辑性。与此同时，在具体的感悟论述方面，笔者着重结合个人的教学实际，具有较强的主观思维，也具有一定的片面性。

①制作之前：基于兴趣的课件制作。小学美术教师需要从感性方面真正对多媒体课件制作感兴趣，真正愿意花费时间和心力在小学民间美术资源课程的制作上，通过制作优良的课件，促进个人课件制作自信心和良好情感的形成，并将这种正向情绪再次投入多媒体课件的制作中，再次制作出更为优良的多媒体课件，形成良性的多媒体课件制作循环，提升多媒体课件的制作质量。

②制作之中：多角度切入完成课件制作。在多媒体课件制作中，小学美术教师需要注意如下三个问题。首先，课件制作的性质。小学教师需要以简

单实用为主，尽量减少小动画和艳丽性图片的出现，将学生的注意力紧紧锁在课程教学上，提高他们美术知识吸收的效率，将多媒体教学的效益发挥到最大化。其次，加强对多媒体课件相关的软件系统的学习，如制图软件photoshop、网页制作软件frontpage及其他软件flash、3dmax，让教师的多媒体课件不仅内容丰富，而且可以直击美术教学中的要点。最后，加强在多媒体制作过程中的沟通。小学美术教师一方面加强与其他同事之间的沟通，了解更多多媒体课件制作的优秀经验，另一方面加强与学生之间的沟通，了解学生在多媒体课件学习中的看法，从这两个方面入手进行针对性的课件制作沟通，增强课件制作的有效性。

③制作之后，进行个人化的课件制作反思。在多媒体课件应用结束后，小学美术教师需要进行针对性的个人反思，通过一次次的反思和实践，不断提升个人的课件制作和综合运用能力。笔者在此，简要分析个人的课件反思状况。第一点，注重合理选择小学美术内容。教师在教学中需要深入研究多媒体的特点以及小学美术内容，有效构建两者的连接，既要让多媒体更好地展现小学美术内容，又要促进小学美术教学效率的提升。第二点，强调多媒体课件的应用频次。小学美术教师切忌形成唯多媒体课件论，即要结合实际，合理调整多媒体课件使用的频次，从而达到降低学生美术学习疲倦感以及美术教学依赖感，提升整个美术课堂教学有效性的目的。

（2）加强与学生的有效课堂互动，实现对多媒体教学的有效补充。

在多媒体教学过程中，小学教师切忌一味地向学生展示相应的美术知识，而是通过与学生互动的方式，向学生提问他们美术学习的问题，并给予学生相应的回复，有效弥补多媒体教学的不足，实现小学美术教学的高效性。与此同时，教师可以通过与学生的互动，了解他们在多媒体应用过程中的真实感受，并结合本校的实际状况，合理调整多媒体应用的方式和频次，真正让学生在多媒体学习过程中掌握更多的美术知识，提升他们的美术综合学习能力。

（3）正确认知多媒体，提升个人的美术综合教学能力。

小学美术教师在教学的过程中需要正确认识多媒体，并着重从提升个人的专业美术教学素养入手，一方面加强对美术专业知识的学习，如美术构图知识、美术教育知识等，另一方面加强对教育知识的学习，如青少年儿童心理、教育教学规律等方面书籍的学习。在提升个人专业教学能力的基础上，教师需要深入了解多媒体特性，认识多媒体的优势和不足，将多媒体与小学美术完美融合，制作出更为异彩纷呈的美术课程，使学生真正融入其中，感受美术的独有乐趣，提升整体的美术教学水平。

### （三）慕课教学法

#### 1. 慕课教学法的定义

慕课即为大规模开放的在线课程，此课程可以有效解决在美术教学中出现的教学资源共享问题以及学生的学习问题。之所以慕课可以起到上述效果，其原因在于以下三点：

首先，慕课是一个开放的教学平台。小学美术教师以及学生可以利用此平台进行美术课程的在线学习。值得注意的是，小学美术教师可以在此平台上学习其他地区，尤其是中国中部、东部地区以及外国等先进的教学方法和经验。

其次，慕课是一个可以灵活安排个人学习的平台。小学美术教师为了让学生更为积极地投入美术学习中，可以利用慕课的形式，让学生自主安排美术课程的学习时间和内容，并进行针对性指导，促进学生美术自主学习能力的提升。

最后，慕课是对传统课堂教学的有效补充。在小学美术教学过程中，教师可以有效运用慕课，将课上尚未讲授的内容放到慕课上，让学生在课下进行针对性的美术知识学习，在丰富学生美术学习视野的同时，提高他们美术课程学习的自主性。由此可见，慕课这种在线课程可以有效地解决教学资源问题以及学生的美术学习问题。

#### 2. 慕课教学法的应用

（1）构建以网络学习为主，课堂教学为辅的新型授课形式。

在小学美术授课过程中，教师可以从网络入手，提前为学生发布美术学习慕课，让学生在课下学习相应的美术知识。在此之后，教师可以通过现代联系方式，如微信、QQ，与学生进行针对性沟通，了解他们学习美术的实际状况，并给予相应的支持。与此同时，教师需要对学生的慕课学习状况进行总结和分析，为课堂教学提供强有力的数据支撑。总之，在慕课应用过程中，小学美术教师可以构建以线上为主、线下为辅的授课模式，一方面为学生提供课下美术学习空间，锻炼他们的美术自主学习能力，另一方面结合学生在课下出现的问题，既可以对个别学生进行针对性引导，又可以总结本班学生在相应美术课程内容学习中存在的共性问题，灵活制订相应的课程解决方案，实现教学的精准性，提高整体美术教学效率。

（2）有效管理教与学的时间，提升课堂教学的有效性。

在进行小学美术教学过程中，教师可以通过慕课教学的方式，一方面了解学生在美术学习中的优势和不足，制定相应的解决策略，减少课堂沟通环节时间的浪费，另一方面让学生在课下慕课学习中更为全面地了解个人的缺点，并在课上学习的过程中形成明确的目标，提升学生学习的精准性。总之，通过慕课的授课方式，小学美术教师一方面可以减少与学生的沟通时间，了解他们的学习状况，另一方面可以让学生的课堂学习更具有方向性，最终达到提升课堂教学有效性的目的。

（3）辅助学生制订学习计划，提升他们学习的自主性。

在小学美术慕课教学过程中，教师可以辅助学生制订美术学习计划，并对他们进行阶段性的督促和指导，使其能够在美术学习中进行自我约束和管理，提升他们学习的自主性。与此同时，在美术教学过程中，教师可以从整体的角度入手，一方面定期公布每一位学生的美术学习进度和结果，激发学生的竞争意识，让更多的学生在相互比拼的过程中，学习更多的美术知识，另一方面针对每一位学生存在的问题进行指导，使他们在教师的关心和帮助下，认识个人学习的优势，并发挥此种优势，提升学生美术学习的能动性。总之，通过慕课授课方式，教师可以有效对学生的课下学习进行针对性辅助，使他们在付出中有所收获，促进学生良好美术学习情感的形成，让他们在此过程中不断提升个人的行为约束能力，培养学生自主学习的良好习惯。

### 3. 慕课教学法的应用感悟

慕课教学法要求学生具有较强的自主性。在进行美术授课过程中，教师除了从课程教学入手之外，更需注重借助多种教学主体的力量，如家长、学生等，真正让更多的主体融入教学过程中，为整体的小学美术有效教学赋能。

（1）加强家长督促。

在慕课教学过程中，笔者认为教师无法将精力和时间运用在每一位学生上，需要借助家长的力量，对学生进行督导，发挥教师与家长之间的合力，促进学生美术课程学习效率的提升。在具体的执行过程中，学校教师可以定期与家长进行沟通，了解每一位学生的美术学习状况，尤其是存在的问题，给予学生相应的指导，并指导家长对学生的美术学习进行督促，真正让慕课教学在家庭中扎根，促进学生自主学习意识的形成和自主学习能力的提升。

（2）构建互助机制。

在小学美术慕课教学中，笔者认为与其让学生相互竞争，不如让他们相互帮助，形成良好的线上协作方式，在营造良好线上学习氛围的同时，让更多的学生在提供帮助中获得快乐，在接受帮助中奋起直追，提升整体的美术教学质量。具体言之，为了调动学生在慕课学习中的互助热情，教师可以设定学分机制，即为提供帮助的学生给予相应的分数奖励，激发更多的学生融入小学美术学习中，获得良好的美术教学效果。

（3）制作生本慕课。

除了从家长和学生角度入手外，小学美术教师可以从慕课内容的角度切入，既要增强慕课内容的丰富性和趣味性，又要让学生在慕课学习中获得良好的美术学习情感，提升学生的综合美术实践能力、鉴赏能力及学习能力。具体言之，小学美术教师可以结合宁南山区特有的民间美术资源进行相应慕课的设计，如构建宁南山区剪纸慕课、宁南山区民间刺绣慕课、宁夏隆德杨氏泥塑慕课、固原砖雕慕课等，并结合这些慕课的内容，制定相应的民间手工艺制作课程，让学生在观看这些课程中进行课下实践，提高他们的民间手工艺品制作能力。总而言之，在慕课的制作过程中，小学美术教师需要从当地的特色入手，并注重围绕构建符合学生认知水平，提升其综合美术学习能力为中心点，设置相应的美术课程，让学生在慕课学习中提升自主学习力，在美术学习中感受美，促进美育教学目标的实现。

## 第二节　规则：宁南山区民间美术融入小学美术教学的注意点

在进行宁南山区民间美术融入小学美术教学注意点的论述中，笔者认为除了将教学的重点放在实际的教学方法上外，更为注重从其他的角度进行切入，让小学美术教学更具有方向性，提升整体的美术教学质量。

### 一、教学的本土化

本书的教学本土化主要是指教学内容的本土化。在宁南山区民间美术资源融入小学美术课堂的过程中，教师需要注意教学内容的本土化，注重引入宁南山区特有的民间美术资源，如固原砖雕、宁南山区剪纸、宁南山区民间刺绣、宁夏隆德杨氏泥塑、宁南山区民间社火脸谱，制定地域性的课程。更为重要的是，小学美术教师除了对地域性课程进行编制外，还需在课程内容的设定中与教学大纲进行完美融合，引入造型·表现、设计·应用、欣赏·评述、综合·探索等课程内容，达到既要让学生了解本地域民间美术特色，又能提高他们专业美术素养的目的。此部分内容在第四章有具体展示，在此不做论述。

### 二、教学的融合性

在美术教学过程中，教师应注重融合性原则，主要是从三个角度融合：
首先，内容融合。在美术教学中，教师不能单单为了完成教学内容，需要从更为多元的角度思考。以刺绣教学为例，教师需要引入构图、色彩、文化方面的知识，让学生综合运用美术中的各项技能，提升他们在美术方面的综合表现能力。

其次，方法融合。在美术教学中，教师同样不能只是单单运用同一种方法，需要以一种方法为主，以其他方法为辅，构建相应的美术授课模式，适应不同学生的学习习惯和思维习惯，让更多的学生掌握相应的美术学习技巧，提升整体的美术教学质量。

最后，主体融合。在美术教学中，教师需要落实主体性原则。在学生方面，教师可以让学生从教学方法的学习体验入手，以此作为小学美术教学方法转变的重要依据，提升美术教学质量的提升。在民间艺人方面，教师可以邀请民间艺人，开展课堂教学，即组织多种形式的实践课程，让学生真正在看得见、摸得着、做得上的实践课程中掌握相应的美术学习方法，提升他们的综合实践能力。

综上所述，在教学融合性的开展中，教师需要意识到美术教学并不只是针对教学方法，而且还涉及众多与教学方法相关的其他因素，如教学内容、教学主体等。为此，美术教师需要在研究教学方法的基础上，对教学相关的因素进行深入分析，实现各个教学元素的完美融合，提升整体的美术教学质量。

## 三、教学的循序性

在美术教学过程中，教师需要意识到任何新方法的应用均需要遵循循序渐进的原则，既要重视对教学方法经验的积累，又需从沟通中了解同一教学方法在不同场景下的有效应用，促进个人综合教学方法能力的提升。在实际的教学循序性上，小学美术教师需要注意以下两点。

### （一）同一教学方法的循序渐进性

小学美术教师在应用新型教学方法的过程中需要遵循循序渐进性的原则，具体的过程如下：首先，形成感性认知。教师通过阅读相关数据、观看视频的方式，对各种美术教学方法有一个整体性感性认知。其次，形成理性认知。在对教学方法形成感性认知后，小学美术教师需要将这种认知付诸实践，并在实践的过程中丰富这种认知，或纠正这种认知，逐渐在实践中形成个人独有的教学方式和思维。最后，上升到教学理论。美术教师在形成个人独有的教学方式和思维后，需要将其进行理论化的概述，并在此过程中阅读大量的数据，将这些理论进行完善和丰富，并再次将新的理论融入教学实践中，形成闭环性质的教学方式，即在反复实践和强化的过程中，获得某一种教学方法能力的提升。

## （二）不同教学方法融合循序渐进性

不同教学方法的融合同样需要循序渐进性。在小学美术教学方法的应用过程中，教师需要避免"单线化"的思维，即在深入了解同一种教学方法后，需要将不同教学方法进行有效融合，实现教学效益的最大化。

举例言之，笔者在整个教学过程中，重视教学的融合性。在教学初期，小学美术教师可以调动学生的学习热情，引入情境化的知识内容，唤醒学生的认知、生活体验、兴趣等，让更多的学生融入其中，感受美术学习的乐趣。此外，教师需要注意情境化内容与教学内容之间的衔接性，让学生逐步走进美术课堂的问题探索中。在教学中期，小学美术教师在调动学生兴趣后，可以适时地引入相应的教学实践，如让学生在实践中探索情境中出现的问题，并针对具体问题进行精准指导。值得注意的是，在此时期，教师可以结合探索问题的难度引入微课，即通过视频的方式将抽象问题进行形象化展示，降低学生的美术学习坡度，让更多的学生融入其中。在教学后期，小学美术教师可以构建慕课教学，通过慕课设定小学美术教学问题，让学生在课下进行查漏补缺。总而言之，在教学方法融合的过程中，小学美术教师需要遵循循序渐进的原则，一方面达到每一个教学阶段的效果，另一方面调动学生的学习热情，让他们融入不同的教学方法中，最终达到提升整体美术教学质量的目的。

## 四、教学的时代性

在教学方法的应用过程中，教师一方面对传统的教学方法进行总结，生成个人独有的教学理论，另一方面注重学习各种新型的授课方式，紧跟时代的步伐，凸显个人在美术教学中的时代性。更为关键的是，笔者认为小学美术教师需要将个人已有的教学优势与各种新型的授课形式进行完美融合，进一步形成个人独有的授课新形式，真正打造具有高效性、趣味性、审美性和操作性于一体的美术课堂，让学生在美术学习中掌握更多的知识和技巧，提升他们的综合美术素养。

## 第三节 运用：宁南山区民间美术融入小学美术教学案例展示

### 一、影子的游戏

在影子的游戏教学过程中，笔者着重将教学的重点放在学生的艺术制作以及思维创造能力的培养上，并着重从以下几点展开论述，以期达到相应的影子教学目的。

#### （一）造型·表现

在影子的游戏这部分内容的授课过程中，教师注重引入生活中常见的影子情境，如人在阳光下的影子、手指在灯光下的影子、灯光在湖面中的倒影，让学生对影子有一个感性的认知。与此同时，教师教授学生常见的手影方式，让学生熟练掌握，使其对手影的造型和表现形式有一个更为深切的认知。

## （二）设计·应用

在影子设计过程中，小学美术教师为了激发学生的灵感，让学生学习更多的影子动物，运用微课教学的方式，针对手影中各个造型进行解释，让学生掌握更多的手影动物、植物、人物方法。此后，教师可以让学生自行设计艺术造型，并让他们结合这些造型，进行针对性的故事编写，提高学生的动手能力和思维创造能力。

在此，笔者对两位学生的手影故事进行简要介绍。

故事一：一位学生用手制作出小狐狸的手影，另一位学生用手制作出小乌鸦的手影。这时的场景是小乌鸦嘴里有一块肉。小狐狸看到小乌鸦嘴上的肉说道："我听很多小动物朋友说，你的歌声特别好听。我能不能聆听一下你的歌声呢？"小乌鸦说："可以！"肉从乌鸦嘴里掉到了小狐狸嘴里。

故事二：在五百年后，再次上演同样的情境。一只小狐狸看到小乌鸦嘴上的一块肉，说道："我的祖祖辈辈都在说乌鸦的叫声特别好听，他们都以听到乌鸦的歌声为荣，我是否有这个荣幸听到你的歌声？"小乌鸦心中想到："我祖祖辈辈也告诉过我，不能在狐狸面前唱歌，一唱歌肉就掉到狐狸嘴里了。"小狐狸看透了小乌鸦的心思，说："你的祖祖辈辈是不是给你讲过不能给狐狸唱歌，不然肉就掉进狐狸的嘴里了？"小乌鸦的心思被猜中，不觉得张嘴哈哈大笑。此时，肉再次落入小狐狸的嘴里。

总之，在设计·应用的课程设置中，小学美术教师既通过微课让学生掌握了手影的方式，又让他们结合手影编写相应的故事，实现学生动手能力和思维创造力的双重塑造。

## （三）欣赏·评述

在欣赏·评述课程的设置中，小学美术教师可以引入新的内容，如引入宁南山区的特有民间美术资源，即甘肃陇东宁南山区皮影，让学生掌握此皮影的基本常识，如皮影的风格、特点、艺术性等，让他们对皮影有一个整体性认知。更为重要的是，教师可以让学生运用个人语言对皮影进行针对性发言，并结合学生的发言进行相应的讲解，使他们对皮影有深度的理解。最后，教师可以讲解皮影的简单制作方式，让他们以小组的形式制定皮影，编写相应的故事，为后续的综合·探索课程的开展创造条件。

### (四) 综合·探索

在综合·探索课程的开展过程中，小学美术教师可以鼓励学生从民间故事取材，灵活制定相应的皮影，开展相应的情景剧表演。更为关键的是，小学美术教师可以鼓励学生对民间故事进行再次创作，再一次调动学生的思维创造力。笔者对一组学生的皮影故事表演进行展示。

这组学生表演的皮影故事名为龟兔赛跑。小乌龟对小白兔说："从历来的故事中，我们乌龟家族总是失败，但是我相信从我开始，乌龟可以在赛跑中战胜兔子！"小兔子轻蔑地发出："哼！"接着，乌龟说道："我们可从山顶比赛看谁先跑到山下。"小白兔说："当然可以！"控制乌龟的学生将此皮影制成一个圆形，并迅速地从山顶滚到山下。小白兔则低头丧气地说："我又输了！"接着，小白兔说："在山上，我肯定跑不过你，但是在平坦的路面上，我一定可以跑赢你！"小乌龟和小白兔再次回到平坦的路面上。小乌龟对小白兔说："从这个红线跑到下一个站点，我们比一比到底谁快！"小白兔奋力向对面跑去。控制小乌龟的同学在另一位学生帮助下，让小乌龟乘上了出租车，并在很短的时间内跑到了终点。

总而言之，在综合·探索课程的开展中，教师让学生充分调动各个方面的知识，使他们从多个角度切入，对原有的民间故事进行重新编写，调动学生的美术学习热情，让他们更为积极地投入皮影制作以及故事的编写中，提升学生的动手能力和思维创造能力。

### (五) 教案展示

#### 课程1:《动手做皮影》

**设计思路**

本课程属于"设计·应用"领域。在《走进宁南山区皮影》的欣赏课之时，学生们看到栩栩如生的皮影造型，十分渴望自己也能制作皮影。本次课主要是，更加深入了解宁南山区皮影的制作工艺，在前一次课程基础上有重点、有侧重地去深入学习。本次课虽然是"设计·应用"领域的课程，但前一部分仍会有一些有关皮影制作工艺的介绍，在这部分介绍中也会融入一些文化知识。这部分知识主要占20分钟的时间，后续是学生动手制作皮影的艺术实践。

### 教学过程中应注意的问题

由于皮影的制作工序是比较繁多的，就算是宁南山区皮影改进之后使用塑料薄膜，其工序也并不简单，加上各种雕刻道具的使用，这在课堂上的操作难度就比较大。尽管是四年级的孩子，因为考虑到安全原因，在小学也很少使用雕刻刀之类的工具。所以皮影制作中关于雕刻镂空的环节就需要根据实践情况来调整。考虑到课堂实际的可操作性，首先皮影制作的材料主要用卡纸完成。设计的造型也可不拘泥于传统的皮影人物造型，可以扩到卡通人物和动物等。皮影造型的设计可以根据学生的实际情况来设定。这节课主要是让学生了解皮影制作的整个流程，然后让学生做个简化的皮影造型，这个简化和改造后的皮影造型，一定要充分重视图稿设计这一环节，图稿设计这一环节要求学生学会分部分设计头、身、手、腿等，因为皮影造型的要求是会活动的，所以一定要注意其中"活动关节"的设置，最后当皮影上色完成后，安装操纵杆。安装操纵杆也是其中非常重要的一个环节，操纵杆可以用筷子这种材料。在每个人都制作了自己皮影的时候，可以让自己的皮影动起来，笔者教授利用操纵杆让皮影动起来的一些简单动作。

### 案例拓展

1. 学情分析

四年级的学生已经具备了一定的美术设计基础，同时也有较强的动手制作能力，他们非常乐于动手实践。但由于学生自控力和动手协调能力与成人相比还是不成熟的，所以本次课关于用刀具雕刻的部分，适当地进行删减，只做展示了解，在具体的艺术实践中不采用。虽然，不用刀具进行雕刻，但皮影的组装对四年级的学生来说会有一些难度，所以在这个方面，教师要注意示范并且引导学生掌握组装注意的要点。

2. 教材分析

《动手做皮影》是继《走进宁南山区皮影》课程之后的具体延伸，主要是以皮影的设计制作为主，在设计制作之前会有侧重地讲授宁南山区皮影设计制作知识，但学生的皮影制作呈现不只拘泥于效仿宁南山区皮影艺术的特色，学生的设计制作可以融入他们自己的新的特点。所以这次课属于"设计·应用"学习领域，其目的在于了解宁南山区皮影的传统制作工艺基础上，学生能够大胆动手制作自己喜欢的皮影造型，在设计活动中感悟皮影制作的乐趣以及传承皮影制作技艺的强烈愿望。

3. 教学设计

（1）教学目标。

知识与技能目标：学生了解宁南山区皮影的艺术特征和制作工艺等理论知识，能够根据宁南山区皮影的制作工艺设计自己喜欢的皮影造型。过程与方法目标：通过观察图片、实物和视频，获得对宁南山区皮影制作的直观感受，在教师示范后，学生自己动手制作喜欢的皮影。情感态度与价值观目标：培养学生对宁南山区皮影的喜欢之情，愿意继续了解皮影艺术以及传承皮影艺术的心愿。

（2）教学重难点。

重点：学生自己设计制作皮影。

难点：皮影组装的一些细节。

（3）教具。

多媒体课件、皮影实物、各种工具材料，如微课、卡纸、彩笔、筷子、剪刀、细线等。

（4）教学过程。

①导入新课——谈话导入。教师引导学生回想之前了解的宁南山区皮影知识，在学生的回忆和踊跃回答中，导入本次课题《动手做皮影》。

②讲授新课。首先，教师展示宁南山区皮影人物造型实物，提问学生，你对宁南山区皮影造型有哪些了解呀？在师生互动中，回顾上次课所了解到的宁南山区皮影造型及用色、装饰特点等。其次，通过提问，"大家想不想自己动手做皮影呢？"调动学生的积极性，在学生有强烈求知欲的时候，呈现皮影制作工具，讲解皮影制作工艺以及皮影中的阴刻和阳刻。再次，呈现皮影造型设计图稿，引导学生观察皮影造型上的骨眼（也称为"活动节"），制作一个会动的皮影，活动节是十分关键的。在这一环节中，要让学生体会皮影人物身上关节处缝接的重要，强调皮影人物的制作不是直接完成的，设计图稿需要根据关节，分解画出，最后合理组装。教师出示实物皮影，让学生明白关节处，打骨眼的重要性。在这一环节中，学生通过教师的重点讲解，基本上都能画出正确的分解图稿。这一环节对于整个皮影制作来说非常重要，所以教师在学生画设计稿的时候多巡视，多指导。最后，播放笔者录制的制作皮影的微课，让学生整体感知皮影制作的流程。因为本次的皮影制作受一些实际条件的影响和出于学生安全的考虑，制作流程方面会在传统工艺基础上进行适当的删减，所以教师根据实际情况录制微课，指导学生学习是十分必要的。学生观看完微课之后，师生一起进行适当的总结，为后续的活动提供更清晰的思路。在学生动手制作之前，教师出示一些类型不一样的皮影作品，引导学生不一定要拘泥于原有的形式，可以根据童话故事、经典动画形象及传统典故等设计制作自己喜欢的皮影。

③艺术实践。教师呈现作业要求：动手设计自己喜欢的皮影造型，注意画稿的时候要进行分解，找好骨眼，做好最后的组装。以下是一些学生艺术实践的过程图。

④展示交流与评价。学生展示自己的皮影作品，通过简单的操作让皮影动起来，然后进行师生、生生互评，教师进行适当总结。

⑤课后拓展。师生问答小结，再次进行情感升华。

### 教学反思

《动手做皮影》属于"设计·应用"领域的课程，所以在这次课上，学生动手实践探索是最重要的任务。在教师的引导和组织下，学生基本上都能够完成皮影的制作，在制作过程中也能够应用所学知识并且加入自己的想法，做了一些形式上的创新，这都是值得肯定的方面。但在本次课程中，很多学生出现的问题就在于皮影活动节的位置找得不是很好，这个不好并不是他们把位置找错了，而是在于他们活动节的位置太靠关节的边缘。因为本次课的材料并不是塑料薄膜片而是卡纸，学生需要在卡纸上钻孔，定位活动节，活动节太靠边缘，卡纸就容易破损，导致最后组装时，无法固定活动节。这个问题在本次课中体现得尤为明显，这也是笔者在备课时的疏忽，在学生进行实践活动之前没有进行专门的强调，所以较多学生出现了类似的问题。在其他方面，笔者觉得学生的参与度和完成度都是很不错的，本次课的教学目标应该是基本达成的。很多学生在课后，都会讨论交流分享学做皮影的感受，对皮影这种艺术形式有强烈和持续的兴趣。学生们都非常珍视自己的皮影作品，非常有意愿继续深入了解皮影这种传统民间艺术。

## 课程2：《表演皮影小故事》

### 设计思路

本次课程设置为四年级"综合·探索"学习领域的课程，旨在构建美术学科和其他学科的交叉和融合。课程通过宁南山区皮影进行导入，可以再次熏陶孝行文化的道德观。

### 教学过程中应注意的问题

表演皮影小故事，不仅需要皮影艺术的相关知识，也需要自己设计剧本台词，这就体现了美术学科和语文学科的交叉融合。皮影故事的表演需要小组合作完成，每个组员有自己的任务和角色，这样的活动加强了学生之间的合作意识。创作皮影故事时，教师注意引导学生从语文学科、美术学科的角度，丰富自己的想象力，从自己真实的生活实践、兴趣爱好、所见所闻出发,而不拘泥一定形式和内容。这也是美术新课标"文化与学生生活联结"要求的体现。其次,皮影表演需要学生手、眼、口灵活协作。在操纵皮影的过程中,有"三唱七打"之说。"打"就是指操纵皮影,这是艺人们勤学苦练才能习得的技能。本次课主要是让学生初步感受皮影的操纵,一方面锻炼学生手脑协作的能力,另一方面也是完整呈现剧本表演的需要,让学生有更大的乐趣和更深的体会。这次课程的重点在于学生的艺术实践,所以教师讲解的内容会比较少一些,把时间主要放在学生小组合作完成皮影制作和剧目故事编排上。最后,皮影的故事表演将会是本次课的高潮,在学生积极踊跃的表演中,传递对皮影的喜爱之情,感受皮影表演工作者的不容易,以及传承皮影艺术的决心和毅力。

### 案例拓展

1. 学情分析

小学四年级的学生已经具备了较好的动手能力和语言表达能力,加上之前两次课程的学习铺垫,学生对皮影的知识有了一定的了解,对皮影剧目的创作和表演有着极大的热情,所以本次课程学生的积极性和主动性是非常高涨的,但由于皮影造型制作和剧目创作非一人之力可以完成,所以本次课程中教师应该根据学生的实际情况进行恰当的分组,通过小组合作的方式来完成本次课程的艺术实践活动。

2. 教材分析

本次课是在前两次课程的基础上开设的,属于"综合·探索"学习领域。课程主要从宁南山区皮影入手,通过皮影戏表演,学生结合所学知识和自己的生活实践、兴趣爱好和其他学科知识创作自己的皮影故事并表演出来。

3. 教学设计

(1) 教学目标。

知识与技能:学生理解云梦的孝文化,皮影表演的艺术特点,这其中包括皮影造型制作、皮影剧目创作和皮影唱腔等,在其基础上学生能够结合所学、生活实践和兴趣爱好,小组合作编制自己的皮影戏并表演出来,提升学生的合作能力。过程与方法:通过观看视频,获得对皮影戏表演的直观感受,通过小组合作共同完成皮影造型制作,剧目编制以及皮影故事表演。情感态度与价值观:培养学生热爱传统民间艺术的情感,激发学生传承皮影艺术的热忱和愿望。

(2)教学重难点。

重点:宁南山区皮影表演的基本知识和皮影小故事的编制和表演。

难点:皮影小故事的造型制作和剧目编制的分工协作。

(3)教具。

多媒体课件、皮影实物、各种工具材料、卡纸、剪刀、彩笔、筷子、两脚钉等。

(4)教学过程。

①导入新课——皮影实物导入。教师拿着皮影人物走进课堂,从而导入今天的课题《表演皮影小故事》。

②讲授新课。首先,教师播放宁南山区皮影表演情景,学生观察思考,观看的影片和我们之前看的动画片有什么不同?通过提出问题引出今天新知,皮影的剧目编制,唱腔等基本特点。其次,教师通过互动提问过渡到学生实践生活,启发学生根据自己的实际情况和兴趣爱好编制皮影小故事。再次,确定好皮影故事的人物之后,需要根据人物特点赋予他们一些动作和声音的特点,以便我们在表演的时候能够体现得栩栩如生。最后,请一个小组上台展中一下组员们的基本构思。

学生剧本展示(部分)

剧目名称:三个和尚

角色和布景:小和尚、瘦和尚、胖和尚、寺庙、水桶等

旁白:从前,山下有座寺庙,庙里有个小和尚,小和尚每天都要去溪边挑水喝。今天他又去挑水了。他每天挑水,念经,打扫卫生,生活很安稳。

小和尚:生活真美好呀!

旁白:后来庙里来了一个瘦和尚,瘦和尚一来就喝掉了半缸水。

小和尚：（语气不开心）你喝这么多水，以后你去溪边挑水。

瘦和尚：（一脸不高兴）怎么是我一个人去挑水呢？你也要喝水，要去也是我们一起去。

旁白：后来小和尚和瘦和尚一起挑水喝，中途因为水桶必须放在担子中间，而闹得有些不愉快。他们从此不再理对方。日子一天天过去，庙里又来了一位胖和尚。胖和尚，没水喝就自己去挑水了。

胖和尚：（生气地自言自语）我自己挑的水，我自己喝完，他们想喝水，他们自己去挑水。

旁白：后来谁都不愿意去挑水，三个和尚就没水喝了。有天夜里突然着火，三个和尚想都没多想，一起奋力救火，每个人都卖力去溪边挑水救火。大火终于熄灭了，三个和尚似乎明白了一个道理。

小和尚：（气喘吁吁地说）寺庙是我们的家，我们以后都应该好好相处团结合作。

瘦和尚、胖和尚：（不好意思地说）是呀，我们应该齐心协力，这样我们才会生活得更好。

③艺术实践。学生根据之前的分组，确定好每个组员的任务，有制作皮影人物造型的，皮影场景道具的，有写剧本和台词的。在这个过程中，教师进行巡视指导，对于有难度的地方进行适当的帮助。

④展示交流与评价。根据小组的完成情况，邀请两到三个小组上台表演他们编制的皮影戏。小组表演完后，进行生生互评，教师总结评价。

⑤课后拓展。在学生开心活跃的气氛中，再次对学生进行宁南山区皮影艺术的熏陶，加深学生对皮影艺术的喜爱之情和激发传承皮影艺术的责任心。

### 教学反思

《表演皮影小故事》是属于"综合·探索"领域的课程，涉及美术学科与语文学科、音乐学科的交叉融合，对学生综合能力的培养有较为积极的作用。总体而言，这次课程各个环节都较为顺利地完成了，但是就完成效果而言并没有达到笔者的预期设想。首先，课堂的秩序有些混乱，虽然上课之前就进行了分组，但就艺术活动中，每个组员安排到的任务是由组长决定，这个过程有些小组一直不能达成一致，浪费了比较多的时间，导致后期由于时间不够，没能完成皮影人物造型的完整制作。其次，在皮影表演中有些学生比较羞涩，对于剧本上的台词不好意思进行生动模拟导致表演有些流于形式。所以，教师要在平时多注意对学生进行自信、大方的情感表达教育。本次课程，最大的问题就是时间把控和纪律把控的问题，在学生学习积极性极其高涨的情况下，教师怎样引导学生稳定情绪，真正通过合作、表演等方式提升综合能力，而不是只流于表面，这是教师在今后教学中要注意和重点解决的问题。

## 二、剪纸

### （一）造型·表现

在剪纸的教学过程中，教师为了让学生对剪纸造型有一个感性认知，引入在生活中常见的对称剪纸，如喜上眉梢剪纸、雪花剪纸、短袖剪纸。与此同时，为了让学生对剪纸过程有一个全方位认知，教师可以运用多媒体展示剪纸的注意要点：首先，将纸对折，并在纸的一侧，绘画一个小狗吃骨头的图像。其次，沿着该图像进行针对性地剪切。最后，展示剪切的注意点，并通过胶带保证剪纸的完整性。总之，小学美术教师通过多媒体展示剪纸的整个制作工艺，并在此过程，让学生对剪纸形成感性化认知。

### （二）设计·应用

在设计·应用课程的安排上，小学美术教师让学生观察生活中的景物，并经过大胆想象，将此景物以剪纸的方式出现，最大限度地激发学生的想象力，让他们通过剪纸的形式将想象转化成现实。在具体落实上，教师让学生联想生活中的各种场景和事物，进行针对性地创作。与此同时，教师时时关注学生的创作状况，并结合每一位学生的看法进行针对性指导，使他们的创造更具有接地性、生动性。在此，教师使用文字的形式展示一位学生的创造成果。该学生说:"我将一张纸对折,在折线的一侧画出一条鱼吃鱼食的图画,并将食物放在折线上。此后,我将图画剪下,并打开这张折纸,便出现双鱼抢夺食物的图画。"总而言之,在设计·应用课程中,小学美术教师让学生了解折纸的方法,并动手实践,最终达到提高他们艺术设计能力以及知识应用能力的目的。

(三) 欣赏·评述

在欣赏·评述的课程上,小学美术教师着重引入具有宁南山区特色的剪纸,并运用慕课的方式,让学生在线上了解宁南山区剪纸的渊源(如回族刺绣、回族砖雕、回族传统文化习俗等的相关性)、宁南山区剪纸的特征(如地域特性、民族特性、审美特性)、宁南山区剪纸的内容(如动植物剪纸、人物类剪纸、器物类剪纸),让学生更为深度地理解宁南山区剪纸自身的发展以及与周边其他民间美术资源的关系。在学生对上述内容有一个基本掌握后,教师让学生欣赏第四届国际剪纸艺术展中获得银奖的《尕妹子的盖头那个飘》作品,让学生从人物、构图、阴阳刻等角度对此艺术作品进行赏析,并对他们的评述给予相应指导,提高学生的审美能力。

(四) 综合·探索

在综合·探索课程的设置上,小学美术教师可以从剪纸工艺品制作的方式问题的解决上,制定相应的剪纸问题。在此次课堂上,教师提出"喜上眉梢"这个成语,让学生运用个人对剪纸内容的理解进行个性化创作,使他们将个人各个学科的知识进行综合化运用,促进学生艺术创造能力的提升。再次,教师介绍一位学生的创造。这位学生将制作两组对称性的喜上眉梢图片,并制作四面呈现墙体的手工造型,在墙体中间放上一根点燃的蜡烛,利用直线可以沿直线传播的科学知识,让墙体上的画以影子的方式投射到桌面上。在综合·探索课程的开展过程中,小学美术教师着重设置具有开放性的问题,让学生进行多种方式的想象,开展剪纸制作,制作出更具有奇思妙想的手工艺品,提高他们对美的创造能力。

## （五）教案展示

### 课程1：《剪纸中的吉祥纹样》

#### 设计思路

本案例为《剪纸中的吉祥纹样》，属于欣赏·评述领域，授课对象为四年级学生。首先以过年时的传统习俗来导入问题，引导学生向传统文化方向靠拢，进一步引出今天的主题，通过展示图片的形式向学生讲述吉祥图案的谐音由来，感悟中国文化用词博大精深，引发学生想象。再向学生展示吉祥图案的题材和技法，并为学生演示在操作过程中需要注意的问题，使学生直观感受剪纸吉祥图案的创作技法，为学生后续的制作打下良好的基础。

#### 教学过程中应注意的问题

在课程讲授过程中，供学生参考和学习的资料图片要准备齐全，为正常开展教学做好准备工作；教师应具备多种能力，教师是教学的主导，无论是理论知识的传授还是实践课程的应用，都需要教师具备全面的美术素养，如果教师的能力不足，学生课堂体验感就不够强烈，教师在全面了解教科书的同时还要增强自身的教研能力，积极丰富学校剪纸艺术课程。

#### 案例拓展

1. 学情分析

本节课是针对小学四年级学生而设定的课程，属于设计·应用学习领域。此年龄段的学生有了控制剪刀的能力，能够独立完成一些简单的剪纸操作，但是对于剪纸吉祥图案的一些创作技法并不能熟知和操作。吉祥图案种类繁多，意味深长，加之剪纸技法的应用，这些因素都为学生们学习剪纸吉祥图案增添了许多困难。虽然学习的过程较为烦琐，但是在宁南山区的小学美术中加强剪纸吉祥图案的学习和欣赏，不仅是对本地区民间特色剪纸艺术的学习和了解，更是通过剪纸的学习发掘其中所涵盖的吉祥图案的特色和寓意，进而促进民间艺术在小学的应用。

2. 教材分析

在二年级上册《百变团花》一课中，学生已经学会了运用多种简单纹样创作出一幅精美的窗花，本课教学力求使学生在百变团花剪纸课程学习的基础上摆脱团花的造型束缚，将带有吉祥寓意的图案通过想象创造，打破重组成新颖的具有独特意义的剪纸作品，由于吉祥文化也是剪纸文化的重要组成部分，是劳动人民在长期社会生活中逐步总结并升华形成的。因此本课程内容的教学不光要传授剪纸的知识技能，更重要的是立足于传统文化学习的情感教育。

3. 教学设计

（1）教学目标。

知识与技能：了解我国宁南山区民间剪纸的特点，了解有关吉祥图案的文化及其发展，学会分析剪纸中吉祥图案所表达的美好寓意，完成一幅剪纸吉祥图案作品。

过程与方法：通过欣赏宁南山区民间剪纸吉祥图案，使学生初步了解有关宁南山区吉祥文化的知识，了解宁南山区民间剪纸吉祥图案的寓意和表现手法。

情感态度与价值观：启发学生感受并发现生活中的美好事物，将其展现到作品中，从而体验到生活的乐趣，通过生动有趣的教学活动，培养学生形象表达能力和创造力。

（2）教学重难点。

重点：通过了解有关宁南山区吉祥图案的文化及特点，加以学习和运用，表达对美好生活的向往之情和未来生活美好的祝愿。

难点：在绘画操作剪纸吉祥图案时的造型要生动、有趣，贴近生活，充分体现吉祥寓意。

（3）教具。

剪刀、彩纸、铅笔、范作等。

（4）教学过程。

①导入新课——问题导入。

教师向学生提问：请同学们思考一下我们过年都有什么传统习俗呢？

学生回答：放鞭炮、吃饺子、贴春联、贴窗花等。

教师向学生提问：窗花是怎么做出来的？有什么寓意？

学生回答：窗花是剪出来的，为了传达人们的美好祝福。

教师总结：窗花是剪纸的一种表现形式，传达了吉祥的寓意和美好的祝福。

接下来进入我们今天的课程——剪纸中的吉祥图案。

设计意图：通过教师提问、学生回答的方式，使学生初步认识了解中国传统文化，引出今天的课题。

②讲授新课。

吉祥图案寓意表达方法：

教师提问：在剪纸中包含了各种题材内容的图案，同学们仔细想一想你见过哪些吉祥图案？向大家介绍一下。

学生回答：蝙蝠、公鸡、梅花鹿、鲤鱼、牡丹等。

教师总结：我国民间剪纸艺术中的吉祥纹样，形式和题材鲜艳、构图饱满。

设计意图：了解吉祥图案寓意的表达方式，题材内容。

举例分析（展示图片）

请同学们仔细观察图片中都有什么吉祥寓意的图案？象征着什么？

学生观看 App 图片，思考问题。

教师：分析可得人们经常将生活中带有吉祥寓意的各种图案寄于剪纸中，利用"谐音"的方法从而传达出美好吉祥的愿望。

吉祥图案的题材分类：

教师：让我们一起来做一个智慧大比拼吧！观察下面的剪纸吉祥图案，小组讨论这些吉祥图案寄托了人们哪些美好的愿望？包含了哪些题材？（观

看 App 图片）

学生观看图片思考并回答：人物类、动物类、植物类、器物类和文字类等。

教师总结：生活中具有美好寓意的事物，我们都可以将它设计成吉祥图案。

设计意图：引导学生观察分析吉祥图案的题材种类，进一步理解吉祥图案的特征。

教师：我们了解了吉祥图案之后，那么我们怎么用剪纸的形式将它表现出来呢？下面同学们和我一起观察老师带来的这几幅剪纸作品，它们的表现方法有什么不同？

学生观察图片并回答问题：左边两幅作品剪掉了原稿点、线、面图案纹样以外的空白部分，右边两幅作品与之相反。

教师总结：前面的图片中的剪纸作品表现技法为阳刻；后者为阴刻。还有部分剪纸采用二者结合的方法，这些技法在剪纸中都是常见的表现手法。

设计意图：通过观察作品，使学生更直观地感受到剪纸作品的阴刻阳刻表现技法的不同之处，使学生更好地理解表现技法的差异。

吉祥图案的装饰纹样：

教师：那么在我们所看到的作品中，图案上所装饰的纹样有什么特点？

学生回答：有圆点、锯齿形、月牙形、朵花形、几何形等。

教师总结：剪纸造型为了突出形象，更引人注目，简洁明了地表现所要表达的事物，往往会在物象上添加一些纹饰，达到一种完美的装饰性。

设计意图：通过观察图案中的纹样，进一步总结出剪纸中应用到的纹样。

教师演示剪纸的方法，请同学们回答都用到了什么方法？

学生回答：画、折、剪、刻、粘等。

设计意图：开拓学生思路，找出剪纸中遇到的问题并共同解决。

③艺术实践。

教师：同学们，你在生活中会选择什么吉祥图案来表达你的祝福呢？让我们一起把它画出来再用剪纸的形式将它剪下来吧,剪纸的内容、外形和颜色的选择可以自己设计。

学生:选择自己想要表达的图案进行创作。

设计意图:学生自主创作,提升创新能力。

④展示交流与评价。

教师:"我相信每一位同学所设计的图案都蕴藏了你们美好的祝福,请同学们和大家分享一下你的祝福吧!"

学生:同学们相互欣赏作品并进行评价。

方法:学生自评、学生互评、教师点评、教师总结

⑤课后拓展。

教师:请同学们课后思考查阅资料,看看还有哪些表现吉祥图案的方式,我们下节课可以一起交流。

### 教学反思

通过本节课的学习,学生对宁南山区民间剪纸吉祥图案有了进一步的学习,了解了吉祥图案中谐音的象征和题材的分类,以及简单的图案表现技法。在讲授的过程中学生们都积极配合,对于谐音猜剪纸寓意的过程很感兴趣,同学们就像猜字谜一样发动头脑思考问题,觉得非常有趣,而在后半部分讲授吉祥图案的绘画时,有部分同学因为在课外辅导班学习美术,所以有相对好一些的美术基础,学习起来相对容易,有的同学基础弱一些,在绘画时相对欠缺,包括在剪纸的过程也是不同水平的同学最终呈现的效果也有所差异。

## 课程2:《剪纸百变团花》

### 设计思路

此教学案例为《剪纸百变团花》,共一课时,为人美版美术教科书二年级上册内容,属于造型·表现学习领域。

首先，通过新媒体技术的导入使学生了解剪纸窗花的用途，并积极参与活动中来，使学生直观地感受剪纸窗花的魅力，激发学生创作的情感。

其次，根据本节课对于窗花剪纸的学习依次了解窗花剪纸的历史及作用。理解分析窗花剪纸的图案及寓意，再向学生展示剪纸窗花不同的折叠方法剪出不同的效果，如四边、六边、八边等折法，引导学生积极参与。

最后，学生根据教师所示范的内容，在自己的理解之上融入自己的创意和想法，对提取的图案进行组合排列，剪出属于自己独特寓意的窗花剪纸。对宁南山区民间剪纸艺术中的吉祥图案进行开发和设计，将一些图案打破重组，合成新的剪纸元素，应用到剪纸窗花教学中，从而在讲授基本知识的同时实现创新发展，发挥学生丰富的想象力和创造力。

### 教学过程中应注意的问题

在绘画窗花图案过程中，由于剪纸折叠技巧的影响，引导学生在画窗花图案时避免繁杂的图案，主题图案得清晰明了，以免在剪刻时混乱不清。在剪刻过程中由于小班年龄的问题，注意在操作剪刀时的安全性。

### 案例拓展

1. 学情分析

本课程内容针对的是小学二年级的学生，处于此年龄段的学生对事物的好奇心强，安全意识薄弱，所以在课上要注意剪刀的操作，合理使用工具。经过之前美术课程的学习，学生们已经接触到一些初级的剪纸知识，知道了简单的折、剪、刻等制作方法，并体验到了一些工具和媒材的特性，对剪纸也产生了一定的好奇心和兴趣。在此基础上教授学生简单剪纸技巧的特性以及与设计的关系，也正符合笔者所要讲授的内容。

2. 教学设计

（1）教学目标。

知识与技能：了解简单的折、剪团花的基本方法，认识基本的剪纸吉祥图案。过程与方法：能将简单的剪纸吉祥图案运用到团花创作中，并运用到其他媒介中，进一步发挥剪纸团花的价值。情感态度与价值观：通过对剪纸团花的学习与创作，启发学生生活中善于动脑动手，并将所学运用到学习和生活中，尝试点缀和美化生活。

（2）教学重难点。

重点：掌握团花剪纸的特点及创造方法。

难点：创作过程中纸的折叠方法和吉祥图案的运用。

（3）教具。

剪刀、刻刀、彩纸、铅笔、范作等。

（4）教学过程。

①导入新课。教师出示手机中某视频软件在新年之际推出的一个特别特效——"窗花剪剪"，在特效中是一个已经折好的十二边剪纸，人们面对手机中的特效，以鼻尖为识别点，随着人头部随意摆动，或是画出自己心中所想图案，完成后剪纸展开就会呈现出一幅精美的窗花剪纸作品。以此活动导入课程，首先教师亲自示范，完成后展现作品。然后请同学们积极参与，并提问道："同学们，你们知道这个作品完成后呈现出的是什么吗？它是以什么方式呈现出来的？"

学生：积极参与并回答，作品完成后呈现出的是一幅窗花，它是通过剪纸的形式表现出来的。

教师总结：对的，剪纸的形式有很多，窗花剪纸只是其中的一种。窗花的剪裁方式和其中吉祥图案的表达也是有一定的设计制作方法的，那么今天就让我们一起学习和创作一幅精美的窗花剪纸吧。

设计意图：通过现代信息技术手段导入课程，提高学生参与的积极性和互动性，带动课堂气氛，为接下来的课程学习奠定基础。

②讲授新课。了解团花的历史及作用：

教师：出示几幅魏晋南北朝时期的剪纸图片供学生欣赏，其中包括"对猴团花""对鸟团花"等，引出团花是我国最早的剪纸实物，同时也是剪纸中一种最古老的形式。

"早在一千五百多年前，我们的祖先就已经学会了用剪纸的形式表现各种美丽的团花,一直传承至今,那么你们知道团花通常用在什么时候吗?"以及剪纸团花中吉祥图案的应用,使学生进一步体会剪纸的乐趣,培养学生良好的剪纸习惯。

3. 教材分析

本课程属于二年级上册第六课,本单元主要是使学生了解纸的特性,并能用剪裁大胆进行造型创作,采用折、剪、撕等方法以平面造型为主。

学生:"我在过年的时候见到过,一般都会窗户上贴上喜庆的窗花来庆祝新的一年的到来。"

教师:"是的,在很多地区包括我们宁南山区,每当过年时或喜庆的日子都会剪窗花来表达美好的祝福和吉祥寓意,增添节日气氛,与我们的日常生活密切相连。"

设计意图:通过引导学生对于剪纸团花历史的了解,使学生对团花有进一步的了解,并理解其作用,之后能更好地运用。

学习剪纸团花的吉祥图案及寓意:

教师:出示几幅纹样不同的剪纸团花,引导学生观察分析"为什么叫作百变团花呢?他们都在什么地方有变化?"

学生:"因为团花上面的图案都不一样,不同的图案产生了不同的效果。"

教师:"那我们观察一下团花的图案都有什么特点和寓意呢?"

学生观察讨论总结:"有的图案上面是一些动物、植物等。有的是一些简单的图案。"

教师:"是的,同学们说得很全面。第一幅图中的蝴蝶图案,在我国的传统文化中,通常具有福气临门、吉祥如意之意,在古典民间故事《梁祝》中'化蝶'的情节,深刻地演绎了美好的爱情;像第二幅图围绕着金鱼,而荷花也是莲花,有'连年有余'之意,也表达了人们对于美好生活的祝愿;而第三张图看似没有繁杂的图案,但是也运用到了一些简单的剪纸符号,如月牙纹、锯齿纹、几何纹等,除此之外还有很多,如花叶符号、回纹符号、云、山、水符号等。"

教师再出示各种符号图案的团花剪纸供学生欣赏学习。

设计意图：通过观察探究剪纸团花，使学生加强观察事物能力，培养学生认真观察的态度。了解团花图案的类型寓意并灵活运用，为之后学习其他类型剪纸奠定基础。

观察思考剪纸团花图案的布局：

教师："请同学再次观察团花剪纸的图案在布局上有什么不一样?"

学生："有的图案很大，并且分布较少，重复的图案少；有的图案很小，但是分布得很密集，看起来很丰富，而且重复的图案也很多。"

教师："是的，非常棒！那么同学们思考一下，图案分布得多少、大小、疏密等和什么有关系呢?"教师演示不同折法，三折、四折、五折……画上相同的图案，之后给学生观察不同折法裁剪完之后图案的区别。

学生："我发现折的次数越多，图案出现的次数就越多，越密集，看起来越丰富！"

教师总结：根据折法的不同，呈现出的效果也不同，还需要学生多多探索其中的奥秘。

设计意图：通过直观演示的方法，使学生更清楚直观地感受到不同折法所创作的作品的不同，引导学生敢于尝试和探索，善于总结经验。

①艺术实践：

教师："同学们，刚才老师已经讲过了窗花剪纸的历史、吉祥图案及纹样符号和不同的折法，想必同学们也已经迫不及待地想要尝试一下了，心中也有了想要表达的美好寓意，那么就赶快发动你们的脑筋来创作一幅精美的窗花剪纸吧。"

学生：各自按照自己的想法认真地创作。

设计意图：使学生将老师所讲知识巩固吸收，起到强化练习的作用。

②展示交流与评价。

教师：我相信每一位同学所设计的团花剪纸都蕴藏了你们美好的祝福，请同学们和大家分享一下你的祝福吧！

学生：同学们相互欣赏作品并进行评价。

方法：学生自评、学生互评、教师点评、教师总结设计意图：通过展示与交流，促进学生们的审美能力、表现力和创造力，学会欣赏自己和其他人的作品。

③课后拓展。

教师："团花的作用其实并不单一，不仅在节日时会出现，同学们想一想团花剪纸还可以出现在哪里呢？如和我们生活相关的物品，是不是可以起到装饰生活、美化物品的作用？发动脑筋想一想都可以运用到哪里吧。"

### 教学反思

在上课过程中同学们都很积极，有部分同学反映对窗花剪纸有些了解，无论是在学校的课本上接触过，还是电视里见过，都有些涉及，知道窗花剪纸的用途。但是大部分同学都说这是第一次学习窗花剪纸，而且对二年级的学生来说是一门很新奇的课程，愿意积极参与，在课上同学们兴致也很高。之后根据老师所讲述的步骤，每位同学都能根据自己的想法来设计漂亮的窗花。但是在剪纸的过程中，少部分同学对于使用剪刀的流畅性还有待提高，导致剪出的线条不是很流畅，还有学生反映在剪弧线时最难，这些都需要加强练习。尽管有一些小问题，但是剪裁完成后打开剪纸呈现出一幅精美的作品，同学们都不禁赞叹："哇，好漂亮，我要再剪一幅送给我的朋友"，看到学生们开心的样子让笔者很欣慰。最后通过提问的形式进行课堂巩固，加深学生印象。

### 三、砖雕与泥塑

#### （一）造型·表现

为了让学生在造型·表现课程中，对砖雕与泥塑有一个基础性的认知，教师在美术课堂上，引入相应的视频，让学生了解砖雕与泥塑的特点，即形象生动、立体、分明。与此同时，教师引入宁南山区特有的固原砖雕和隆德杨氏泥塑，让学生从固原砖雕和隆德杨氏泥塑中分析砖雕与泥塑的特点，让学生对砖雕与泥塑的造型有一个整体性认知。

## （二）设计·应用

在学生对砖雕与泥塑形成感性化的认知后，小学美术教师可以从学生已有的认知入手，制定相应的砖雕与泥塑，锻炼学生的工艺品设计和应用能力。在具体的实践活动中，小学美术教师可以让学生运用橡皮泥制作相应的砖雕与泥塑作品。为了让学生的制作更具有操作性，教师可以通过多媒体，展示常见的橡皮泥制作方法，如揉、搓、剪、压等方式，让学生掌握橡皮泥的制作方式。在此，教师运用文字展示学生用橡皮泥制作的砖雕与泥塑作品。一位学生将黑色的橡皮泥制作成一个换盆，用绿色的橡皮泥制作成花枝，用红色的橡皮泥制作成花朵，形成一个雕刻品。在此作品上，该位学生运用剪的方式，将该作品的边沿制作成相应的棱角，给人以雕刻之感。总而言之，在砖雕与泥塑的设计和应用过程中，小学美术教师通过在设计·应用课程中的相关教学，一方面让学生借助橡皮泥的方式进行雕刻创作，另一方面使他们充分想象，让雕刻作品更具有生动性和立体感，提升学生感受美、表现美的能力。

## （三）欣赏·评述

在进行欣赏·评述课程的开展中，小学美术教师可以引入固原砖雕和隆德杨氏泥塑，让学生在欣赏固原砖雕和隆德杨氏泥塑的过程中，感受其特有的立意新颖、雕工精细、造型生动、构图严谨的特性。与此同时，在实际的授课过程中，小学美术教师可以让固原砖雕和隆德杨氏泥塑的工艺传承人讲授此种砖雕的方法，并让他们采用边示范、边讲解的方式，为学生讲授固原砖雕和隆德杨氏泥塑的固有特点，使他们更为生动的理解砖雕的特性。此外，小学美术教师在学生赏析过程中，可以让他们从个人已有砖雕与泥塑知识入手，分析砖雕是否体现砖雕与泥塑的特点，并进行针对性赏析和评述，促进学生美术语言运用能力的提升，促进他们个性化审美能力的形成。

## （四）综合·探索

在综合·探索的课程开展中，小学美术教师可以开展综合性的问题，让学生结合个人的认知以及掌握的美术知识进行针对性的问题探究，提高学生综合探究问题的能力。在具体的执行过程中，小学美术教师设置如下的问题：请综合运用各个学科的知识，制作一组砖雕与泥塑，讲述民间故事。与此同时，为了让学生的砖雕与泥塑制作更具有启发性，教师鼓励学生发表个人看法，并提出针对性的评价，让他们的砖雕与泥塑制作更具有科学性。在此，笔者简要展示一位学生制作的一组砖雕与泥塑。该组砖雕与泥塑展示的是乌鸦喝水的故事。第一幅，乌鸦站在红色水杯的边沿上，其正下方有一堆白色的石子。第二幅，乌鸦将其中的五个石子放入水杯中，其口中仍含有一个石子，呈现微微张口放下石子的姿势。第三幅，乌鸦将全部石子放入杯中，杯中水面稍稍露出边沿。在此之后，乌鸦低头喝水。在综合·探索过程中，小学美术教师让学生从个人掌握的故事入手，进行针对性探索，既激发学生的想象力，又促进他们动手能力的提升，促进学生综合思维的形成。

## （五）教案展示

### 课程1：《创意砖雕》

#### 设计思路

此教学案例为《创意砖雕》，属于造型·表现学习领域。首先，通过新媒体技术的导入使学生了解砖雕的用途，并积极参与活动中来，使学生直观地感受砖雕的魅力，激发学生创作的情感。其次，根据本节课对于砖雕的学习，依次了解砖雕的历史及作用，理解分析砖雕的图案及寓意，引导学生积极参与。最后，学生根据教师所示范的内容，在自己的理解之上融入自己的创意和想法，对提取的图案进行组合排列，雕刻出属于自己独特寓意的砖雕作品。对宁南山区民间砖雕艺术中的吉祥图案进行开发和设计，将一些图案打破重组，合成新的砖雕元素，应用到砖雕教学中，从而在讲授基本知识的同时实现创新发展，发挥学生丰富的想象力和创造力。

### 教学过程中应注意的问题

在雕刻过程中注意操作刀具时的安全性。

### 案例拓展

1. 学情分析

本课程内容针对的是小学五年级的学生，处于此年龄段的学生虽然已经有了一定的安全意识，但还是要在课上注意剪刀操作的安全性，合理使用工具。经过之前美术课程的学习，学生们已经接触到了一些初级的砖雕知识，并体验到了一些工具和媒材的特性，对砖雕也产生了一定的好奇心和兴趣。在此基础上教授学生简单砖雕技巧的特性以及与设计的关系，也正符合笔者所要讲授的内容。

2. 教学设计

（1）教学目标。

知识与技能目标：通过课程的学习，学生了解以及感受宁南山区民间砖雕艺术的手工工艺制作过程，学生动手体验砖雕创作的乐趣，学生能够临摹或创作一幅砖雕作品；方法与过程目标：通过视频演示以及组织学生走进砖雕作坊现场观看艺人们雕刻砖雕、烧制成品的步骤等多种教学方法，进一步体验以及感受传统的工艺制作；情感、态度与价值观目标：通过本节课的学习，同学们能够了解这门传统的工艺制作，感受其艺术魅力，爱上宁南山区民间砖雕艺术，使他们树立对宁南山区民间砖雕艺术的传承与发展的意识。

（2）教学重难点。

重点：了解宁南山区民间砖雕的传统的工艺制作，学生能够根据自己的能力临摹或主题创作一幅砖雕作品。

难点：对宁南山区民间砖雕艺术特色的表达。

（3）教具。

刻刀、卡纸、铅笔、范作等。

（4）教学过程。

①导入新课——问题导入。

通过前几节课的学习，我们了解认识宁南山区民间砖雕，那想一想我们见到的砖雕是如何制作的呢？有哪几种印制形式呢？同学们积极讨论回答，教师总结。经过学习，同学们肯定熟知宁南山区民间砖雕，那么大家想不想亲自动手试试呢，试着制作一下宁南山区民间砖雕。进而导入新课，出示课题《创意手绘砖雕》。

②讲授新课。

教师提问：通过之前课程的学习，同学们还记得对宁南山区民间砖雕题材和内容吗？

学生讨论回答，教师总结。同学们，可以选择一个某题材或者某主题，结合我们生活中所见所闻事物、采用宁南山区民间砖雕独特构图、雕刻形式进行创意制作。

③观看、示范讲解制作过程。

首先，了解宁南山区民间砖雕制作过程。

课件播放手艺人制作砖雕视频以及展示手艺人制作的图片。宁南山区民间砖雕制作流程大致如下：造泥—制坯—晾干—烧制—冷却——打磨，即先将黏土、亚黏土加水充分搅拌糅合均匀，形成无气泡、无硬块、无砂粒、软硬适度的坯料，接着在内腔刻有特定图案的砖模上压制成砖坯，脱模后自然晾干，然后在砖瓦窑内烧制 30~40 天，并向烧热的砖坯上喷水冷却，进行窨水、关色，使其呈现绿豆青或青灰色，最后利用砂轮、砂纸、刻刀等器具进行修整、磨光等多道工序。

由于砖雕的专业制作过程比较烦琐复杂，学校无法提供制作砖雕的工具和材料，特别是烧制器材。因此，着重体验造泥—制坯的过程，下面老师要讲解制作步骤请同学们仔细观察。

其次，教师讲解示范。

第一步构图的设计。

第二步起形勾描、注意线条粗线，通过学习了解宁南山区民间砖雕艺术特色后，确定宁南山区民间砖雕的内容，结合自己的喜好，根据表达的主题，也可以为宁南山区民间砖雕添加一些生活设计元素。

第三步雕刻。

最后，课堂练习。

作业要求：根据课上所学习的宁南山区民间砖雕的内容，学生能够独立完成一幅砖雕作品。学生能够把宁南山区民间砖雕的构图、造型、寓意等多方面充分地展现出来。

④展示交流与评价。

学生自评：学生对自己的作品进行阐释表达以及评价。

学生互评：同学之间互相评价，指出同学优点值得学习，互相学习进步。

教师点评：教师给予同学们准确而恰当的教学评价，肯定同学们的进步，指出不足的之处，为学生后续发展指明方向。

### 教学反思

通过本节课的学习，进步提高学生绘画、雕刻与创作的能力。每个学习的美术基础和能力有所不同的，所以作品存在差异性，教师采用多种评价方式对宁南山区民间砖雕作品进行评价，鼓励学生多样化地学习与发展。

## 课程2：《泥塑》

### 设计思路

【教材分析】

"综合·探索"学习板块是指通过综合性的美术活动，引导学生主动探索、研究、创造以及综合解决问题的学习板块，需要教师不再局限思维，尝试探索美术与其他学科、美术与实际生活之间的关系，开发出精彩且凸显美术学科特点的"综合·探索"学习板块的课程。

在教学过程中，教师应注重开展以学生为主体的讨论环节，引导学生探索美术学科与其他学科之间的联系，将美术学科与实际生活相联系，实施跨学科的教学活动。对于一年级学生来讲，教师可利用多媒体播放动画，结合声乐教学，引导学生表达自己的想象力。本单元笔者设计的《彩泥》一课的重点在于超轻黏土的造型，将隆德杨氏泥塑中的工艺技法融入黏土造型中，运用超轻黏土去塑造几组故事场景，将其与民间艺术——隆德杨氏泥塑文化相结合进行美术教学，充分利用民间优秀资源，编写符合当地小学生发展的校本课程与教材。

### 教学过程中应注意的问题

在雕刻过程中注意在操作刀具时的安全性。

### 案例拓展

1. 学情分析

在前面三个单元的学习基础上，该班级学生已经具备一定的泥塑造型能力，这个单元重点在于将隆德杨氏泥塑的独到工艺融入超轻黏土进行创想与表达，这节课的造型难度符合一年级学生的学习水平，教师将设定海底世界、水果乐园、动物王国以及美食天堂四个主题，让学生分组进行设想与创作。本节课运用超轻黏土造型会比陶泥造型稍加容易，适合一年级学生进行创意表达，笔者将创设几个故事场景，将学生分组，每组获得一个主题进而进行有主题的想象，从而开始动手实现这个设想的场景，不仅可以开发学生的想象力，还可以锻炼学生的泥塑造型表达能力，最后展示的时候请学生讲述所设想的内容，也是对学生口头表达能力的提升。

2. 教学设计

（1）教学目标。

①知识与技能：通过本课程学习，加强学生对隆德杨氏泥塑工艺技法的

练习，提升其造型能力，开发学生的想象力，引导学生将美术学科带入生活，将美术与民间艺术文化相结合，同时体验跨学科的学习活动，探索美术与其他学科之间的关联点。

②过程与方法。

教师通过场景设定，让学生分组进行有主题想象创作，进而将所想内容用彩泥制作表达出来，最后讲述自己的创想内容。

③情感态度与价值观。通过将泥塑工艺与超轻黏土融合，灵活展现隆德杨氏泥塑技法的运用，让学生体会到民间艺术的独特魅力，被先人的智慧折服，从而产生敬仰之情，传承本土文化。

(2) 教学重难点。

重点：注重分组合作的默契度以及每位同学对隆德杨氏泥塑技法的熟练掌握程度，每组塑型内容的统一。

难点：每组制作的主题不同，课堂避免不了喧闹，教师应做好控堂，指导好每组创作进度。

(3) 教具。

课件、泥塑工具、陶泥、太空泥等。

(4) 教学过程。

①导入新课——动画导入与谈话导入结合。

教师：今天老师要带你们去几个有意思的地方，请看黑板，这是哪里？（展示动画海底世界小片段。）

学生：海底世界。

教师：对，是海底世界，今天老师带领你们去游览海底不一样的天地，观察里面有哪些海洋生物，记住它的样子。除了海底世界有很多生物，是不是动漫王国也有很多小动物呀？（展示一组小动物的超轻黏土作品）你们还认识这些小动物吗？之前的课程我们学习过。

学生：认识，是小兔子、小乌龟、小猪等。

教师：看样子，你们学过的课程都记得，那你们还记得怎么制作吗？还记得隆德杨氏泥塑的口诀吗？

学生 A：我们要用陶泥捏出想要的形状，还要搓、拉。

学生 B：老师我记得口诀是"搓印甩拉以手为模、捏粘挤压以指达意"。

教师：同学们都很棒，今天这节课我们暂时用不到陶泥，但是我们要牢记这句口诀的要领，运用其中的技法用超轻黏土塑造物体。这里老师给你们几个命题创作：海底世界、动漫王国、水果乐园、美食天堂。

②讲授新课。

教师：老师给你们每组准备一个长方形垫板，你们先在垫板上铺一层黏土，接下来塑造的物体都粘在这层黏土上，现在将你们分成六组，自由选择以上四组命题进行主题想象。

教师：小组 A、B 选择的是海底世界，小组 C、D 选择的是动漫王国，小组 E 选择的是水果乐园，小组 F 选择的是美食天堂，分组完毕，接下来是你们的创想制作时间，小组之间要先进行讨论，商讨你们每个人要塑造的形象，分工明确。

③学生创作，教师巡视指导。

④展示交流与评价。

这节课我们一起分组进行了有主题创想的创作，比之前的泥塑课稍微提高难度，同学们表现得都很棒，尤其是小组 E 创作的水果乐园，他们组做了两组作品，完成度很高，每个作品塑造得很形象，小组 A、小组 B 两组创作的海底世界也十分出彩，形象地表现了海底的另一番景象，还有 F 组美食天堂做的冰激凌、饼干等让人看了很有食欲，造型与色彩运用都恰到好处，其他小组完成得也不错，但是造型仍需加强锻炼。

### 教学反思

通过本次课程学习，笔者明显感觉到学生的泥塑水平得到提升，他们在塑造物体时懂得融会贯通，加入自己喜欢的元素，可以独立设计一个物体，具有一定的塑造能力，对隆德杨氏泥塑的独特工艺也有了进一步的体验，而且通过四个单元的学习，学生从一开始不知道何为泥塑，到如今了解了泥塑的发展历史、宿迁地方文化——隆德杨氏泥塑、知晓隆德杨氏泥塑的制作方法以及可以运用这些方法去塑造与表达。通过此次校本课程的学习可以从小培养学生正确的价值观，开拓他们的知识面，促使其真正开始了解泥塑艺术，开始热爱这门艺术，渐渐地喜爱上家乡文化，产生浓烈的热爱之情。可以期待以后终究会有学生投身于民间艺术，了解更多的地方文化，传承我国优秀的非物质文化遗产。

# 第六章

# 宁南山区民间美术资源与小学美术教学实践的开展

## 第一节 走出去：组织学生到宁南民间学习美术

### 一、教师转变对学生民间美术学习的认知

通过让学生进行民间美术的学习，教师可以让学生通过实践，增强探究和创新意识，学习科学研究的方法，发展综合运用知识的能力，增进学校与社会的密切联系，培养学生的社会责任感，真正让学生培养成一个全方面发展的适应社会变化的高素质人才。为此，小学美术教师需要真正意识到让学生参与民间美术学习的重要性，并组织学生参与其中，促进他们美术综合学习能力的提升。

### 二、引导学生走进民间文化

小学美术教师可以通过多种方式，引导学生走进民间文化，开展多种实践活动，掌握探索民间美术知识的方法，提升他们的综合美术学习水平。

## （一）创办本土民间艺术文化活动

为了让学生走入民间美术中，到民间学习相应的美术形式，教师借助小学学校的力量，获得政府以及相关部门的支持，创办本土民间艺术活动，邀请更多的手工艺人走入此项活动中，让他们展示个人的手工艺品。与此同时，学生可以结合这些优秀的手工艺品，与这些艺人进行深入交流，在观察中感受美，提升学生的文化、审美品位。

## （二）收集本土民族民间文化艺术方面资料，以美术视角展示相应作品

教师让学生通过看电视、上网等途径，了解本土民族民间文化艺术的资料，以美术的形式表达自己的态度与感受，从而引导他们尝试用生活中的素材创作美术作品。如教师让学生用宁南山区剪纸的构图形式创作关于惠民政策的宣传画时，学生对宁南山区民间美术的风格和惠民政策的概念相对陌生。教师应引导学生了解相关内容，通过看电视、看报纸、网上查询等多种途径积累资料，进而以美术创作的形式表达自己的态度与感受。总而言之，在民间美术的创作过程中，小学美术教师一方面可以让学生收集身边发生的重大事件、自己感兴趣的事件、自己印象深刻的事件，另一方面可以使他们将民间美术资源的构图特点与当地的政策进行完美融合，进行对应作品的创作，提升学生的美术实践水平。

## （三）运用信息技术展示民间美术资源，让学生走进民间文化

在当前信息时代的背景下，将信息引进小学美术课堂是必然趋势。教师应利用信息手段更好地将本土民族民间艺术文化引进小学课堂，增强美术教学的效果，促进教学方式的多样化。在课堂教学中，教师利用实物和多媒体，带领学生走进民族民间艺术文化的世界，让学生得到更为直观的体验，激发学生的积极性和学习兴趣。

例如，在介绍"宁南山区民间社火脸谱"这部分内容时，教师通过收集的资料、教材和相关视频，让学生欣赏宁南山区社火脸谱艺术的图示结构，从而培养学生的感知能力。与此同时，在小学美术课堂中渗透本土民间

艺术，教师应采用多种教学方式与灵活的教学手段，不断创新教学内容，让学生在欣赏、实践小学习知识的同时，提升自身的审美能力。教师应把更多的民族民间艺术引入课堂教学，推动民间艺术的传承、发扬。

## 三、开展民间美术专题探究活动

### （一）课题背景、意义及介绍

1. 背景说明

中国民间美术是我国传统文化精髓之一。它种类繁多，寓意深刻，文化内涵深厚，是一个自成体系的美术种类，存在于劳动人民生活的衣、食、住、行、用等方面，在劳动人民社会生活中发生、发展，流传了几千年的美术品种。因此，鼓励学生接触民间美术，并培养起学生对民间美术的学习兴趣，强化学生对民间美术的自主探索能力。

2. 课题的意义

随着现代化的文化浪潮进入乡村的每一个角落，传统民间美术赖以生存的经济基础迅速瓦解，以机械化、自动化为标志的大工业生产方式，已逐步取代手工劳动，在这种状况下，许多民间艺术品被认为是过时的东西而被很多人摒弃了。让学生分组选题、收集素材、合作调查等，从而较为全面地了解我国民间美术的辉煌成就，同时也是对民族历史文化传统的传承和发展，也使我们树立民族自信心、增强民族自豪感。

### （二）研究的目标与内容

本次研究性学习选取了我国民俗文化的主要内容中典型的中国民间美术内容：剪纸、刺绣、砖雕、泥塑、皮影、脸谱。

各地各族都有自己的节日与节日活动的内容，民间艺术与这些节日紧密结合着，民间艺术品中寄寓了劳动人民对生活的热爱和对幸福生活的期盼，让学生分组选题、收集素材、合作调查等，从而较为全面地了解我国民间美术的辉煌成就。

（三）研究过程及阶段

1. 动员和训练（初步认识研究性学习、理解研究性学习的方法）

学生活动：了解本次学习的内容、学习方法和学习途径、解决质疑。教师活动：介绍研究性学习模式和传统模式的异同；介绍研究性学习的方法、途径，激发兴趣并释疑。

2. 专题准备阶段

第一步，提出与选择专题。学生活动：思考民间美术的定义，欣赏民间美术作品以及创作思想，对民间美术作品有一个感性认知。教师活动：提出问题，引导学生运用生活材料，借助个人的奇思妙想，制作一件生活中的民间手工艺品。在此之后，教师让学生介绍与手工作品相关的艺术家以及该作品的产生及发展。

第二步，成立专题小组。学生活动：学生根据个人意愿进行自由组合，成立相应民间美术资源专题小组。教师活动：对学生自行成立的美术资源专题小组进行指导，如小组运用的规则、研究的内容、小组成员职责的安排。

第三步，形成小组方案。学生活动：小组结合教师的指导，明确个人的任务，并在此过程中，进行相应任务的制定以及具体方案的落实。教师活动：教师结合学生提出的各自任务，进行针对性指导，让学生在方案落实的过程中，既可以完成个人的任务，又能促进小组成员方案的达成，促进本小组最终任务的完成。

3. 课题实施阶段

学生活动：第一，创新设计：以自由组合的小组为主，将课件收集的材料进行筛选，根据材料的特殊造型，运用"脑力激荡法"启发创作思维，最后确立设计的方案。第二，操作实践：根据确定下来的设计构思，结合课外收集整理的材料，运用各种组合与连接的方法，在课堂上操作完成。第三，改进完善：在老师的指导下，通过组内同学的共同努力，进行进一步的修改完善。第四，整理资料：将几个阶段的照片、录像、文字材料进行整理。第五，修改定稿：根据上次展示交流后的改进意见，进行再一次修改，最后定稿。第六，回顾创作：小组讨论，本次的最大收获与体会，并进行班级交流。

(四) 总 结

中国民间美术是我国传统文化精髓之一，它种类繁多，寓意深刻，文化内涵深厚，存在于劳动人民生活的衣、食、住、行、用等方面，在劳动人民社会生活中发生、发展，流传了几千年的美术品种。通过进行此次专题探究活动，教师一方面可以鼓励学生接触民间美术，并培养他们对民间美术的学习兴趣，强化学生对民间美术的自主探索能力，另一方面让学生分组选题、收集素材、合作调查等，较为全面地了解我国民间美术的辉煌成就，使学生走近民间美术、走近生活，达到拓宽美术视野，增长知识，陶冶情操的目的。通过多种实践，让学生感受民间美术的魅力，培养学生对民间美术的欣赏能力，还可以促进学生对民族历史文化统的继承和发展，使他们树立地域文化自信心。

# 第二节　引进来：将宁南民间美术请进校园之中

## 一、民间艺人进校园

在将民间美术请进校园之中的过程中，笔者在此部分内容的论述中，重点将民间艺人引入校园作为其主要的途径，并从民间艺人与教师进行学术交流以及民间艺人在学校担任宣传民间美术资源的重要力量两部分进行此部分内容的论述。

## （一）开展民间美术教学学术交流

小学是培养创新精神和实践能力人才的重要平台，是教师教学、学生思维最为活跃的地方。在将宁南山区民间美术请进校园的过程中，小学学校领导以及美术教师可以聘请技艺精湛且有一定影响力的民间艺人、"非遗"传承人进入小学，让他们与小学美术教师、学生面对面进行交流或举办讲座，不但为小学美术教师提供真实、新鲜的民间美术资源，促进小学美术理论研究的交流，更利于民间美术资源的传承与保护研究工作及相关课题的开展。更为重要的是，民间艺人对小学民间美术教学的传承、保护、发展也会提出一些新的、科学的建设性意见，在互助互利的基础上促进宁南山区民间美术资源保护工作的开展。总而言之，在进行学术教学的过程中，小学美术教师以及学校领导可以将优秀民间艺人请入课堂，开展民间艺人与小学美术教师、学生之间的面对面交流，尤其是对小学民间美术资源传承以及小学美术教学方法提出针对性的建议，促进小学美术教学质量的提升。

## （二）民间艺人进校再学习，引入小学美术课程的有生力量

众所周知，很多少数民族都有自己的文化、习俗。为了促进民间美术资源的有效传承，笔者认为：各地政府的文化部门或"非遗"保护部门牵头并提供一定的资金支持，从全省各地挑选优秀的，有潜质的，特别是年轻的民间艺人进入相应的民间美术资源教育机构进行文化进修再培训，在原有的传统民间文化和技艺基础上继续学习、钻研，不但可以保留其原有传统的文化特色，还能有所突破、创新。更为重要的是，在民间艺人学业修毕返回原籍后，小学学校领导可以邀请这些优秀的民间艺人在当地从事民间美术资源相关宣传工作，尤其是与当地小学美术教师进行商讨，构建具有当地特色的民间美术资源课程，在丰富现有民间美术资源的基础上，为学生搭建更为丰富的美术理论学习和实践学习课堂，提升整体的小学美术教学质量。

## 二、建民间手工作坊

### （一）建民间手工作坊的作用

笔者认为通过建立民间工作坊，开展教学实践，有利于落实对学生美术核心素养的培育。小学美术课标中提出的"图像识读、美术表现、审美态度、创新能力、文化理解"这五大学科核心素养的培养落实，关键还是在课堂教学这块阵地上。具体言之，小学美术教师在引导学生对剪纸图稿的研读、设计中，可以有效发展学生图像识读、美术表现等能力；在历代优秀剪纸作品欣赏中侧重培养学生审美态度和文化理解；在系列主题剪纸创作中侧重培养学生的创新能力等。由此可见，传统优秀民间美术资源可以有效促进学生美术素养的形成。值得注意的是，美术五大核心素养的培养不是孤立地进行，一节好的课堂应该是环环相扣、学生的综合素养得以融合提升。为此，工作坊在开展系列剪纸教学活动中，同样要注重联系现实生活和学生生活经验，创设一定的问题情境，不断优化课程内容与教学方法，逐渐实现从学科本位、知识本位转向发展学生核心素养的育人本位，实现培养学生美术素养的目的。

### （二）民间手工作坊的运用方式

#### 1. 落实"一校一室坊"的民间手工作坊形式

美术工作坊是传承中华优秀文化艺术，弘扬伟大民族精神的有效载体。因此，小学学校领导以及美术教师可以进行"一校一室坊"的创建活动，构建以宁南山区民间美术资源为主的手工坊活动，在不断的实践探究中，旨在通过"一校一室坊"的实践活动，传承民间艺术，激发孩子们对中华民间艺术文化的热爱，同时也为学生愉悦学习、健康成长、自主发展提供平台。在具体的"一校一室坊"民间手工作坊制作中，小学美术教师可以借鉴如下方式。

首先，划分区域。工作坊的物理空间建设大致分为三块区域：实践体验区、材料储存区、作品展示区。

其次，区域构建。在实践体验区设定中：小学学校领导以及教师可以设立大小坊间两种形式。第一，大坊间：即美术专用教室，其用于班级剪纸教学。大坊间可以同时容纳50人左右的大班额学生活动，主要用于美术课堂教学和班级民间美术资源的教学活动。室内按照大班额配齐桌椅，按照美术教室建设要求配备教学一体机、大屏幕、教学仪器柜等设施设备。有学生手工作品陈列柜、学习材料、工具柜等。在四周墙体设立学生作品展示区域。室顶设立悬挂杆链等，主要用于展示学生民间美术作品（如剪纸作品、刺绣作品、砖雕作品、皮影作品等）。第二，小坊间：即剪纸专用室，其主要用于宁南民间精品美术作品收藏、社团活动和师生爱好者学习交流。

（1）材料储存区：紧邻美术室，主要用于存放各种宁南民间美术作品材料，如剪纸所需的纸张、木片、树叶、团扇以及剪纸作品装裱框、装饰工具、剪刀、刻刀等。与此同时，在此区域设置材料、工具保管制度、领用登记等。

（2）作品展示区：剪纸作品展示区域分为：班级展示区、悦文化长廊展示区、校园精品展示区等。学校在营大坊间时，可以让校园处处可见宁南山区特有的民间美术作品，处处弥漫着民间艺术气息，潜移默化中让更多师生加入民间美术作品制作团队，在这项传承美，创作美的活动中，小学会创新学习、自我发展，更加阳光自信、悦纳自我、悦纳他人，包容世界。

2. 在学校设置草编工作坊

"一校一室坊"学校美术工作坊教学是新型的美术教学方式。小学学校领导以及美术教师可以探索一条以工作坊为主题的美术教学途径，以不同年级、不同学知水平为出发点，以"传承"与"创新"为切入点，注重培养学生个性，鼓励互动合作，迸发创意灵感，乐在学习。在"玩的方式感悟美"的理念引领下开设草编工作坊，拓展学生思维，合作解决问题，充分自由表现。具体做法如下：

（1）在时间上采取自由和集中相结合的原则。每周两次的社团活动课，中午是学生在工作坊的活动时间，工作坊安排教师对学生进行辅导。课堂教学以校本教材为授课内容，全校普及麦秆工艺，在初中和高一、高二两个年级开设校本教材课程，集中授课，教师主要讲解理论知识、作品赏析、技法步骤等。

（2）学习方式上采用独立与合作相结合的原则。在练习上独立完成，在创作上合作学习。

（3）课程开发上采用传统与创新相结合的原则。立足于传统，学习传统辫、编技法，熟练掌握传统手工艺，如草帽、包、蝈蝈笼等小玩意的制作步骤。融合现代艺术元素、设计理念，制作出有创意的草编作品。

（4）学习内容上采用理论知识与实践操作相结合的原则，通过实践操作，提高学生动手能力。

草编工作坊形成了校园文化建设的一大亮点，是课堂教学的外延形式，也是进行全面素质教育的有效手段。是艺术交流创造最有效的途径，有效使用空间、时间，培养学生专注学习，勇于实践的能力，弘扬工匠精神。工作坊更灵活，把学生零散的课余时间利用起来，给学生创设了一个固定的、有情境的学习氛围。

### 3. 在学校建立草编陈列室

随着现代美术教育的不断发展和深入，陈列馆在小学美术教育中的作用也显而易见，扩大了学生的认知领域，可以从中感知民间艺术大师草编制品，学习现代的草编艺术品。对文化内涵的学习可以让学生更好地了解传统草编的文化渊源，展示出民间大师和现代优秀草编作品，可以提高学生的眼界，拓展学生的创作思维。

综上所述，民间美术蕴含着丰富的民族文化以及人们对美好生活的愿景。在小学美术教育中应普及民间艺术，在教学中改变以往的授课方式，提高教师的综合能力，提高民间美术在现代美术教育中的地位，汲取民间美术的精华，借助现代化教学手段去传承和发展，使其符合时代的需求，让优秀传统文化走进现代生活。总之，在美术课中融入优秀的传统文化元素，必将是现代美术教育的一大趋势。

## 第三节 美育人：培养学生民间美术能力与素养

### 一、培养学生民间美术能力

#### （一）审美能力

1. 整合民间美术资源，培养学生审美能力

教师需掌握民间美术资源的抽象性、随意性、规整性、完美性、实用性等特点，围绕小学美术教学的中心和主旨，以促进学生审美能力发展为依据来进行教学资源开发。

（1）网络渠道。

教师可以利用网络渠道来获取海量的民间美术资源，选择突出美术教学重点与难点，以及具有较强特色性和多元性的部分，鼓励学生以此为切入点来进行美术学习，让他们在实际的执行中获得综合审美能力的提升。

（2）生活实际。

小学美术教师可以从学生的实际生活出发，提取一些具有现代化气息和民间美术特性的事物或者案例，引导学生从直观的生活入手来进行学习，使他们在意识到民间美术资源的重要性，并有意识地联想个人在民间美术资源方面认知，加深对民间美术课程的理解，逐步在转变个人审美思维的过程中，塑造学生独有的审美能力。

（3）民间资源。

小学美术教师可以引入形式多样和内容丰富的民间资源，如雕塑、泥塑、剪纸、皮影等，让学生分别从创作形式、创作风格、艺术特点等方面进行鉴赏和学习，旨在激发他们学习能动性的同时，使学生跳出美术课本中固有的美术思维认知，从更为多元的角度鉴赏相应的民间美术作品，提高学生

的审美能力。

### 2. 营造美术教学环境，培养学生审美能力

众所周知，大部分小学生的形象性思维发展更为活跃。这就意味着学生无法自主地对具有地域特色的民间美术作品进行鉴赏。基于此，小学美术教师需以计算机软件和信息技术系统为依托，对以图片、音频、动画、视频、文字、符号等形式呈现的民间美术资源进行处理和编辑，借助多媒体教学设备来进行展示。在此之后，小学美术教师可以从学生的角度入手，构建最贴近美术氛围和场景的教学情境，全面调动他们的视觉、听觉、思维，引导学生从不同的方面、维度、层次入手来进行美术作品鉴赏。值得补充的是，小学美术教师可以根据实际状况，在充分考虑学生的知识接受能力的情况之下，利用多媒体教学的方法来进行各种民间技能的展示，将其和教师示范进行整合，促使学生能够在审美思维的指导下进行有效练习。

### 3. 开展多元美术活动，培养学生审美能力

通常情况下，受到各方面因素的共同作用和影响，部分小学生本身的个体差异十分明显，自身的感知、应用美等能力各不相同。基于此，小学美术教师可以充分地将民间美术资源和多种教学活动进行有机组合，结合整体的教学目标和教学进度，在课堂中设置多种美术教学活动，如民间美术知识竞赛、美术绘画比赛、民间美术技艺竞赛等活动，鼓励每个学生积极地进行参与和实践。与此同时，教师可以设置开放性的民间美术活动学习空间，让学生充分展示个人的思维方式，旨在真正让学生通过民间美术作品的形式，促进个人审美视角的形成，提升个人的综合审美水平。

例如，在进行"植物类剪纸"的教学过程中，教师可以让所有学生利用互联网络来查阅民间剪纸艺术的资料，或询问家中、社区中会剪纸的老人，了解更多与剪纸有关的信息，也可收集各种与植物相关的美术作品，在课堂上进行展示和鉴赏，并引导学生进一步地学习剪纸的方法和技巧。此外，教师可以在课堂上展示个人搜集的植物类剪纸，并介绍其中渗透的民间寓意，促进学生审美能力的提升。以葫芦为例，葫芦与"福禄"谐音，表示人民对健康长寿、长命百岁的期盼。又如牡丹，象征着人们对美好生活的

期盼。在开展剪纸教学中，小学美术教师可以从传统文化的视角入手，让学生掌握更多民间文化，让他们积累民间审美知识，逐步促进学生审美能力的提升。

## （二）图像识读能力

本书提高学生的图像识读能力主要是通过发掘民间馆藏资源实现。本书中的馆包含两方面内容，即美术馆和博物馆。两者都承载着"以美育人，以文化人"的重要职责。在进行民间美术教学过程中，小学美术教师可以开展馆校合作、博物馆教学等新兴的美术教学方式，有效利用馆藏资源提升学生民间美术图像识读能力。在实际的落实上，小学学校领导以及美术教师可以借鉴如下三种方式。

### 1. 开展民间美术资源展览

小学学校领导以及美术教师可以与宁南山区民间美术美术馆和与博物馆合作，设定具有民间特色的美术资源展览，如让学生欣赏剪纸、泥塑、皮影、社火脸谱等，通过欣赏这些民间美术资源，逐渐感受美术中的构图、色彩等，促进学生在图像识读能力方面的提升。

### 2. 开展民间美术资源专业讲解，促进学生图像识读能力的提升

在进行展馆校合作过程中，小学学校领导以及美术教师可以邀请专业人员，进行多种民间美术作品的讲解，如剪纸、泥塑、砖雕、皮影等，让学生突破传统课堂中学生的思维模式，从更为立体的角度赏析民间美术作品，使学生在专业人员的讲解中更为多元地进行艺术作品的赏析，提升学生的图像识读能力。

### 3. 开展"我在美术馆讲解美术课"活动，提高学生图像识读能力

小学美术教师可以借助馆内资源，开展"我在美术馆上美术课"的主题教学活动，让学生结合个人的美术知识，从图像的角度对重点民间美术作品的讲解分析，让更多的学生感受作品外在审美特征，深刻了解作品的创作过程，促进更多学生图像识读能力的提升。

## （三）自主创新能力

中国的民间艺术蕴含着劳动人民的智慧，浓缩了中华民族的文化，它品种繁多，内容广泛，技艺精湛，风格独特，为世界罕见，为人民所喜闻乐见，成为华夏民族美术传统绘画的源泉。民间画（如汉画像砖、皮影造型、剪纸造型、木版年画及农民画等）与学生画在表现风格上有相似之处。学生在美术创作中往往只注意事物的大势大貌，把事物的特征加以夸大，强烈地表达自己的感受。民间画与学生画表现出来的"拙""稚""满"的美感使两者成为一对艺术孪生姐妹，他们都是人类追求真善美的自然流露。学生绘画造型简单、夸张、概括，表现内容常常受"自我中心"思维方式的影响，绘画时常常依靠直觉来表现主观意念；天真、稚拙、简朴的语言是其主要特点，以此达到创新的目的。民间艺术中富有装饰性的夸张造型，有利于学生在创作中形成自己的绘画语言，在内容和形式上都深受学生的喜爱，因此我们在教学教材中可以从两方面入手，达到提高学生创新能力的目的。

1. 在内容上诱发学生创新

"一切艺术创造来源于生活"这个艺术创作原则，道出了体验生活对艺术创新的重要性。同样，在美术教学中，教材内容是否为学生所熟悉，是否深入学生的生活中，也是影响学生创新力发挥的一个重要因素。基于此种认知，小学美术教师可以把体现宁南山区民间美术资源特色的图片、视频等编进教学中，让学生感受风土人情，了解民间故事和文化习俗等方面的内容。更为重要的是，教师鼓励学生大胆想象，从不同的角度进行美术工艺品的创作，提高他们的思维发散能力，增强学生的创新水平。

2. 从形式上引导学生创新

民间画除了造型的夸张和色彩的对比手法为学生喜欢以外，还因其富于变幻的装饰美启迪着学生的创作。学生用各种几何图形任意组合成表达自己意愿的图形，这些图形富有童趣的装饰美，是学生早期自己设计组织画面的遐想，是一种创新能力的表现。为了更好地培植这种创新力，在教学中，小学美术教师可以利用各种民间图样来引导学生展开想象，从而提高学生的创新力。

综上所述，现代艺术、民间艺术对学生美术的创新起着重要的作用。而任何学科要发展、要前进，都必须有一个前提，就是：扎实而牢固的基础。所以，在培养学生绘画基本功的基础上，使现代艺术和民间艺术渗透在学生美术教育教学中，激发学生想象力、创造力，让学生画出更加富有个性和富有创意的艺术作品，这是美术教育工作者的共同目标。

## 二、培养学生民间美术素养

### （一）通过运用民间美术课程资源，培养学生的民间美术素养

小学美术教师以及学校领导在选择和开发教学内容时，要着重结合宁南山区的文化资源特色，从以下几方面开展有效、生动的美术教学活动，培养学生的民间美术素养。

1. 因地制宜利用自然环境资源，开展美术教育活动，培养学生美术素养

教师根据教学要求和任务安排，带领学生走出课堂进行写生，拜访固原市二十里铺拱北牌坊门楼、固原市城隍庙前的影壁，领略固原砖雕的雕工精细、造型生动、构图严谨、立意新颖的特性，获得审美愉悦，同时激发学生用手中的画笔描摹对家乡的眷恋和热爱，涉足家乡古迹，探寻文化遗珍，让学生接受人文熏陶。

2. 充分地发掘和利用宁南山区的文物资源，开展美术教育活动

教师可以向学生提供宁南山区传统美术和文物古迹的资料图片，引导学生参观宁南山区的各种民族民间工艺展览等，进行审美体验活动。还可以带领学生到当地古文化遗址、古建筑、博物馆、民宅进行参观欣赏，引导学生了解、认识艺术品的生成背景和蕴藏的文化历史，使学生获得对本土美术的感性认识。

3. 挖掘民间艺术资源，开展美术教育活动

教师一方面可以组织学生访问民间艺人和民间艺术收藏者，收集、记

录相关的资料，并观赏、描绘和制作民间艺术作品，锻炼学生的多种能力，另一方面还可以向学生介绍宁南山区古今有成就的民间艺人，让学生为家乡灿烂的文化艺术而感到自豪，并让他们在潜移默化中获得民间美术素养的形成。

(二) 加强和民间艺术组织的合作，让学生在实践中逐渐形成民间美术素养

乡土美术具有技术因素，由特定的材料、工艺，用特定的制作方法才能完成。因此，小学学校领导以及美术教师可以与当地民间艺术组织合作，如邀请该组织中的知名民间艺术家来本校教学，让学生通过乡土美术教学来学习其特定的技能技法，掌握基础性的艺术品制作方式。通过此种方式，小学美术教师可以在一定程度上，使本土美术文化后继有人，让乡土美术的技能技巧得到传授。更重要的是，这种方式可以使包括健全审美观在内的乡土美术文化得到传授，让学生在学校里就能系统地接触乡土美术，促进他们民间美术素养的形成。

# 第七章

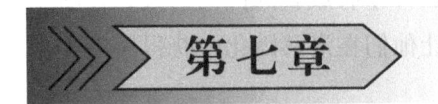

# 宁南山区民间美术资源的教学环境构建

## 第一节 学校：加强宁南山区民间美术教学校园文化建设

在进行宁南山区民间美术教学校园文化的建设中，小学学校领导以及美术教师可以从民间美术纳入学校学科体系建设、民间美术教师师资队伍建设以及民间美术教学环境营造三个角度入手，为民间美术在小学美术课堂的开展提供强有力的校园环境保障。

### 一、将民间美术纳入学校学科体系建设中

笔者认为民间美术一方面是哺育滋养华夏民族文化艺术的母体艺术，另一方面是民族文化百科全书，是小学艺术教育的重要组成部分。笔者认为小学学校领导可以将民间美术纳入学科建设，既有助于整合民间美术的美育资源，促进民间美术的传承与保护，也有利于发掘民间美术的人文美、形态美、工艺美，用中国优秀的民族文化陶冶学生的"软"艺术素质，完善中国美术教育教学的功能体系，构建富有特色的美术文化美育体系。更为重要

的是，要将民间美术纳入学科建制，必须使其具备基本的学科概念体系和学科构成要素。在实际的执行过程中，小学学校领导需要联合政府、社会、学术研究者以及掌握技艺的民间艺人的力量，有效领导上述力量之间进行积极配合，并投入充分的时间和精力，对散布于全国各地的民间美术文化遗产进行全局和整体的把握，制订出因地制宜、切实有效的学科框架和学科规范。

## 二、有效加强民间美术教育师资队伍建设

在民间美术教育的实施过程中，教师具有举足轻重的地位，他们不仅是课程的实施者，也是课程的研究者和建设者。小学学校领导为了实现民间美术教育文化建设的有效开展，需要转变传统观念，研究有效而多样的民间美术教育方式，建立一支能力素质过硬的民间美术师资队伍显得尤为重要。为此，需要从以下两个方面努力。

### （一）让技能娴熟的民间艺人走进学校，走上课堂

民间美术的源头在民间、传承在民间、大师在民间，最优秀的教师自然也潜藏在民间。许多农民、工人、艺人身怀高超的制作技艺，是最具挖掘价值的教师资源。这就需要学校慧眼识珠，将他们聘请到课堂上来。

### （二）强化本校美术教师的民间美术教学能力

仅仅依靠民间艺人建立的师资队伍还远远不够，加快民间美术师资队伍建设，还需要更多更优秀的民间美术教师。如加强民间美术教师的层次化、专业化和区域化建设，通过短期培训、专业进修、寓学于教、教学结合或校外聘任等多种路径和手段加强民间美术师资队伍建设，为民间美术教师提供更大、更广阔、更完善、更开放的互动交流平台等。

## 三、营造浓郁的民间美术教学环境

### （一）加强学校民间美术氛围建设

学校民间美术氛围建设主要是由校园"硬性环境"和"软性环境"两部分组成。在"硬性环境"建设上，小学学校领导可以从校园景观的教室、长廊等入手，构建以民间美术资源文化为主题的氛围。在"软性环境"建设上，小学学校领导可以围绕培养对社会有用之才的目标，开展的融知识性与娱乐性为一体的教育活动。在基于上述内容的基础上，小学学校领导要善于开发和挖掘学校周边的民间美术资源，并将这些资源充分利用，融入校园的每一个角落，使"硬性环境"和"软性环境"合为一体，进而营造浓郁的民间美术校园文化氛围，赋予一草一木、一砖一石以教育熏陶的作用，以"润物细无声"之式激发学生对民间美术的浓厚兴趣，潜移默化地培养学生美的感知和创造能力，体现学校的办学宗旨和办学特色。

具体言之，在校园民间文化的建设过程中，小学学校领导需要高度重视环境育人和文化育人，可以尝试成立以校长为领导小组的校园文化建设工作组，并依托本土民间美术艺术文化资源开展校园文化建设，将宁南山区文化各类元素都融入校园文化建设之中，使校园文化彰显出宁南山区文化特色。就民间美术这一块，小学学校领导可以从如下几块展现出宁南山区文化的特征。第一块硬件设施。首先，校园长廊的设计。在校园长廊的设计上，小学学校领导可以在考虑本校实际的基础上，在校园长廊的设计中引入固原砖雕元素，结合具体的实际灵活使用面塑、透雕、木雕、石雕、灰泥浮雕等形式。其次，在校园教室的布置上，小学学校校长可以结合本校的综合实力以及具体实际，创办了民间美术展厅（如宁南山区民间刺绣展厅、宁夏隆德杨氏泥塑展厅、固原砖雕展厅、甘肃陇东宁南山区皮影展厅、宁南山区民间社火脸谱展厅），让学生在展厅中观赏宁南山区的各项民间美术资源。此外，小学学校校长可以创办民间美术多功能教室，让小学美术教师或民间艺人可以在这样的教室中进行相应知识的授课，营造良好的民间艺术教学风味。总而言之，小学学校领导可以从多个角度入手，让民间美术元素渗透到校园的每个角落，融入师生的校园生活和精神生活。

### （二）加强学校民间美术班级氛围建设

相比校园大环境，小学学校领导以及美术教师同样需要重视班级小团体民间艺术氛围创造。小学学校领导以及美术教师通过进行一个高雅、生动、形象的班级布置，可以在不自觉中深化和内化民间美术对学生影响力和感染力。为此，小学学校领导、班主任教师和各学科教师，尤其是美术教师，要尽可能地利用民间美术资源文化，激发学生按照美的规律创造并美化班级环境的兴趣，共同创造充满美感的班级文化。

以小学美术教师为例，小学美术老师可以在课堂教学中引导学生，以班级为单位，组织学生设计和布置特色教室环境，让浓厚的艺术氛围走进教室。通过让墙壁、黑板报、窗台等都成为展示空间的方式，发挥学生的创意，让同学们更加热爱班级，积极为班级作贡献，也可以使学生在美化活动中突出自己的想法，提升自己的艺术创造力。以上种种方式在加强民学校民间美术班级氛围建设的同时，有利于小学生在有限的教室空间里享受无限的民间美术教育资源。

### （三）开展多种具有地域特色的民间美术活动

在加强宁南山区民间美术校园文化建设中，小学学校领导以及美术教师需要深入发掘校本资源和民间艺术资源，开展多种形式的民间美术资源交流活动，弘扬和传承民间美术精华，培育特有的"民间美术"的民族精神气质和艺术素质，提高学生对民间文化的审美能力，激发对民间文化艺术的热爱和关注。

另外，在推进宁南山区民间美术进入课堂教学的过程中，学校积极拓展宁南山区民间美术教育基地，可以在结合本校综合实力的基础上，构建固原砖雕传承保护基地、宁夏回族刺绣文化论坛等。

值得补充的是，小学学校领导可以组织学校师生开展以民间美术为主题的教师美术作品比赛、学生民间美术知识竞赛、篆刻作品比赛、宁南山区民间美术文化专场演出等丰富多彩的师生活动，达到宣扬民间美术，提升学生综合美术鉴赏水平的目的。

## 第二节 社会：构建利于宁南山区民间美术教学社会环境

在构建有利于宁南山区民间美术教学社会环境的落实中，笔者着重从民间美术的保护工作入手，进行相应内容的介绍，旨在让美术宁南民间美术教学更好地从社会环境中获得教学资源的支持。

众所周知，民间美术的保护工作是一项系统工程，它需要政府机构、教育机构、社区团体（含城市和乡村）和广大人民群众的共同努力，才能真正把保护工作落到实处。在本节的论述中，笔者着重从图7-1所示的几方面进行论述。

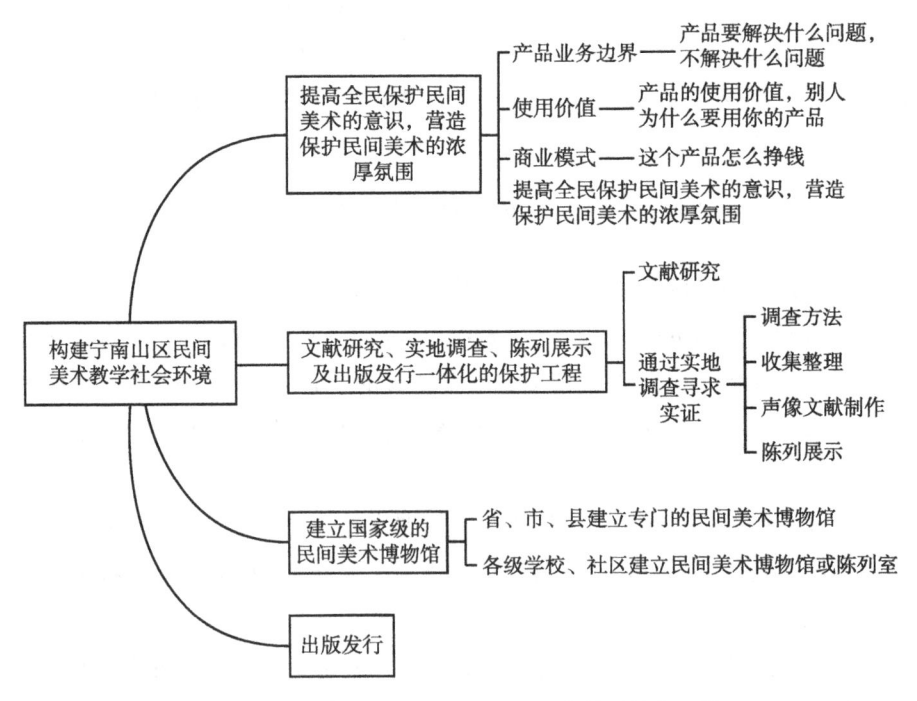

构建宁南山区民间美术教学社会环境
- 提高全民保护民间美术的意识，营造保护民间美术的浓厚氛围
  - 产品业务边界——产品要解决什么问题，不解决什么问题
  - 使用价值——产品的使用价值，别人为什么要用你的产品
  - 商业模式——这个产品怎么挣钱
  - 提高全民保护民间美术的意识，营造保护民间美术的浓厚氛围
- 文献研究、实地调查、陈列展示及出版发行一体化的保护工程
  - 文献研究
  - 通过实地调查寻求实证
    - 调查方法
    - 收集整理
    - 声像文献制作
    - 陈列展示
- 建立国家级的民间美术博物馆
  - 省、市、县建立专门的民间美术博物馆
  - 各级学校、社区建立民间美术博物馆或陈列室
- 出版发行

图7-1 构建利于宁南山区民间美术教学社会环境

## 一、提高全民保护民间美术的意识，营造保护民间美术的浓厚氛围

在现代社会中，人们无时无刻不被各种信息所包围，并且对各种信息的依赖性越来越强。人们一方面通过各种媒体和网络寻找自己需要的信息，另一方面也在不知不觉中、甚至被迫地接受许多信息。因此，提高全民保护民间美术的意识，社会相关政府可充分发挥各种媒体的作用，尤其是要发挥主流媒体的作用。如抖音、快手等是最为普及、受众最广泛的媒体。基于此，政府可在上述媒体平台上开设各类栏目，宣传中国的传统文化和民间美术。除此之外，笔者认为，从中央到地方的各级政府应投入一定的人力物力，制订计划，推出专家讲座、实地采访、制作技术介绍、知识竞赛等民间美术资源节目。例如，在双休日和每年的寒暑假期间，政府可以联合各项企业，以各民间美术发生地为场景，推出类似"五一七天乐"和"国庆七天乐"之类的栏目，对广大的小学生以及更广大的民众进行有关中国民间美术的普及教育和宣传，提高全民保护民间美术的意识，营造保护民间美术的浓厚氛围。

综上所述，在当前我国社会的管理模式下，笔者认为，政府部门积极倡导，在政策导向上给予必要的引导和扶持，并要求各个企业、管理部门积极配合和发动，通过多种手段，即各类媒体的强势推进，提高全民保护民间美术的意识，营造良好的民间美术保护氛围。

## 二、文献研究、实地调查、陈列展示及出版发行一体化的保护工程

民间美术保护工作的具体实施是一项系统工程，需要多部门、多领域的协同作业，也需要多种方法和措施同时并举，形成文献研究、实地调查、收集整理、陈列展示及声像文献制作一体化的保护体系，从而为民间美术的保护提供一个完整的文化环境，形成一种良性的、适合民间美术保护工作的生

态系统，以达到为宁南山区民间美术教学提供良好社会环境的目的。

### （一）文献研究

在文献研究的过程中，相关部门需要尽可能完整地收集和查阅既往的，尤其是近现代的有关民间美术的各类文献资料，就某一地区、某一民族民间美术的历史沿革进行梳理，如以宁南山区民间社火脸谱为例，进行此项艺术的梳理，从而形成此地区民间美术发展历史的纵向和横向的立体框架，以便从整体上把握该地区、该民族的民间美术历史与现状，并就上述历史与现状的基本问题进行理论思辨，为下一步小学民间美术课程教学工作的展开提供文献和目录学意义上的指导和理论的支撑。

### （二）通过实地调查寻求实证

实地调查即田野研究，其目标之一是要考察民间美术在特定的文化环境中自然生成、发展的状况。当然，从事物发展的规律而言，民间美术的状况必然会在与外界的不断互动过程中发生变化，但是这种变化在很大程度上是自然的演化，它区别于那些受到不可抗拒的、巨大的外力影响而发生的变化。同时作为民间美术研究的出发点之一，相关研究者需要通过实地调查，真切地了解和感受不同民族、不同文化环境下传统与现实的差异，从而正确地理解本土文化的价值。在实际的执行过程中，笔者注重从调查方法、资料收集整理、声像文献制作、陈列展示四个角度论述。

#### 1. 调查方法

在民间美术的实地调查过程中，相关人员需要避免如下几项行为：第一，要切实防止"采风"式的蜻蜓点水、走马看花。第二，以单纯欣赏和猎奇的视角去对待民间美术。第三，完全外在于民间美术的根性环境。正确的民间实地调查需要从如下几点切入：第一，采取个案研究与整体研究相结合的方法，选定一个地区，真正以参与者的身份深入民间。第二，以一年为限，重点是围绕民俗文化的各个年节、人生礼仪、民俗活动等进行全方位、全过程的跟踪调查。第三，以个案的深入研究为前提，从个别到整体、再从整体到个别进行综合分析。第四，寻求一地区、一族群民间美术历史与现状之间的因果关系的实证，对造成一地区、一族群民间美术现状的直接原因和间接原因，从社会发展、经济、文化等多个层面进行分析，寻找其进入现代社会后萎缩乃至消亡的深层次原因，明确症结所在。总而言之，在调查的过程中，笔者认为相关研究人员需要克服原有调查方法的弊端，沿用科学的调查方式，真正了解造成民间美术资源产生、发展，以及消亡的具体原因，继而制定相应的策略。

2. 收集整理

相关研究人员需要对民间美术实地调查的成果（此种调查成果既包括纸质材料，又包括影像材料）进行系统的整理、归档。对此，笔者提出如下看法，宁南山区各地政府可以建立以田野调查的文本资料、各地有关民间艺术的出版物及各种民间美术实物为基础的"民间艺术资料库"，真正构建"宁南山区民间艺术第一库"。该库将田野调查的记录可以按照不同地域（行政建制的县区、乡镇等）和不同类别的民间艺术品种分门别类进行整理、编目、归档，如划分剪纸档案、刺绣档案、泥塑档案、砖雕档案、皮影档案、社火脸谱档案等，便于研究者和民间美术教育者随时查阅、欣赏。

3. 声像文献制作

笔者认为，对于民间美术的保护单纯依靠文本的形式是不够的。尤其是对于那些濒临失传的传统技艺。笔者认为最为有效的抢救、保护的措施是以摄影和录像的形式记录、保存，旨在为研究者和后来人能够得到完整的、直观的形象资料，使得民间美术的保护、发展工作有案可稽。此种方式也能为民间美术课程的开展提供强有力的影像资料支撑。

4. 陈列展示

在宁南山区各个区域，各级政府可以根据本地的实际进行民间美术的陈列展示，既可以满足建设社会主义精神文明的需要，又能够向公众集中展示和宣传传统文化和民族、民间艺术，使公众，尤其是民间美术教学者、学习者得以了解和欣赏到带有原产地文化气息的民间艺术，满足他们的审美需求。

## (三) 建立国家级的民间美术博物馆

笔者认为民间美术是中华民族传统文化的重要组成部分，是体现中华民族文化自信的重要载体。因此，宁南山区各级政府部门应从文化战略的高度出发，将此事纳入文化政策和建设规划之中，建设大型民间美术博物馆，全面、系统地收藏和陈列古今民间美术精品，按照年代顺序、地域分布、功能材料分类陈列。作为大型民间美术博物馆，应具有百科全书的功能，对于我国民间美术品的收集、整理、陈列应尽可能做到完整、全面。在时间上、空间上能够包罗万象、不留盲点。在空间上，则无论天南地北，需要对宁南山区各个少数民族的民间美术资源皆有所反映。在展示手法上，则应充分发挥现代高科技的优势，运用摄影、录音、录像等手段，以文字、图片、声像及触摸屏等方式，全方位、立体化地展现我国民间美术的历史和现状，使观者能够适时地搜寻到需要和感兴趣的内容，成为向世界宣传和展示中国传统文化和民族艺术的重要场所。

### 1. 省、市、县建立专门的民间美术博物馆

省、市、县作为行政区划建制，同时也是一种地域概念。在一定的区域范围内，存在着特定的风俗礼仪、语言、信仰、宗教、生活习俗等，与之相应的也必然具有特定的民间美术品类，此即所谓"草根文化"。作为各级政府和管理部门，应从弘扬地域文化、建设精神文明的角度出发，建立区域性的民间美术博物馆，着重于收集和宣传具有本地区特色的民间美术品种，尤其是那些本地区特有的民间美术"绝技"，如宁南山区社火脸谱、固原砖雕等，凸显出世代相传的文化传统和令人亲切的风俗民情，使人感受那超越时空的本土文化气息。

### 2. 各级学校、社区建立民间美术博物馆或陈列室

宁南山区的各个中小学校可建立以教育和普及为目的民间美术博物馆或陈列室，通过民间美术的实物、图片、录像以及加工工艺的展示，向广大的大、中、小学生传播民间美术的知识和技能，使他们了解民间美术的历史和现状，培养他们爱国、爱家乡的感情。在实际落实上，宁南山区各个中小学

校可以建设民间美术陈列馆，既可用于全校学生的素质教育，也可作为学生进行传统艺术教育的场所。此外，在城市和乡镇的社区，相关负责人则可采取集体和个人投资相结合的方式，并且鼓励和支持个人根据自己的兴趣和条件投资兴办民间性质的民间美术博物馆或陈列室，可以是专题性的，也可以是博物性质的，并且容许他们在服务社会的同时得到相应的回报，做到"以展养展"，形成民间美术品的收藏与展示的良性循环。更为重要的是，这种方式可以有效对民间美术资源进行保护，为相关民间美术教学者提供强有力的教学资源。

综上所述，由国家、学校、集体和个人建立民间美术博物馆或陈列室，收集和展示民间美术品，可以有效而全面地保护民族、民间文化遗产和传统的美术资源，它们之间相互补充，为传承和发展传统的民间美术共同造就一个理想的、和谐共生的生态环境。

（四）出版发行

随着我国出版业的蓬勃发展，出版物的种类和形式与日俱增。与中小学学生学习配套的课外读物种类繁多，应有尽有。这对笔者的启示是，是否可以构建展现地区特色、贴近各个年龄阶段学生认知的民间美术资源纸质、电子出版物。

基于此种认知，笔者认为出版界应该有所作为，根据不同年龄段、不同文化水平和不同职业的特点，将我国丰富的民间美术的作品、代表人物、风格、流派、审美特征等，以纸质或电子文本的形式出版发行，可出单行本，可出系列丛书，可出精装本，供有一定经济实力者收藏欣赏，更多的应该是普及本，尽可能扩大读者面，甚至可以采用口袋书的形式，使得学生读者买得起又乐于看，采用图文并茂等现代人喜闻乐见的样式，使得民间美术能够深入社会的各个层面，为人们熟知和喜爱，进而达到普及民间美术的目的。可通过积极、有效的营销推广，逐步培养和形成消费群体，如果再有政府部门和教育部门给予引导和配合，可望取得良好的市场，获得经济效益和社会效应的双丰收。

## 第三节　家庭：鼓励家长教授学生宁南山区民间美术技艺

### 一、增强宁南山区学生家长民间美术文化认同感

笔者认为要让宁南山区民间美术技艺在家庭美术教育中继续传承，家长要增强宁南山区民间美术文化认同感。家长唯有增强此种认同感，才可能在立足民间艺术文化的基础上寻求与现代家庭美术文化的切合点，最终促成学生民间美术技能的增强。为了达到此种目的，家长需不断提高自身的教育素质和艺术素养，并着重从如下两点入手：

第一，家长要肯定宁南山区民间美术的文化价值，增强地域文化的归属感和自豪感，并以传承民间艺术文化为己任，继续保持文化代际传承的传统，让孩子通过家庭美术教育将本区域传统的艺术文化传承下去。

第二，家长在美术教育过程中，可利用孩子所处的艺术环境对其进行民间艺术的熏陶。如带孩子参与本区域的一些艺术活动以及观赏与民间艺术相关的节日庆典来增强孩子对民间艺术的了解和学习，从而加深孩子对民间艺术文化的喜爱。

除此之外，笔者认为家长也要认识到：家庭美术教育承载着民间艺术文化传承的重任，它可以将先人在生产实践中积累的精神文化传递给后人。同时，其中所蕴含的精神、凝聚力、价值观与认同感也会在现代文化的传承中获得弘扬。故而，家长要看到民间美术文化的优点，学会在面对多元变化的环境时，形成适应新环境、新发展、新潮流的能力，继续传承本民间优良的艺术文化。家长还要看到现代社会进程中，宁南山区民间美术文化所表现出的劣势，既要进行改善，又要促使民间艺术资源与现代文化要素进行结合，实现在发掘本土美术资源的基础上进行文化创新，谋求二者的优化，将其综合利用到家庭美术教育中。

## 二、提高宁南山区学生家长民间美术文化及艺术素养

家庭美术教育中，家长自身的文化及艺术素养直接决定了孩子审美能力的培养以及创造能力的发挥。家长作为家庭美术教育的组织者和执行者，有责任对孩子的美术学习花费必要的时间与精力，为孩子将来的发展考虑，努力完善自己的知识结构，提高自身的艺术素养。

家长要提高自身的文化素养，可以通过学习相关的知识文化，掌握基本的美术技能，积累必要的艺术经验来实现。一方面，家长要参与活动来丰富自身的美术体验。他们可以参加政府、各个地域举行的一些亲子美术游戏或本民间举办的一些艺术活动，增加个人的艺术经验，从而在教育孩子时能够以丰富的自我经历为孩子"传经授道"。另一方面，家长间可以参与一些民间美术资源教育交流会，探讨个人在民间美术教育中的经验与困惑，以达到在丰富美术教育知识，提高教育能力，丰富教育经验的同时，寻找比较科学、有效的教育方法。总而言之，家长唯有不断提高自身的文化素养，其美术教育能力也才能获得提升，则家庭美术教育的效果也才会得到提高。

家长只有提高自身的艺术素养，才能转变重知识技能的美术教育观念，学会关注孩子在美术活动中的情感与态度。如组织家庭美术教育活动、指导孩子的美术创作，引导孩子欣赏美术作品，与孩子参与美术活动，这些对于家长艺术素养的提高都有帮助。所以，家长可以运用生活中的细节来提高自身的艺术素养。具体言之：

首先，家长可以尝试去美化家庭的环境，并学会利用家庭中的资源来创造生活中的美。不管是家具的选择与摆放，还是房间色彩的搭配，都应积极地运用宁南山区特有的民间美术资源，都要将家庭中的氛围打造成美的事物，给人以美的享受，因为这些都利于提升家长的审美情趣和审美品位。

其次，家长要善于发现、欣赏并运用生活中的美。经常与孩子一同品味、分享民间美术资源，如宁夏回族地区的剪纸、固原砖雕、宁南山区社火脸谱等，同时也为孩子的美术创造提供灵感与素材。

最后，家长可为孩子选购一些具有宁南山区民间美术资源特色的图画书

和创作工具，在增加孩子知识面和创作兴趣的同时，与孩子一同观看、欣赏、讨论美术作品，从而增加自己的美术教学能力和艺术水平。

### 三、以科学的儿童发展观及美术教育观为方向，落实美术技艺传授

第一，家长需明确正确的教育观念是建立在对孩子发展的正确认知上，要求家长全面了解孩子的心理需求、发展水平和思维特征。唯有把握好孩子对美术教育的认知心理，才能对其寄予恰当的期望，以促使家庭美术教育的顺利开展。并且，家长还要明确科学的美术教育观和儿童发展观是基于家长在家庭美术教育活动中的角色定位，直接体现在对孩子的教育期望和预期的教育结果中。因此，要形成正确的教育认知和找准自身的角色定位，坚持科学的教育理念和把握儿童发展的普遍规律，摒弃只关注知识技能的掌握而忽视孩子情感、态度的观点。要从幼儿长远的发展考虑，改变自己作为教育控制者和权威者的形象，将自己当作孩子美术学习过程中的伙伴和合作者，与其在家庭美术教育中分享美术经验，交流创作想法，共同促进幼儿审美能力的提升。例如，在刺绣的家庭教育中，家长可以从学生的心理特点入手，开展相应的刺绣授课，设计具有进阶性的刺绣教学课程，让学生在一步步的进步过程中，掌握刺绣的构图、色彩，逐步增强学生的民间艺术技能。

第二，要树立科学的美术教育观和儿童发展观，家长就要积极地参与家庭美术教育的活动，学会站在孩子的角度思考问题，尝试用孩子的视角去审视美术教育的内容，从而衡量自己的教育方式是否合理，是否真正符合孩子的发展需要，是否做到尊重孩子的兴趣和体验，这样才能从根本上调动孩子的积极性，启发他内在的创造潜能。

具体来说，在进行窗花教学过程中，家长要尊重幼儿身心发展的规律，对其进行启蒙式的指导；尊重他独立的个性，给予其充分表现的机会，让学生在掌握剪纸形象方面特点的基础上，让他们进行自主创作，尤其是抓住窗花的特点，进行夸张的制作，使他们掌握相应的剪纸方法。在学生创作结束后，家长需要耐心倾听孩子的想法，学会站在孩子的角度对他的美术作品进

行解读与评价，让他们掌握剪纸方面的技能，如剪纸样式、剪纸色彩等。总之，家长在美术教育活动中，既要树立科学的教养观，帮助孩子在美术活动中建构初步的审美心理结构，还要基于他的视角和需要，在实际的教学情境中，采用合理的教育方法，选择合适的教育内容，让学生在实践中掌握相应的技能。

### 四、以创设良好的家庭民间美术氛围为基点，强化学生的美术技能

环境具有重要的教育价值，它是幼儿家庭美术教育中重要的教育资源。幼儿在民间美术技艺的掌握过程中，需要与环境进行不断互动，促进他们内在认知结构的建构以及外在操作行为的规范，使他们掌握相应的美术技能。基于此种目的，在具体的家庭民间美术氛围的营造中，笔者建议小学学生家长从以下几点切入：

第一，家长要为幼儿提供丰富多样，能够激发孩子潜能的民间美术教育资源。即家长不仅要充分利用美术材料对孩子进行教育，还要善于挖掘教育资源，多带孩子欣赏美术作品，参观艺术活动，参与美术游戏等。也就是说，家长要能够从多渠道把握美术教育的机会，将美术教育渗透于幼儿生活中。

第二，家长要为幼儿提供多样化的美术环境，给予幼儿多种美术体验，学会运用生活中的物质材料对孩子进行美术熏陶。例如，通过在墙壁悬挂宁夏隆德杨氏泥塑装饰品，提升孩子的艺术审美。

第三，家长可以组织家庭成员适时地开展一些美术活动，让幼儿从生活实际出发，丰富亲子间的美术体验。具体言之，家长可以从宁夏隆德杨氏泥塑的制作工艺入手，开展相应的民间工艺讲解，让他们在使用简洁的工具中，掌握基本的泥塑技巧，如选料、造像、彩绘等，提升学生的民间美术技艺水平。

事实上，生活中不缺乏美的事物，缺少的是发现美的眼睛。家长要善于利用良好的家庭艺术氛围来培养幼儿发现美的能力，促使其在生活中感受、

体验美术的魅力，并通过个体直观的感性体验来获得对周围事物的理解，从而帮助自身形成对美的认知和把握。家长可以引导幼儿去欣赏美的事物，像大自然中的自然景物、生活中美好的事物以及环境中美丽的景观，都蕴藏着很多美术元素。更为重要的是，家长可以结合实际开展针对性的民间美术技艺实践，让学生在实际的民间手工艺品制作中，感受这些美好的事物的形状、色彩和造型，能够丰富幼儿的内心感受、提升他的感性认识，使其开阔视野、扩大知识面，提升学生的民间美术技艺。

# 参 考 文 献

[1] 陈洪涛. 小学美术教育中的民间美术教学 [J]. 亚太教育, 2021 (20): 119-120.

[2] 陈瑞香. 宿迁剪纸在小学美术校本课程中的应用研究 [D]. 淮北: 淮北师范大学, 2022.

[3] 陈星. 崔子范对民间美术的借鉴 [J]. 艺术评鉴, 2022 (2): 44-47.

[4] 邓粤军. 民间美术在中小学美术课堂的应用研究 [J]. 中国民族博览, 2021 (7): 72-74.

[5] 杜楠. 试分析小学美术教育中的民间美术教学 [J]. 读天下, 2020 (14): 239.

[6] 符会. 小学美术教学中皮影校本课程的开发与实践 [D]. 中南民族大学, 2020.

[7] 苟朝忠. 中国节日志·仡佬族 吃新节 [M]. 北京: 光明日报出版社, 2018.

[8] 关爱民间美术 [J]. 美术, 2020 (1): 155.

[9] 郭延生. 杨家将传说调查报告上 [M]. 北京: 群言出版社, 2018.

[10] 洪铭, 孙超, 张丽春. 视觉传达、美术及艺术创作 [M]. 北京: 华龄出版社, 2020.

[11] 黄军韩. 小学信息技术与美术跨学科融合教学的思考 [J]. 亚太教育, 2022 (8): 112-114.

[12] 黄麒琁. 义务教育阶段农村小学美术课程存在的问题及改进对策 [D]. 辽宁师范大学, 2022.

[13] 黄伟明. 乡村小学民间美术进课堂的实践探索——以"蒲公英行动"粤北项目为例 [J]. 广东教育 (综合版), 2019 (8): 50-51.

[14] 季庆玲. 试析小学美术教育中的民间美术教学 [J]. 年轻人, 2020 (2): 180.

[15] 贾锦媛. 试析小学美术教育中的民间美术教学 [J]. 才智, 2020 (6): 1.

[16] 蒋思思. 博里农民画融入美术社团教学的问题和策略研究 [D]. 扬州大学, 2022.

[17] 赖新. 民间美术在儿童美术教育中的创造性转化研究 [D]. 云南大学, 2021.

[18] 李丹. 给民间美术教学插上信息技术的翅膀——浅谈信息技术在小学民间美术教学中的作用 [J]. 少儿美术. 2020 (6).

[19] 李莱. 云梦皮影在小学美术教学中的开发与应用 [D]. 华中师范大学, 2019.

[20] 李翔南. 经纬之美手艺之巧——让手艺在小学美术课堂中传承 [J]. 美术教育研究, 2021 (4): 178-179.

[21] 李云禧. 基于民间艺术传承的小学美术草木染校本课程开发的实践研究 [J]. 美术教育研究, 2022 (9): 168-169.

[22] 梁轻盈. 秦淮灯彩引入小学美术校本课程的开发与研究 [D]. 淮北师范大学, 2022.

[23] 林平.《民间美术》教学设计 [J]. 中学课程辅导（教师通讯）, 2019 (9): 115.

[24] 林珊. 民间传统工艺走进小学美术课堂教学探索——以《让剪影动起来》教学为例 [J]. 福建教育学院学报, 2021, 22 (2): 112-114.

[25] 刘华东. 民间美术的存在价值略论 [J]. 活力, 2021 (2): 72-73.

[26] 刘鹭琳. 小学美术剪纸艺术教学实践策略 [J]. 西部素质教育, 2022, 8 (14): 94-96.

[27] 刘思遥. 中国民间剪纸艺术在小学美术课堂教学中的实践研究 [D]. 沈阳师范大学, 2021.

[28] 刘肖溪. 小学美术教育中民间美术教学的运用研究 [J]. 美术教育研究, 2021 (22): 174-175.

［29］鹿雅贤．民间美术欣赏课中增强现实应用的设计探索［D］．云南艺术学院，2020．

［30］吕超峰．中小学民间美术简明教程［M］．银川：阳光出版社，2019．

［31］吕源．借助信息技术的民间美术教学［J］．中小学数字化教学，2019（9）：65－67．

［32］罗元晶．滩头年画在小学美术教育中的教学与实践研究［D］．南宁师范大学，2021．

［33］马洪妍．民间故事绘本在小学美术教学中的应用研究［D］．淮北师范大学，2022．

［34］梅兰丹．小学美术棕编艺术课程资源的开发与探究［J］．教育观察，2021，10（3）：32－34．

［35］潘志洁．民间美术资源引入小学美术教学的应用策略探究［J］．美术教育研究，2022（3）：152－153．

［36］彭岚嘉．西北文化资源大典［M］．北京：民族出版社，2018．

［37］阮富春．民间美术中虎的形象［J］．文物天地，2022（2）：34－43．

［38］上海元远教育．culture 陪孩子中国文化启蒙［M］．上海：同济大学出版社，2020．

［39］史庆元．民间美术的传承及发展［J］．艺术大观，2021（24）：51－52．

［40］宋宇．质感表现超写实油画步骤详解［M］．天津：天津杨柳青画社，2015．

［41］苏欢．民间美术的当代美育价值［J］．美术，2021（3）：19－21．

［42］苏静茹．小学美术泥塑课程教学研究［D］．淮北师范大学，2020．

［43］苏敏．互联网时代下传统文化融入小学美术教学的思考［J］．中国新通信，2021，23（3）：200－201．

［44］孙冬梅．小学美术教育中民间美术教学的运用研究［J］．新教育

时代电子杂志（教师版），2021（22）：166，158.

[45] 孙思瑶. 民间美术的内容和形式的关系 [J]. 艺术大观，2022（17）：60-62.

[46] 索峰. 玩味的记忆——农村中小学民间美术教育资源的后现代观照 [J]. 艺术研究，2018（4）：56-57.

[47] 谭德芝. 民间美术资源在小学美术教学中的应用探讨 [J]. 华夏教师，2022（8）：94-96.

[48] 田浩，常梦恬. 民间美术进课堂的教学策略研究 [J]. 艺术教育，2020（9）：155-158.

[49] 王恒娇. 小学美术校本课程开发的实践研究 [D]. 河北师范大学，2019.

[50] 王婕. 区域中小学美术教育资源的开发运用 [D]. 河南科技学院，2020.

[51] 王其钧. 中国园林图解词典 [M]. 北京：机械工业出版社，2021.

[52] 王文寰. 甘肃省小学美术课程地方资源开发与利用研究 [D]. 西北师范大学，2019.

[53] 王晓岚. 小学蒙古族图案校本课程开发的个案研究 [D]. 内蒙古师范大学，2021.

[54] 王艳. 就地取材，让民间美术资源应用于小学美术教学 [J]. 美术教育研究，2022（9）：180-181.

[55] 王晔. 传统文化素材在小学美术教学中的运用研究 [J]. 大众文艺，2021（21）：179-180.

[56] 王一. 小学美术校本网络课程资源建设实践 [D]. 江西师范大学，2020.

[57] 尉容. 门环铺首在小学美术课程中的开发与实践研究 [D]. 华中师范大学，2021.

[58] 谢晓晨. 基于非物质文化遗产的小学美术社团分析研究 [D]. 山东师范大学，2019.

[59] 星汉. 不可不知的3000个文化常识 [M]. 南昌：江西美术出版社，2018.

[60] 徐磊. 信息技术在小学民间美术教学中的应用 [J]. 中小学电教（教学），2019（9）：61-62.

[61] 徐小艾. 浅谈民间美术藏品摄影 [J]. 收藏家，2021（4）：95-98.

[62] 杨君玉. 核心素养观下岭南版与沪教版小学美术教材比较研究 [D]. 广州大学，2020.

[63] 杨鑫竹. 在回溯传统中实现审美意向的思维转变——适应儿童审美发展的小学民间美术创作的教学策略 [J]. 教学月刊（小学版综合），2020（C1）：57-60.

[64] 杨艳君. 小学民间美术教学策略探析 [J]. 南北桥，2019（23）：91.

[65] 殷一琳. 吉林省民间美术资源引入小学美术教学的意义 [J]. 美术教育研究，2020（13）：174-175.

[66] 岳亚鑫. 信息技术对中小学民间美术教学的影响 [J]. 美与时代（美术学刊）（中），2017（2）：107-108.

[67] 张彩虹. 互联网与民间美术资源结合的乡镇小学美术教育方式研究 [J]. 美与时代（中），2020（12）：105-107.

[68] 张帆. 论民间美术的传承与发展 [J]. 艺术评鉴，2021（18）：17-19.

[69] 张田妮. 东北民间剪纸吉祥图案在小学美术教育中的应用与研究 [D]. 沈阳师范大学，2021.

[70] 张翕. 趣味编织——谈小学民间美术特色社团的创建 [J]. 中国民族博览，2019（6）：31-32.

[71] 张延昭. 传统木版年画艺术在小学美术教学中的现状分析 [J]. 美术教育研究，2021（6）：178-179.

[72] 赵晴晴. 舒兰市农村小学美术教学现状调查与发展对策研究 [D]. 长春师范大学，2021.

［73］赵爽.荆楚民间美术资源汉绣在小学美术教育中的开发与实践［D］.中南民族大学，2020.

［74］赵文悦.论审美能力在小学美术教学中的培养［J］.艺术评鉴，2021（8）：111－113.

［75］郑一凡.论中国民间美术［J］.美术教育研究，2021（9）：70－71.

［76］中国美术家协会壁画艺术委员会.中国壁画西安美术学院卷［M］.南京：江苏凤凰美术出版社，2018.

［77］周心怡.应用民间艺术丰富小学美术课程教学的研究［J］.美术教育研究，2021（1）：156－157.

［78］朱瑶.故事教学法在初中民间美术教学中的运用研究［D］.重庆师范大学，2021.

［79］祝传波.农村小学美术活动课程的教学研究［J］.中华手工，2021（3）：157－158.

［80］走出课堂，拓展艺术空间——农村小学民间美术与课堂教学的融合［J］，试题与研究，2019（15）：31.